U0664158

全国一级建造师执业资格考试一次通关

建设工程项目管理
一次通关

品思文化专家委员会　组织编写

赵长歌　主　编

中国建筑工业出版社

图书在版编目（CIP）数据

建设工程项目管理一次通关 / 品思文化专家委员会组织编写；赵长歌主编. -- 北京：中国建筑工业出版社，2025.6. --（全国一级建造师执业资格考试一次通关）. -- ISBN 978-7-112-31315-0

Ⅰ. F284

中国国家版本馆 CIP 数据核字第 2025RQ6226 号

责任编辑：田立平
责任校对：芦欣甜

全国一级建造师执业资格考试一次通关

建设工程项目管理一次通关

品思文化专家委员会　组织编写
赵长歌　主　编

*

中国建筑工业出版社出版、发行（北京海淀三里河路9号）
各地新华书店、建筑书店经销
北京建筑工业印刷有限公司制版
建工社（河北）印刷有限公司印刷

*

开本：787 毫米×1092 毫米　1/16　印张：19¾　字数：453 千字
2025 年 6 月第一版　　2025 年 6 月第一次印刷
定价：**70.00** 元（含增值服务）
ISBN 978-7-112-31315-0
（45220）

版权所有　翻印必究
如有内容及印装质量问题，请与本社读者服务中心联系
电话：（010）58337283　QQ：2885381756
（地址：北京海淀三里河路9号中国建筑工业出版社604室　邮政编码：100037）

品思文化专家委员会

（按姓氏笔画排序）

丰朴春　　王树京　　龙炎飞　　许名标

李　想　　张　铭　　张少华　　陈　印

陈　明　　赵长歌　　胡宗强　　侯杏莉

秦臻伟　　梅世强　　董美英　　游　霄

前　言

自 2004 年全国首次举行一级建造师考试以来，已经举行了近 21 次，21 年来，一级建造师考试题目难度逐渐加大、灵活性越来越强、与工程实践的结合越来越紧密，考试的通过率越来越低。为了更好地帮助广大考生复习应考，提高考试通过率，我们专门组织国内顶级名师，依据最新版"考试大纲"和"考试用书"的要求，对各门课程的历年考情、核心考点、考题设计等进行了全面的梳理和剖析，精心编写了一级建造师执业资格考试一次通关丛书，丛书共分 6 册，分别为《建设工程经济一次通关》《建设工程项目管理一次通关》《建设工程法规及相关知识一次通关》《建筑工程管理与实务一次通关》《机电工程管理与实务一次通关》和《市政公用工程管理与实务一次通关》。

其中《建设工程项目管理一次通关》主要包括以下内容：

"导学篇"——分析了真题考点及分值分布、命题涉及的核心考点、命题规律及复习方法，为考生提供清晰的复习思路，突出重点、把握规律，帮助制定系统全面的复习计划。

"核心考点升华篇"——① "考情分析"：归纳各章节核心考点及分值分布，让考生大体了解知识点；② "核心考点分析"：按照章节顺序，提炼每节核心考点提纲，针对各个核心考点，结合真题或模拟题，总结各种典型考法，深入剖析核心考点，使考生全面了解考试命题意图、明晰解题思路；③ "模拟强化练习"：针对每个核心考点，按照考试用书章节顺序，选取部分典型真题或模拟题，使考生全面扎实掌握各个知识点。

模拟预测试卷（电子资源）——以最新考试大纲要求和最新命题信息为导向，参考历年试题核心考点分布情况，以配套数字资源的形式精编 2 套全真模拟试卷。2 套试题覆盖全部核心考点，力求预测 2025 年命题新趋势，帮助广大考生准确把握考试命题规律。

本系列丛书具有以下三大特点：

1. "全"——对 2024 年的一建考试真题进行了全面梳理和精选，对核心考点进行了全面归纳和剖析，点睛考点，总结考法，指明思路；每个核心考点都配套了典型真题或模拟题，帮助考生消化考点内容，加深对知识点的理解，拓宽解题思路，提高答题技巧；结合核心考点，精心编写模拟预测试卷并对难点进行解析，帮助考生进一步巩固知识点。

2. "新"——严格依据最新考试用书和考试大纲，充分体现 2025 年考试趋势；体例新颖，每一核心考点均总结各种考法，并对其进行精准剖析，理清解题思路，提炼答题技巧，每节附模拟强化练习并逐一解析，使考生举一反三，尽快适应 2025 年的考试要求。

3. "简"——核心知识点罗列清晰，在涵盖所有考点的前提下，简化考试用书内容，使考生一目了然，帮助考生在短时间内将考试用书由厚变薄，节省时间，掌握考点。

本系列丛书在编写过程中得到了诸多专家学者的指点，在此一并表示感谢！由于时间仓促，虽经反复推敲和校阅，书中难免有疏漏和不当之处，敬请广大考生批评指正。

愿我们的努力能够帮助大家顺利通过考试！

目　录

导　学　篇

一、近一年考点分值统计

2024 年考点题型题量分值分析

内容	单选题			多选题			合计
	数量	分值	计算题	数量	分值	计算题	
第 1 章　建设工程项目组织、规划与控制	12	12	1	5	10		22
第 2 章　建设工程项目管理相关体系标准	6	6		2	4		10
第 3 章　建设工程招标投标与合同管理	12	12	1	6	12		24
第 4 章　建设工程进度管理	8	8	1	4	8	2	16
第 5 章　建设工程质量管理	8	8		4	8		16
第 6 章　建设工程成本管理	6	6	2	2	4		10
第 7 章　建设工程施工安全管理	6	6		3	6		12
第 8 章　绿色建造及施工现场环境管理	5	5		2	4		9
第 9 章　国际工程承包管理	5	5		2	4		9
第 10 章　建设工程项目管理智能化	2	2		0	0		2
合计	70 题	70 分	5 分	30 题	60 分	2 分	130 分

注：本科目自 2024 年版考试用书开始，主、参编人员全部换新，已是一本全新的考试用书，内容上与之前的旧版考试用书完全不同，依据旧版考试用书考的真题与新版考试用书已不匹配，故无法进行 2023 年及之前年份的考点分值统计。

二、核心考点说明

本书中共计有 167 个核心考点，是经过对命题思路和考试规律详尽研究后，从考试用书中精心提炼出来的，既准确可靠，又详尽全面，是完全值得您信赖的高品质备考辅导参考。

这 167 个核心考点并不算多，因为《建设工程项目管理》科目的一套试卷总计有 100 道题，基本上 1 道题会考查 1 个核心考点，个别较难的题会同时考查 2～3 个核心考点；另外，每个核心考点又会有不同的考法，本书中以考法 1、考法 2、考法 3 等分别列示，并逐一选取最有代表性的真题或模拟题按不同考法来详细解读该核心考点。

对应这 167 个核心考点，本书总计配备了 471 道题，平均每个核心考点配备了接近 3 道题，这样您能够更加明白地了解每个核心考点有哪些不同的考查方式或命题点，从而能充分掌握这些核心考点。

这 471 道题都是经过精心挑选或编写的，每道题都给出了详细的解析，不是只给出正确答案，更重要的是还告诉您，错误答案错在哪里，为什么不能选。

三、命题规律及复习方法

1. 命题规律

1）紧扣考纲

每年的全国一级建造师执业资格考试大纲是确定考试内容的唯一依据，而考试用书是对考试大纲的具体细化。试题不会超出考试大纲和考试用书的范围，更不会出现与现行法律、法规、规范相冲突的内容。

2）挖掘陷阱

主要表现为三个方面：

（1）在题干中设置隐含陷阱，考试用书中以肯定形式表达的内容，命题者以否定形式提问；考试用书中从正面角度阐述的内容，命题者从反面角度提问。

（2）命题者喜欢将考试用书中某些知识点的关键字拉出来设置其他干扰项。

（3）题干和选项同时设置陷阱，命题者会同时选择两个以上的知识点来迷惑考生。

3）体现关联

某些多项选择题可能涉及两个以上知识点，回答问题时要依据考试用书所阐述的概念、方法、公式，注重不同知识点之间的关联性，多方面、多角度考虑，慎重选择。

4）注重实务

全国一级建造师执业资格考试的目的是考查考生运用基本理论知识和基本技能综合分析解决问题的能力，考试试题更趋向于涉及施工现场的质量、安全、成本、进度、环保和职业健康等实务性方面，越来越全面、细致，越来越注重题干的复杂性、干扰性、迷惑性，回答问题时，要善于利用相关理论，同时结合工程实际来分析和解答试题。

2. 题型分析

1）概念型选择题

此类选择题主要依据基本概念来出题，对基本概念的特点、原因、分类、原则、内容、作用、结果等进行选择，经常出现的主要标志性措辞有"性质是""内容是""特点是""标志是""准确地理解是"等。在各备选项的表述上，命题者一般会采用混淆、偷梁换柱、以偏概全、以末代本、因果倒置等手法。

2）否定型选择题

也称为逆向选择题，此题型题干部分采用否定式的提示或限制，如"无""不是""没有""不包括""无关的""不正确""错误的""不属于"等提示语。

3）因果型选择题

此类选择题即考查原因和结果的选择题，其基本结构一般有两种形式：一种是题干列出了原因，各备选项列出结果，在试题中常出现的标志性词语有"影响""结果"等；另一种是题干列出了结果，而各备选项列出了原因，在试题中常出现的标志性词语有"原因是""目的是""是为了"等。

4）计算型选择题

对于计算型的选择题，一般计算量不会很大，需要我们熟记一些计算公式，如果考生对解决该问题的计算方法很明白，就可轻而易举地作答，而且备选项还可以起到验算的作用。

5）程度型选择题

此类选择题的题干多有"最主要""最重要""主要""根本"等表示程度的副词或形容词，每个备选项都可能符合题意，但只有一项最符合题意，其余选项因不够全面或处于次要地位而不能成为最佳选项。

6）比较型选择题

比较型选择题是把具有可比性的内容放在一起，让考生通过分析、比较，归纳出其相同点或不同点。此类题在题干中一般会出现"相同点""不同点""共同""相似"等标志性词语，有些题也有反映程度性的词语，如"最大的不同点""最根本的不同""本质上的相似之处"等，主要考查考生的分析、归纳和比较能力。

7）组合型选择题

此类选择题是将同类选项按一定关系进行组合，并冠之以数字序号，然后分解组成各选项作为备选项。解答组合型选择题的关键是要有准确牢固的基础知识，同时由于此类题型的逻辑性较强，所以考生还应具备一定的分析能力。

3. 复习方法

1）依纲靠本

我们首先要根据考试大纲的要求，确保有充足的时间理解考试用书中的知识点，尤其是核心知识点；然后，我们要明白，考试时所有的试题和标准答案均来自考试用书，答题时必须严格按考试用书的内容、观点和要求去回答每个问题。

2）提前准备

根据经验，考试用书至少要通读三遍。第一遍要仔细地看，不放过任何一个要点、难点、关键词；第二遍要快速地看，主要针对核心考点和第一遍中不理解的内容；第三遍要飞快地看，主要是看第二遍没有看懂或者没有彻底掌握的核心考点。复习前，要制定一个切实可行的学习计划，杜绝先松后紧、突击复习，造成精神紧张甚至失眠。很多考生临考前总会抱怨"再给我一周时间，肯定能够过关"，与其考后后悔，不如笨鸟先飞，提前准备。

3）紧抓核心

复习时，要特别注意知识点之间的内在联系，有些知识点可能跨越好几页，而这些知识点往往是多项选择题的出题点，要留意层级关系，深刻把握，举一反三，以不变应万变。复习中，必须把握重点，避免平均分配。本书提供的核心考点几乎囊括了该科目所有出题点，建议考生严格按照本书顺序和逻辑，好好复习，大幅提高效率。

4）学会总结

我们要做到一边看书，一边做总结性标记，罗列要点、难点，将书由厚变薄。要注意准确把握文字背后的复杂含义，要注意不同章节之间的内在联系。本书是作者多年教学辅导经验的结晶，总结了该课程所有的核心考点，同时非常注意章节之间的联系，可以带领大家快速掌握考试用书内容。

5）精选资料

复习资料不宜过多，多了浪费时间，难以取舍、增加压力。备考过程中，适当做一些真题和模拟题，但千万不要舍本逐末，以题代学，杜绝题海战术。本书针对每个核心考点，都详细讲解了命题思路、考试方法，配套了例题、历年真题和强化模拟题，相信此书能让大家达到事半功倍的效果。

4. 答题技巧

1）控制情绪

考试前一定要休息好，考试过程中，要学会控制自己的情绪，不要急躁，如果心里紧张，深呼吸几口气，做到心平气和，面对不会的题，善于跳跃，千万不要被命题者一开始就来个下马威，更加要杜绝心里想的是答案 A 却涂成答案 C 的情况。

2）稳步推进

单项选择题难度较小，答题要稍快，同时注意准确率；多项选择题可以稍慢一点，但要求稳。一定要耐着性子把题目中每个字读完，提高准确率，杜绝心急。根据考试时间的分配，单项选择题按照每题 1min、多项选择题按照每题 1.5min 的速度稳步推进，效果良好。

3）讲究方法

针对上述 7 类题型，可以采用不同的答题方法。概念型选择题采用逻辑推理法，解题的关键是要注意一些隐性的限制词，结合相关的理论知识来判断选项是否符合题意。否定型选择题可以采用排除法、推理法、直选法等方式进行。因果型选择题要正确理解有关概念的含义，注意相互之间的内在联系，全面分析和把握影响的各种因素，准确把握题干与各备选项之间的逻辑关系，弄清两者之间谁因谁果。计算型选择题可以采用估算法、代入法、比例法、极端法来作答。程度型选择题主要运用优选法，逐个比较、分析备选项，找出最佳答案。比较型选择题一般都是对考试用书内容的重新整合，要善于运用理论进行分析判断，采用排除法，从同中找异，从异中求同。组合型选择题可以采用肯定筛选法和否定筛选法。肯定筛选法是先根据试题要求分析各个选项，确定一个正确的选项，排除不包含此选项的组合，然后一一筛选，最后得出正确答案；否定筛选法即确定一个或两个不符合题意的选项，排除包含这些选项的组合，得出正确答案。

4）回头检查

按照上述时间稳步推进，至少可以预留 15～20min 的回头检查时间。考试过程中，把不太肯定或不会做的题目在题号位置标记一个符号，回头主要对这些题目进行检查，做到心中有数、有的放矢。

核心考点升华篇

第1章 建设工程项目组织、规划与控制

本章考情分析

2024年本章节次及条目分值分布

本章节次	本章条目	2024年	
		单选	多选
1.1 工程项目投资管理与实施	1.1.1 工程项目投资管理制度	2	
	1.1.2 工程建设实施程序	1	2
	1.1.3 工程承包模式	3	
	1.1.4 工程监理	2	
	1.1.5 工程质量监督		2
1.2 工程项目管理组织与项目经理	1.2.1 工程参建各方主体管理目标和任务		2
	1.2.2 工程项目管理组织	1	
	1.2.3 项目经理	1	
1.3 工程项目管理规划与动态控制	1.3.1 工程项目管理规划	1	
	1.3.2 施工组织设计	1	4
	1.3.3 工程项目目标动态控制		
合计		12 分	10 分
		22 分	

注：本科目自2024年版考试用书开始，主、参编人员全部换新，已是一本全新的考试用书，内容上与之前的旧版考试用书完全不同，依据旧版考试用书考的真题与当前新版考试用书已不匹配，故无法进行2023年及之前年份的分值统计。下同。

本章核心考点分析

1.1 工程项目投资管理与实施

核心考点提纲

1.1.1 工程项目投资管理制度 { 1. 项目资本金制度
2. 项目投资的审批、核准或备案

1.1.2 工程建设实施程序—工程建设程序

1.1.3 工程承包模式 { 1. 设计—招标—建造（DBB）模式的优缺点
2. 工程总承包模式的优缺点
3. 平行承包模式的特点
4. 联合体承包模式
5. 合作体承包模式的特点
6. CM模式

1.1.4 工程监理 { 1. 强制监理的工程范围
2. 项目监理人员职责
3. 与项目监理机构相关的施工管理工作

1.1.5 工程质量监督—工程质量监督程序

核心考点剖析

1.1.1 工程项目投资管理制度

核心考点一 项目资本金制度

1. 项目资本金概念

（1）项目资本金是指在项目总投资中的投资者认缴的出资额。

（2）总投资是指投资项目的固定资产投资与铺底流动资金之和。

（3）项目资本金属于非债务性资金，项目法人不承担这部分资金的任何利息和债务。

（4）投资者可按其出资比例依法享有所有者权益，也可转让其出资，但不得以任何方式抽回。

（5）项目资本金可视为项目法人进行债务融资的信用基础。

2. 项目资本金来源

项目资本金可以用货币出资，也可以用实物、工业产权、非专利技术、土地使用权作价出资。以工业产权、非专利技术作价出资的比例不得超过投资项目资本金总额的20%。

3. 项目资本金比例

表 1-1　项目资本金比例

序号	投资项目		最低资本金比例
1	城市和交通基础设施项目	城市轨道交通项目	20%
		港口、沿海及内河航运项目	
		铁路、公路项目	
		机场项目	25%
2	房地产开发项目	保障性住房和普通商品住房项目	20%
		其他项目	25%
3	产能过剩行业项目	钢铁、电解铝项目	40%
		水泥项目	35%
		煤炭、电石、铁合金、烧碱、焦炭、黄磷、多晶硅项目	30%

◆ **考法 1：填空题**

【例题 1·2024 年真题·单选题】固定资产投资项目资本金是指在项目总投资中的（　　）

    A. 建筑安装工程费用与设备工器具费用总和

    B. 铺底流动资金

    C. 建筑安装工程费用

    D. 投资者认缴的出资额

【答案】D

【解析】项目资本金是指在项目总投资中的投资者认缴的出资额。

【例题 2·单选题】根据固定资产投资项目资本金制度，下列固定资产投资项目中，资本金比例最高的是（　　）。

    A. 钢铁、电解铝项目   B. 保障性住房项目

    C. 城市轨道交通项目   D. 水泥项目

【答案】A

【解析】钢铁、电解铝项目最低资本金比例为 40%，保障性住房项目最低资本金比例为 20%，城市轨道交通项目最低资本金比例为 20%，水泥项目最低资本金比例为 35%。

◆ **考法 2：正误判断题**

【例题·多选题】关于项目资本金说法，正确的有（　　）。

    A. 各种经营性投资项目必须先落实资本金才能建设

    B. 项目资本金对投资项目来说是非债务性资金

    C. 项目资本金可以用工业产权出资

    D. 投资者可以转让、抽回其出资

    E. 总投资是指投资项目的固定资产投资与铺底流动资金之和

【答案】A、B、C、E

【解析】投资者可按其出资比例依法享有所有者权益，也可转让其出资，但不得以任何方式抽回。

核心考点二　项目投资的审批、核准或备案

表 1-2　项目投资的审批、核准或备案

政府投资项目：审批制	投资方式	（1）直接投资； （2）资本金注入	审批文件： （1）项目建议书； （2）可行性研究报告。 ★不再审批开工报告
		（1）投资补助； （2）贷款贴息	审批文件： ★资金申请报告
企业投资项目	《政府核准的投资项目目录》内的项目：核准制		核准文件： ★项目申请书 ★不再经过批准项目建议书、可行性研究报告和开工报告等程序
	《政府核准的投资项目目录》外的项目：备案制		备案

◆考法：填空题

【例题·单选题】对于采用资本金注入方式的政府投资项目，投资决策主管部门需从投资决策角度审批的文件是（　　　）。

    A. 项目建议书和可行性研究报告

    B. 可行性研究报告和资金概算报告

    C. 初步设计和开工报告

    D. 项目建议书和初步设计

【答案】A

【解析】对于采用直接投资和资本金注入方式的政府投资项目，政府投资主管部门需从投资决策角度审批项目建议书和可行性研究报告。除特殊情况外，不再审批开工报告，同时应严格政府投资项目的初步设计、概算审批工作。

1.1.2　工程建设实施程序

核心考点　工程建设程序

1. 工程勘察设计

（1）工程勘察

工程勘察包括工程测量、岩土地质勘察以及水文地质勘察。

（2）工程设计

工程设计是确定和控制工程造价的重点阶段，也是协调工程技术与经济关系的关键环节。

表 1-3　工程设计

阶段	初步设计	技术设计	施工图设计
编制内容	工程总概算	修正概算	施工图预算

2. 建设准备

在工程开工建设前，需要切实做好各项准备工作，这些准备工作包括：

（1）征地、拆迁和场地平整。

（2）完成施工用水、电、通信网络、交通道路等接通工作。

（3）准备必要的施工图纸。

（4）组织工程监理、施工及材料设备采购招标工作。

（5）办理施工许可证、工程质量监督等手续。

3. 工程施工

建设工程经批准开工建设取得施工许可证后，即可进入施工阶段。

（1）工程开工时间是指该工程设计文件中规定的任何一项永久性工程第一次正式破土开槽开始施工的时间。

（2）不需开槽的工程，正式开始打桩的时间就是开工时间。

（3）铁路、公路、水库等需要进行大量土石方工程的，以正式开始进行土方、石方工程的时间作为正式开工时间。

（4）工程地质勘察、平整场地、既有建筑物拆除、临时建筑、施工用临时道路和水、电等工程开始施工不能算作正式开工。

（5）分期建设的工程分别以各期工程开工的时间作为开工时间，如二期工程应根据工程设计文件规定的永久性工程开工时间作为开工时间。

4. 生产准备

生产准备是工程项目交付投产前由建设单位进行的一项重要工作。

5. 竣工验收

竣工验收由建设单位组织，勘察、设计、施工、监理等单位参加。

工程竣工验收是工程建设实施阶段最后一个环节，是投资成果转入生产或使用的标志，也是全面考核工程建设成果、检验工程质量的重要步骤。

建设工程自竣工验收合格之日起即进入缺陷责任期。

缺陷责任期最长不超过 2 年。

◆ **考法 1：填空题**

【例题·2024 年真题·单选题】建设工程开工时间是指工程建设文件中规定的任何一项永久性工程（　　）的时间。

A. 施工场址既有建筑物开始拆除　　B. 施工场地平整或临时设施开始施工

C. 施工用临时道路开始施工　　D. 第一次正式破土开槽开始施工

【答案】D

【解析】工程开工时间是指该工程设计文件中规定的任何一项永久性工程第一次正式

破土开槽开始施工的时间。工程地质勘察、平整场地、既有建筑物拆除、临时建筑、施工用临时道路和水、电等工程开始施工不能算作正式开工。

◆ 考法 2：归类题

【例题·单选题】下列工程造价文件中，属于技术设计阶段文件的是（　　）。

　　A. 施工图预算　　　　　　　　B. 投资估算

　　C. 设计概算　　　　　　　　　D. 修正概算

【答案】D

【解析】投资估算是投资决策阶段的文件，设计概算是初步设计阶段的文件，修正概算是技术设计阶段的文件，施工图预算是施工图设计阶段的文件。

1.1.3　工程承包模式

核心考点一　设计—招标—建造（DBB）模式的优缺点

1. 优点

（1）建设单位、勘察设计单位、施工总承包单位及分包单位在合同约束下，各自行使其职责和履行义务，责权利分配明确；建设单位直接管理工程勘察设计和施工，指令易贯彻执行。

（2）各平行承包单位前后工作衔接，构成质量制约，有助于发现工程质量问题。

（3）该模式应用广泛、历史长，相关管理方法较成熟，工程参建各方对有关程序都比较熟悉。

2. 缺点

（1）工程设计、招标、施工按顺序依次进行，建设周期长；而且由于施工单位无法参与工程设计，设计与施工协调困难，容易产生设计变更，可能使建设单位利益受损。

（2）由于工程的责任主体较多，包括设计单位、施工单位、材料设备供应单位等，一旦工程出现问题，建设单位将分别面对不同参与方，容易出现互相推诿，协调工作量大。

◆ 考法：正误判断题

【例题·单选题】下列关于设计—招标—建造（DBB）模式的说法，正确的是（　　）。

　　A. 勘察设计单位与施工单位之间存在合同关系

　　B. 各单位行使其职责和履行义务，责权利分配明确

　　C. 各平行承包单位前后工作衔接，不利于发现工程质量问题

　　D. 工程设计、招标、施工按顺序依次进行，不容易产生设计变更

【答案】B

【解析】选项 A、C、D 说法错误。选项 A，不存在合同关系。选项 C，有利于（不是不利于）发现工程质量问题。选项 D，容易产生设计变更。

核心考点二　工程总承包模式的优缺点

1. 优点

（1）有利于缩短建设工期

工程设计和施工任务均由工程总承包单位负责，可使工程设计与施工之间的沟通问题

得到极大改善。

由于工程总承包单位能够在全部设计完成之前便可开始其他工作，可在很大程度上缩短建设工期。

（2）便于建设单位提前确定工程造价

建设单位与工程总承包单位之间通常签订总价合同，这样使建设单位在工程实施初期就确定工程总造价，便于控制工程总造价。

由于工程总承包单位负责工程总体控制，因而有利于减少工程变更，将工程造价控制在预算范围内。

（3）使工程项目责任主体单一化

由工程总承包单位负责工程设计和施工，减少了工程实施过程中争议和索赔的发生。

工程设计与施工责任主体的一体化，能够激励工程总承包单位更加注意整个工程项目质量。

（4）可减轻建设单位合同管理的负担

与建设单位直接签订合同的工程参建方减少，建设单位的协调工作量减少，合同管理工作量也大大减少。

2. 缺点

（1）道德风险高

由工程总承包单位同时负责工程设计与施工，与传统的 DBB 模式相比，建设单位对项目的控制要弱一些，有可能会发生工程总承包单位为节省资金而采取一些不恰当行为。

由于建设单位倾向于将大量风险转移给工程总承包单位，因此，当风险发生且导致损失时，工程总承包单位有可能通过降低工程质量等行为来弥补其损失。

（2）建设单位前期工作量大

由于工程总承包单位的技术水平和职业道德将直接影响到工程成败，因此，建设单位为慎重选择工程总承包单位，不得不在招标和评标阶段花费大量时间和精力对投标单位进行评审，这使得项目初期投入将会加大。

（3）工程总承包单位报价高

工程总承包单位为应对工程实施中增加的风险，可能会提高报价，导致整个工程造价增加。

◆ 考法：正误判断题

【例题·2024年真题·单选题】与传统的设计—招标—建造（DBB）模式相比，采用工程总承包模式的不足是（　　）。

　　A. 建设单位前期工作量大　　　　　B. 建设单位合同管理负担重

　　C. 不利于缩短建设工期　　　　　　D. 不利于建设单位控制工程造价

【答案】A

【解析】工程总承包模式的优点：① 有利于缩短建设工期；② 便于建设单位提前确定工程造价；③ 使工程项目责任主体单一化；④ 可减轻建设单位合同管理的负担。工程总承包模式的不足：① 道德风险高；② 建设单位前期工作量大；③ 工程总承包单位报价高。

核心考点三　平行承包模式的特点

（1）有利于建设单位择优选择施工单位。由于合同内容比较单一、合同价值小、风险小，有利于不具备总承包能力的施工单位参与竞争。建设单位可在更大范围内选择施工单位。

（2）有利于控制工程质量。整个工程经分解后分别发包给各施工单位，合同约束与相互制约使每一部分都能较好地实现其质量要求。

（3）有利于缩短建设工期。由于工程施工任务经分解后平行发包，在工艺技术及场地允许的条件下，多个标段任务并行实施，可缩短整个工程项目工期。

（4）组织管理和协调工作量大。由于合同数量多，使工程项目系统中合同界面（结合部）数量增加，要求建设单位具有较强的组织协调能力。

（5）工程造价控制难度大。由于招标任务量大，需控制多项合同价格，从而使工程造价控制难度增加。

（6）与总承包模式相比，平行承包模式不利于发挥那些技术水平高、综合管理能力强的总承包商综合优势。

◆ **考法：正误判断题**

【例题·单选题】施工平行发承包模式的特点是（　　　）。

　　A. 对每部分施工任务的发包，都以施工图设计为基础，有利于投资的早期控制

　　B. 由于要进行多次招标，业主用于招标的时间多，建设工期会加长

　　C. 业主招标工作量大，对业主不利

　　D. 业主不直接控制所有工程的发包，但可决定所有工程的承包商

【答案】C

【解析】选项 A 是不利于投资的早期控制；选项 B 不是会加长建设工期，而是会缩短建设工期；选项 D，业主可以直接控制所有工程的发包，不是"不直接控制"。

核心考点四　联合体承包模式

1. 定义

联合体通常由一家或几家单位发起，经过协商确定各自承担的义务和责任，签署联合体协议，建立联合体组织机构，产生联合体牵头单位（代表），联合体各成员单位共同与建设单位签订施工合同。

2. 联合体承包模式的特点

（1）建设单位合同结构简单，组织协调工作量小，而且有利于工程造价和工期控制。

（2）可以集中联合体各成员单位在资金、技术和管理等方面优势，克服一家单位力不能及的困难，不仅有利于增强竞争能力，同时有利于增强抗风险能力。

◆ **考法：正误判断题**

【例题 1·2024 年真题·单选题】采用联合体方式承包工程时，对联合体各成员单位正确的要求是（　　　）。

　　A. 共同与建设单位签订工程承包合同

B. 需要具有与工程规模相适应的相同承包资质

C. 承担相同的工程承包合同义务和责任

D. 共同与建设单位签订联合体协议

【答案】A

【解析】联合体通常由一家或几家单位发起，经过协商确定各自承担的义务和责任，签署联合体协议，建立联合体组织机构，产生联合体牵头单位（代表），联合体各成员单位共同与建设单位签订工程承包合同。

【例题2·单选题】对建设单位而言，与平行承包模式相比，施工项目采用联合体承包模式的特点是（　　）。

A. 组织协调工作量小　　　　　　B. 合同结构复杂

C. 不利于工程造价控制　　　　　D. 不利于工程工期控制

【答案】A

【解析】联合体承包模式有以下特点：建设单位合同结构简单，组织协调工作量小，而且有利于工程造价和工期控制。

核心考点五　合作体承包模式的特点

（1）建设单位组织协调工作量小，但风险较大。由于承包单位是一个合作体，各施工单位之间能相互协调，可减少建设单位组织协调工作量。当合作体内某一家施工单位倒闭破产时，其他成员单位及合作体机构不承担其施工合同的经济责任，相应风险将由建设单位承担。

（2）各施工单位之间有合作愿望，但又不愿意组成联合体。

◆ 考法：正误判断题

【例题·单选题】下列关于合作体承包模式的说法，正确的是（　　）。

A. 合作体与建设单位签订工程承包合同

B. 建设单位组织协调工作量大

C. 建设单位风险较大

D. 各成员单位愿意组成联合体

【答案】C

【解析】合作体承包模式的特点包括：各单位分别与建设单位签订工程承包合同。建设单位组织协调工作量小，但风险较大。各承包单位之间有合作愿望，又不愿意组成联合体。

核心考点六　CM模式

1. 定义

CM（Construction Management）模式是指由建设单位委托一家CM单位承担项目管理工作，该CM单位以承包单位的身份进行施工管理，并在一定程度上影响工程设计活动，组织快速路径（Fast-Track）的生产方式，使工程项目实现有条件的"边设计、边施工"。

2. CM 模式的特点

（1）采用快速路径法施工

即在工程设计尚未结束之前，当工程某些部分的施工图设计已经完成时，就开始进行该部分工程的施工招标，从而使这部分工程的施工提前到工程项目的设计阶段。

（2）CM 单位有代理型（Agency）和非代理型（Non-Agency）两种

代理型的 CM 单位不负责工程分包的发包，与分包单位的合同由建设单位直接签订。

非代理型的 CM 单位直接与分包单位签订分包合同。

（3）CM 合同采用成本加酬金方式

代理型合同：建设单位与分包单位直接签订，采用简单的成本加酬金合同形式。

非代理型合同：采用保证最大工程费用（GMP）加酬金的合同形式。这是因为 CM 合同总价是在 CM 合同签订之后，随着 CM 单位与各分包单位签约而逐步形成的。只有采用保证最大工程费用，建设单位才能控制工程总费用。

3. CM 模式在工程造价控制方面的价值

CM 模式特别适用于那些实施周期长、工期要求紧迫的大型复杂工程。

在工程造价控制方面的价值体现在以下几方面：

（1）与施工总承包模式相比，采用 CM 模式时的合同价更具合理性。

采用 CM 模式时，施工任务要进行多次分包，施工合同总价不是一次确定，而是有一部分完整施工图纸，就分包一部分，将施工合同总价划整为零。

每次分包都通过招标展开竞争，每个分包合同价格都通过谈判进行详细讨论，从而使各个分包合同价格汇总后形成的合同总价更具合理性。

（2）CM 单位不赚取总包与分包之间的差价

与总分包模式相比，CM 单位与分包单位或供货单位之间的合同价是公开的，建设单位可以参与所有分包工程或设备材料采购招标及分包合同或供货合同的谈判。

CM 单位不赚取总包与分包之间的差价，它在进行分包谈判时，会努力降低分包合同价。经谈判而降低合同价的节约部分全部归建设单位所有，CM 单位可获得部分奖励，这样，有利于降低工程费用。

（3）应用价值工程方法挖掘节约投资的潜力

CM 承包模式不同于普通承包模式的"按图施工"，CM 单位早在工程设计阶段就可凭借其在施工成本控制方面的实践经验，应用价值工程方法对工程设计提出合理化建议，以进一步挖掘节省工程投资的可能性。

由于工程设计与施工的早期结合，使得设计变更在很大程度上得到减少，从而减少了分包单位因设计变更而提出的索赔。

（4）GMP 可大大减少建设单位在工程造价控制方面的风险

当采用非代理型 CM 模式时，CM 单位将对工程费用的控制承担更直接的经济责任，它必须承担 GMP 的风险。

如果实际工程费用超过 GMP，超出部分将由 CM 单位承担，建设单位在工程造价控制方面的风险将大大减少。

【例题·2024 年真题·单选题】建设工程采用 CM 模式时，CM 单位以（ ）身份进行项目管理。

    A. 建设单位   B. 监理单位

    C. 承包单位   D. 设计单位

【答案】C

【解析】CM 模式是指由建设单位委托一家 CM 单位承担项目管理工作，该 CM 单位以承包单位的身份进行施工管理，并在一定程度上影响工程设计活动，组织快速路径的生产方式，使工程项目实现有条件的"边设计、边施工"。

◆ 考法 2：正误判断题

【例题·多选题】下列关于承包发包模式的说法，正确的有（ ）。

    A. 联合体承发包模式中，业主应和联合体各方分别签订承包合同

    B. 平行承发包模式中，业主的组织管理工作量大，有利于工程质量和造价控制

    C. 非代理型 CM 承包模式中，业主与 CM 单位和分包商分别签订合同

    D. 合作体承包模式中，建设单位组织协调工作量小，但风险较大

    E. DB 和 EPC 是工程总承包中常见的两种代表性模式

【答案】D、E

【解析】选项 A、B、C 说法错误。选项 A，联合体各成员单位共同与建设单位签订施工合同。选项 B，有利于工程质量控制，但不利于造价控制。选项 C，业主与 CM 单位和分包商分别签订合同的是代理型 CM 承包模式。

1.1.4 工程监理

核心考点一 强制监理的工程范围

（1）大中型公用事业工程是指项目总投资额在 3000 万元以上的工程项目。

（2）项目总投资额在 3000 万元以上关系社会公共利益、公众安全的基础设施项目。

（3）成片开发建设的住宅小区工程：

① 建筑面积在 5 万 m² 以上的住宅建设工程，必须实行监理；

② 建筑面积在 5 万 m² 以下的住宅建设工程，可以实行监理；

③ 为了保证住宅质量，对高层住宅及地基、结构复杂的多层住宅应当实行监理。

（4）学校、影剧院、体育场馆项目。

（5）利用外国政府或者国际组织贷款、援助资金的工程

◆ 考法：归类题

【例题 1·多选题】根据《建设工程监理范围和规模标准规定》，必须实行监理的工程有（ ）。

    A. 总投资额为 2000 万元的商业项目

    B. 总投资额为 3000 万元的乡村生态环境保护项目

    C. 建筑面积为 4 万 m² 的多层普通结构住宅小区

D. 使用世界银行贷款的城市立交枢纽

E. 国家重点建设的工业项目

【答案】B、D、E

【解析】选项 A 中"商业项目"的说法很模糊，而且总投资额不到 3000 万元，所以不能直接判定是否必须实行监理。选项 C 是可实行监理，而不是必须实行监理，因为建筑面积没有达到 5 万 m^2。

【例题 2·单选题】根据《建设工程监理范围和规模标准规定》，下列工程项目中必须实行监理的工程是（　　）。

A. 总投资额为 2500 万元的影剧院工程

B. 总投资额为 2500 万元的生态环境保护工程

C. 总投资额为 2500 万元的水资源保护工程

D. 总投资额为 2500 万元的新能源工程

【答案】A

【解析】选项 B、C、D 应是 3000 万元以上才属于强制监理范围。

核心考点二　项目监理人员职责

1. 总监理工程师职责

（1）确定项目监理机构人员及其岗位职责。

（2）组织编制监理规划，审批监理实施细则。

（3）根据工程进展及监理工作情况调配监理人员，检查监理人员工作。

（4）组织召开监理例会。

（5）组织审核分包单位资格。

（6）组织审查施工组织设计、（专项）施工方案。

（7）审查开复工报审表，签发工程开工令、暂停令和复工令。

（8）组织检查施工单位现场质量、安全生产管理体系的建立及运行情况。

（9）组织审核施工单位的付款申请，签发工程款支付证书，组织审核竣工结算。

（10）组织审查和处理工程变更。

（11）调解建设单位与施工单位的合同争议，处理工程索赔。

（12）组织验收分部工程，组织审查单位工程质量检验资料。

（13）审查施工单位的竣工申请，组织工程竣工预验收，组织编写工程质量评估报告，参与工程竣工验收。

（14）参与或配合工程质量安全事故的调查和处理。

（15）组织编写监理月报、监理工作总结，组织整理监理文件资料。

2. 总监理工程师代表职责

总监理工程师不得将下列工作委托给总监理工程师代表：

（1）组织编制监理规划，审批监理实施细则。

（2）根据工程进展及监理工作情况调配监理人员。

（3）组织审查施工组织设计、（专项）施工方案。

（4）签发工程开工令、暂停令和复工令。

（5）签发工程款支付证书，组织审核竣工结算。

（6）调解建设单位与施工单位的合同争议，处理工程索赔。

（7）审查施工单位的竣工申请，组织工程竣工预验收，组织编写工程质量评估报告，参与工程竣工验收。

（8）参与或配合工程质量安全事故的调查和处理。

3. 专业监理工程师职责

（1）参与编制监理规划，负责编制监理实施细则。

（2）审查施工单位提交的涉及本专业的报审文件，并向总监理工程师报告。

（3）参与审核分包单位资格。

（4）指导、检查监理员工作，定期向总监理工程师报告本专业监理工作实施情况。

（5）检查进场的工程材料、构配件、设备的质量。

（6）验收检验批、隐蔽工程、分项工程，参与验收分部工程。

（7）处置发现的质量问题和安全事故隐患。

（8）进行工程计量。

（9）参与工程变更的审查和处理。

（10）组织编写监理日志，参与编写监理月报。

（11）收集、汇总、参与整理监理文件资料。

（12）参与工程竣工预验收和竣工验收。

4. 监理员职责

（1）检查施工单位投入工程的人力、主要设备的使用及运行状况。

（2）进行见证取样。

（3）复核工程计量有关数据。

（4）检查工序施工结果。

（5）发现施工作业中的问题，及时指出并向专业监理工程师报告。

◆ 考法：归类题

【例题1·单选题】下列监理机构人员的职责中，总监理工程师可以书面授权委托给总监理工程师代表的是（　　）。

A. 签发工程开工令　　　　　　B. 组织编写监理月报

C. 审批监理实施细则　　　　　D. 组织编写工程质量评估报告

【答案】B

【解析】选项A、C、D属于总监理工程师不得委托给总监理工程师代表的工作。

【例题2·多选题】根据《建设工程监理规范》GB/T 50319—2013，监理员的职责有（　　）。

A. 检查进场的工程材料、构配件、设备的质量

B. 进行见证取样

C. 进行工程计量

D. 组织验收分部工程

E. 复核工程计量有关数据

【答案】B、E

【解析】选项 A、C 属于专业监理工程师职责，选项 D 属于总监理工程师职责。

核心考点三　与项目监理机构相关的施工管理工作

1. 施工准备及开工报审

（1）参加图纸会审和设计交底会议

施工单位应组织项目管理团队成员熟悉工程设计文件，并参加建设单位主持召开的图纸会审和设计交底会议。

（2）报审施工组织设计

项目监理机构对施工组织设计的审查包括以下基本内容：

① 编审程序是否符合相关规定。

② 施工进度、施工方案及工程质量保证措施是否符合施工合同要求。

③ 资源（资金、劳动力、材料、设备）供应计划是否满足工程施工需要。

④ 安全技术措施是否符合工程建设强制性标准。

⑤ 施工总平面布置是否科学合理。

经项目监理机构审查符合要求的施工组织设计，由总监理工程师签认后将会报送建设单位。

（3）施工现场质量安全管理组织机构、制度及人员受检

项目监理机构将会检查施工单位现场的施工质量、安全生产管理组织机构和规章制度建立情况，以及专职管理人员配备和特种作业人员的资格，还要核查施工机械和设施的安全许可验收手续。

（4）报送工程开工报审表及相关资料

施工单位做好施工准备后，应向项目监理机构报送工程开工报审表及相关资料申请开工。

申请开工的工程具备下列条件的，总监理工程师方可在工程开工报审表签署同意开工的意见并报建设单位批准：

① 设计交底和图纸会审已完成。

② 施工组织设计已由总监理工程师签认。

③ 施工单位现场质量、安全生产管理体系已建立，管理及施工人员已到位，施工机械具备使用条件，主要工程材料已落实。

④ 进场道路及水、电、通信等已满足开工要求。

建设单位在工程开工报审表中签署同意开工的意见后，项目监理机构才能发出工程开工令。

（5）报审分包单位资格

工程有分包单位的，施工总包单位应将分包单位资格报审表及相关资料报送项目监理机构。

项目监理机构将会审查施工分包单位以下内容：

① 营业执照、企业资质等级证书。

② 安全生产许可文件。

③ 类似工程业绩。

④ 专职管理人员和特种作业人员资格。

（6）参加第一次工地会议

施工单位应参加由建设单位主持召开的第一次工地会议。

2. 施工过程中的报审报验

（1）施工进度计划报审

施工单位应将其编制的施工总进度计划和阶段性施工进度计划报送项目监理机构审查。

项目监理机构将审查施工进度计划以下内容：

① 施工进度计划是否符合施工合同中工期的约定。

② 施工进度计划中主要工程项目有无遗漏，是否满足分批投入试运、分批动用的需要，阶段性施工进度计划是否满足总进度控制目标的要求。

③ 施工顺序的安排是否符合施工工艺要求。

④ 施工人员、工程材料、施工机械等资源供应计划是否满足施工进度计划的需要。

⑤ 施工进度计划是否符合建设单位提供的施工条件（资金、施工图纸、施工场地、物资等）。

（2）施工方案或专项施工方案报审

施工单位应将相应分部分项工程开工前编制的施工方案或专项施工方案报送项目监理机构审查。

对于施工单位报送的施工方案，项目监理机构的审查内容包括：

① 编审程序是否符合相关规定。

② 工程质量保证措施是否符合有关标准。

对于施工单位报送的专项施工方案，项目监理机构的审查内容包括：

① 编审程序是否符合相关规定。

② 安全技术措施是否符合工程建设强制性标准。

对达到一定规模危险性较大的分部分项工程的专项施工方案，还要检查是否附具安全验算结果。对涉及深基坑、地下暗挖工程、高大模板工程的专项施工方案，还要检查施工单位组织专家进行论证、审查的情况。

（3）"四新"质量报审

施工单位采用新材料、新工艺、新技术、新设备时，应将相应质量认证材料和相关验收标准报送项目监理机构审查。

（4）施工控制测量成果及保护措施报审

项目监理机构将会检查、复核以下内容：

① 施工单位测量人员的资格证书及测量设备检定证书。

② 施工平面控制网、高程控制网和临时水准点的测量成果及控制桩的保护措施。

（5）试验室报审

施工单位应将为所施工工程提供服务的试验室相关资料报送项目监理机构检查。

（6）材料、构配件、设备质量报验

（7）工程报验

（8）提出工程计量及付款申请

（9）提出工程变更或索赔

施工单位向建设单位索赔费用或要求工程延期，均应通过项目监理机构提出。

3. 工程暂停情形

工程施工有下列情形之一的，总监理工程师将会及时签发工程暂停令：

（1）建设单位要求暂停施工且工程需要暂停施工的。

（2）施工单位未经批准擅自施工或拒绝项目监理机构管理的。

（3）施工单位未按审查通过的工程设计文件施工的。

（4）施工单位未按批准的施工组织设计、（专项）施工方案施工或违反工程建设强制性标准的。

（5）施工存在重大质量、安全事故隐患或发生质量、安全事故的。

4. 竣工报验及结算申请

（1）竣工报验

单位工程完工并经自检合格后，施工单位应向项目监理机构提交单位工程竣工验收报审表及竣工资料。

项目监理机构组织工程竣工预验收合格后，编写工程质量评估报告并报送建设单位。

施工单位代表应参加由建设单位组织的竣工验收，并在工程竣工验收报告中签署意见。

（2）竣工结算申请

工程竣工验收合格后，施工单位应向项目监理机构提交竣工结算款支付申请。

项目监理机构审核后报送建设单位审批。

竣工结算款支付申请经建设单位审批同意后，项目监理机构将向施工单位签发竣工结算款支付证书。

◆ 考法 1：归类题

【例题 1·2024 年真题·单选题】在建设工程施工准备阶段，项目监理机构需要进行的工作是（   ）。

    A. 主持召开图纸会审和设计交底会议

    B. 主持召开第一次工地会议

    C. 核查施工机械和设施的安全许可验收手续

    D. 组织建立工程项目质量安全管理体系

【答案】C

【解析】本题考核的是项目监理机构相关的工作。选项 A、B、D 都是属于建设单位的工作。

【例题2·多选题】项目监理机构对施工组织设计进行审查的工作有（　　　　）。

A. 编审程序是否符合相关规定

B. 工程材料质量证明文件是否齐全有效

C. 资源供应计划是否满足工程施工需要

D. 工程质量保证措施是否符合施工合同要求

E. 安全技术措施是否符合工程建设强制性标准

【答案】A、C、D、E

【解析】选项B属于材料、构配件、设备质量报验。

◆ 考法2：填空题

【例题1·2024年真题·单选题】施工单位采用新材料、新工艺、新技术、新设备时，应将相应质量认证材料和相关验收标准报送（　　　　）审查。

A. 项目监理机构　　　　　　　B. 建设单位

C. 设计单位　　　　　　　　　D. 质量监督机构

【答案】A

【解析】本题考核的是施工过程中的报审报验。施工单位采用新材料、新工艺、新技术、新设备时，应将相应质量认证材料和相关验收标准报送项目监理机构审查。必要时，施工单位还需要组织专题论证，并将专题论证材料一并报送项目监理机构审查。

【例题2·单选题】工程竣工验收应该由（　　　　）组织进行。

A. 建设单位　　　　　　　　　B. 监理单位

C. 施工单位　　　　　　　　　D. 质量监督单位

【答案】A

【解析】工程竣工验收应该由建设单位组织。

◆ 考法3：正误判断题

【例题·多选题】下列关于施工过程中报审报验的说法，正确的有（　　　　）。

A. 对涉及高大模板工程的专项施工方案，要检查施工单位组织专家进行论证、审查的情况

B. 项目监理机构不需要对用于工程的材料进行检验

C. 施工单位应直接向建设单位提出索赔费用

D. 施工单位应通过项目监理机构向建设单位要求工程延期

E. 项目监理机构应检查试验室的资质等级及试验范围

【答案】A、D、E

【解析】选项B，项目监理机构需要对用于工程的材料进行平行检验。选项C，施工单位向建设单位索赔费用，应通过项目监理机构提出。

1.1.5 工程质量监督

核心考点　工程质量监督程序

1. 审核办理工程质量监督手续

工程开工前，建设单位需要到规定的工程质量监督机构办理工程质量监督手续，未按规定办理工程质量监督手续的，一律不得开工。

建设单位在申请办理工程质量监督手续时，需提供下列资料：

（1）施工图设计文件审查报告和批准书。

（2）中标通知书和施工、监理合同。

（3）建设单位、施工单位和工程监理单位的项目负责人和机构组成。

（4）施工组织设计和监理规划（监理实施细则）。

（5）其他需要的文件资料。

2. 组织安排工程质量监督准备工作

（1）成立工程质量监督组，确定质量监督负责人。

（2）编制工程质量监督计划，并转发各参建单位。

（3）召开首次监督会议，明确相关职责。

在办理工程质量监督手续后、工程开工前，工程质量监督机构应召开建设单位、勘察单位、设计单位、施工单位、工程监理单位等相关责任主体参加的首次监督会议。

首次监督会议议题包括：

① 介绍负责工程质量监督负责人和监督工程师。

② 介绍工程质量监督计划。

③ 明确必须监督的重要施工部位和重要环节。

④ 检查工程参建各方提供的有关任命文件（如总监理工程师、施工项目经理、建设单位代表任命书等）。

⑤ 宣布监督工作纪律。

⑥ 公布监督举报电话。

（4）检查各方主体行为，确认具备开工条件，包括：

① 审查工程参建各方质量保证体系。

② 审查施工组织设计、监理规划和监理实施细则等文件内容及审批手续。

③ 核查工程参建各方主要管理人员资格。

④ 检查有关工程质量文件、施工技术资料是否齐全并符合规定。

3. 组织实施工程施工质量监督

在工程施工过程中，工程质量监督机构应按以下程序规范实施监督检查：

（1）制定年度、季度检查计划。

（2）实施监督检查。监督检查内容主要包括：

① 工程参建各方主体质量行为。重点检查工程参建各方资质及人员资格是否符合规定，质量保证体系、质量责任制和管理制度是否健全和有效运行，工程质量控制程序是否

正确，工程质量责任人到位情况是否符合规定等。

② 工程实体质量。对影响主体结构、使用功能和施工安全的部位和关键工序，要加大抽查频率，对隐蔽工程应进行重点抽查。

③ 工程质量保证资料。工程质量监督机构在抽查工程实体质量的同时，应对工程质量保证资料进行抽查，检查工程质量保证资料的完整性、准确性、真实性和及时性。同时，检查工程质量文件资料反映的质量保证措施及质量评定情况是否与工程实体相符。

（3）工程质量事故隐患及问题查处。对于存在严重质量事故隐患或发生质量事故的，应立即责令停工。

（4）投诉举报问题受理及调查。

4. 组织实施工程竣工验收质量监督

工程质量监督机构应参加建设单位组织的工程竣工验收，并对现场验收的组织形式、验收程序、执行标准规定等进行重点监督。

工程竣工验收工作结束后，工程质量监督机构应出具工程质量监督报告。

工程质量监督报告必须由工程质量监督负责人签认，经工程质量监督机构负责人审核同意并加盖单位公章后出具。

◆ 考法 1：填空题

【例题·2024 年真题·多选题】工程质量监督机构参加竣工验收时，对现场验收应重点监督的内容有（　　　）。

A. 验收组织形式　　　　　　　　B. 验收方法

C. 验收程序　　　　　　　　　　D. 标准规定的执行情况

E. 观感质量检查

【答案】A、C、D

【解析】工程质量监督机构应参加建设单位组织的工程竣工验收，并对现场验收的组织形式、验收程序、执行标准规定等进行重点监督。

◆ 考法 2：正误判断题

【例题·多选题】下列关于工程质量监督的说法，正确的有（　　　）。

A. 工程质量监督报告必须由工程质量监督负责人签认

B. 核验工程质量保证资料的目的是验证工程实体质量

C. 工程开工前，建设单位需申请办理工程质量监督手续

D. 工程质量监督机构应对工程质量保证资料进行逐一检查

E. 工程竣工验收工作之前应出具工程质量监督报告

【答案】A、B、C

【解析】选项 D、E 说法错误。选项 D，工程质量监督机构应对工程质量保证资料进行抽查。选项 E，工程竣工验收工作结束后，工程质量监督机构应出具工程质量监督报告。

1.2 工程项目管理组织与项目经理

核心考点剖析

1.2.1　工程参建各方主体管理目标和任务

核心考点　不同主体的项目管理

1. 业主方项目管理

业主方项目管理是指站在业主角度，通过有效控制工程建设进度、质量和投资目标，最终实现工程项目的价值。其中，进度目标是指工程项目交付使用的时间目标；质量目标是指工程特性要满足相关标准规定及业主需求；投资目标是指工程建设总投资。

当然，在绿色低碳发展形势下，绿色目标也将成为业主方项目管理的目标。

业主方项目管理是全过程的，包括工程项目投资决策和建设实施阶段各个环节。

2. 工程总承包方项目管理

工程总承包单位全面负责工程项目实施全过程，直至最终交付使用功能和质量标准符合合同文件规定的工程项目。

工程总承包方项目管理应服务于项目整体利益和工程总承包方自身利益。

工程总承包方依靠自身的技术和管理优势或实力，在工程设计、采购、施工、试运行等各个环节，有效管理其承包工程的进度、质量、成本、安全及绿色目标，全面履行工程总承包合同，为业主交付合格且富有价值的工程项目。

《建设项目工程总承包管理规范》GB/T 50358—2017 分别针对工程设计、采购、施工、试运行等环节的管理提出要求，具体内容见下表。

表 1-4　各环节执行计划内容

序号	环节	
	1.设计执行计划内容	2.采购执行计划内容
1	设计依据	编制依据
2	设计范围	项目概况
3	设计的原则和要求	采购原则
4	组织机构及职责分工	采购工作范围和内容

序号	环节	
	1. 设计执行计划内容	2. 采购执行计划内容
5	适用的标准规范清单	采购岗位设置及其主要职责
6	质量保证程序和要求	采购进度的主要控制目标和要求，长周期设备和特殊材料专项采购执行计划
7	进度计划和主要控制点	催交、检验、运输和材料控制计划
8	技术经济要求	采购费用控制的主要目标、要求和措施
9	安全、职业健康和环境保护要求	采购质量控制的主要目标、要求和措施
10	与采购、施工和试运行的接口关系及要求	采购协调程序
11	—	特殊采购事项的处理原则
12	—	现场采购管理要求

序号	环节	
	3. 施工执行计划内容	4. 试运行执行计划内容
1	工程概况	总体说明
2	施工组织原则	组织机构
3	施工质量计划	进度计划
4	施工安全、职业健康和环境保护计划	资源计划
5	施工进度计划	费用计划
6	施工费用计划	培训计划
7	施工技术管理计划，包括施工技术方案要求	考核计划
8	资源供应计划	质量、安全、职业健康和环境保护要求
9	施工准备工作要求	试运行文件编制要求
10	—	试运行准备工作要求
11	—	项目发包人和相关方的责任分工等

3. 工程设计方项目管理

设计方项目管理应服务于项目整体利益和设计方自身利益。

工程设计不仅对工程建设进度、质量、投资及绿色总目标有着直接影响，而且工程设计项目本身也有其设计进度、设计质量和设计成本目标。

设计方项目管理不仅仅局限于工程设计阶段，还会延伸到施工阶段和竣工验收阶段。

4. 工程施工方项目管理

施工方项目管理不能仅理解为施工承包单位的项目管理，工程咨询单位为施工承包单位提供的咨询服务也属于施工方项目管理范畴。

施工方项目管理目标包括施工进度、质量、成本和安全。在绿色发展形势下，绿色目标也成为施工项目管理目标。

◆**考法 1：归类题**

【例题·2024 年真题·多选题】根据《建设项目工程总承包管理规范》GB/T 50358—2017，设计执行计划宜包括的内容有（   ）。

    A. 质量保证程序和要求   B. 费用控制原则和要求

    C. 进度计划和主要控制点   D. 采购工作范围和内容

    E. 技术经济要求

【答案】A、C、E

【解析】本题考核的是《建设项目工程总承包管理规范》GB/T 50358—2017 中设计执行计划与采购执行计划具体内容的区分，考的颗粒度很细，有一定的难度。选项 B、D 属于采购执行计划的内容。

◆**考法 2：正误判断题**

【例题·单选题】下列关于工程参建各方主体项目管理的说法，正确的是（   ）。

    A. 业主方项目管理主要在工程项目投资决策阶段

    B. 工程咨询单位为施工承包单位提供的咨询服务属于工程咨询方项目管理范畴

    C. 工程设计方项目管理工作涉及设计、施工和竣工验收阶段

    D. 工程设计方项目管理服务于设计方自身利益和施工方利益

【答案】C

【解析】选项 A、B、D 说法错误。选项 A，业主方项目管理是全过程的，包括工程项目投资决策和建设实施阶段各个环节。选项 B，工程咨询单位为施工承包单位提供的咨询服务也属于施工方项目管理范畴。选项 D，设计方项目管理应服务于项目整体利益和设计方自身利益。

1.2.2　工程项目管理组织

核心考点一　组织结构模式

1. 直线式组织结构的优缺点

优点：结构简单、权力集中、易于统一指挥、隶属关系明确、职责分明、决策迅速。

缺点：① 由于未设置职能部门，项目经理没有参谋和助手，需要其通晓各种业务，成为"全能式"人才；② 无法实现管理工作专业化，不利于提高项目管理水平。

2. 职能式组织结构的优缺点

优点：强调管理业务专门化，注意发挥各类专家在项目管理中的作用。由于管理人员业务工作专业化，易于提高工作质量，同时可以减轻领导者负担。

缺点：存在多头领导，使下级执行者接受多方指令，容易造成职责不清。

3. 直线职能式组织结构的优缺点

优点：集中领导、职责清楚，有利于提高管理效率。

缺点：各职能部门之间的横向联系差，信息传递路线长，职能部门与指挥者之间容易产生矛盾。

4. 矩阵式组织结构

1）矩阵式组织结构的优缺点

优点：能够根据工程任务的实际情况灵活组建与之相适应的项目管理机构，实现集权与分权的最优结合，有利于调动各类人员的工作积极性，使项目管理工作顺利进行。

缺点：① 矩阵组织结构的稳定性较差，尤其是业务人员的工作岗位调动频繁；② 矩阵中每一位成员同时受项目经理和职能部门经理的双重领导，如果处理不当，会造成矛盾，产生扯皮现象。

2）三种矩阵式组织结构的特点和适用情形

（1）强矩阵式组织结构的特点和适用情形

特点：拥有专职的、具有较大权限的项目经理及专职项目管理人员。

适用情形：适用于技术复杂且时间紧迫的工程项目。

（2）中矩阵式组织结构的特点和适用情形

特点：需要精心建立管理程序和配备训练有素的协调人员。

适用情形：适用于中等技术复杂程度且建设周期较长的工程项目。

（3）弱矩阵式组织结构的特点和适用情形

特点：项目管理者的权限很小。

适用情形：适用于技术简单的工程项目。

◆ 考法 1：归类题

【例题 1·单选题】施工项目管理采用直线式组织结构的优点是（　　　）。

    A. 可减轻领导者负担　　　　　　　　B. 集权与分权相结合

    C. 易于统一指挥　　　　　　　　　　D. 强调管理业务专门化

【答案】C

【解析】直线式组织结构的主要优点是结构简单、权力集中、易于统一指挥、隶属关系明确、职责分明、决策迅速。选项 A、D 属于职能式组织结构的优点，选项 B 属于矩阵式组织结构的优点。

【例题 2·多选题】下图所示的项目组织结构模式的特点有（　　　）。

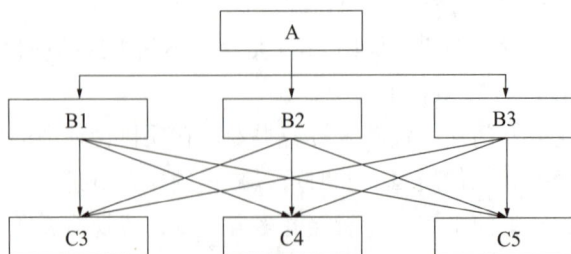

图 1-1　项目组织结构模式

    A. 每一个部门可根据其职能对其直接和非直接的下属部门下达指令

    B. 每一个部门可能得到其直接和非直接的上级部门下达的工作指令

    C. 每一个部门可能会有多个矛盾的指令源

D. 上下级指令传递路径较长

E. 矛盾的指令会影响项目管理机制的运行

【答案】A、B、C、E

【解析】本题图是职能组织结构图，不是线性组织结构图。选项 D 属于直线式组织结构的特点。

【例题 3·2024 年真题·单选题】按照项目经理的权限不同，矩阵式项目组织结构可分为不同形式。其中，平衡矩阵式组织结构适用于（   ）的工程项目。

A. 技术较复杂、建设周期较长

B. 技术较简单、建设周期较短

C. 技术复杂程度中等、建设周期较长

D. 技术复杂程度中等、建设周期较短

【答案】C

【解析】本题考核的是平衡矩阵式组织结构。平衡矩阵制组织结构适用于中等技术复杂程度且建设周期较长的工程项目。强矩阵式组织结构适用于技术复杂且时间紧迫的工程项目，弱矩阵式组织结构适用于技术简单的工程项目。

◆考法 2：填空题

【例题·单选题】在各管理层设置职能部门，但职能部门只作为相应层级领导的参谋，在其所管辖业务范围内实施管理，不直接指挥下级，与下一层级职能部门构成业务指导关系，该种组织结构是（   ）。

A. 直线式组织结构   B. 直线职能式组织结构

C. 职能式组织结构   D. 矩阵式组织结构

【答案】B

【解析】直线职能式组织结构吸收直线式组织结构和职能式组织结构的优点而形成。与职能式组织结构相同的是，在各管理层设置职能部门，但职能部门只作为相应层级领导的参谋，在其所管辖业务范围内实施管理，不直接指挥下级，与下一层级职能部门构成业务指导关系。

◆考法 3：正误判断题

【例题·多选题】下列关于职能式组织结构和矩阵式组织结构的说法，正确的有（   ）。

A. 在职能式组织结构中，各级领导不直接指挥下级，而是指挥职能部门

B. 职能式组织结构能够根据工程任务的实际情况灵活组建与之相适应的职能机构和项目管理机构

C. 强矩阵式组织结构适用于中等技术复杂程度且建设周期较长的工程项目

D. 平衡矩阵式组织结构的特点是需要精心建立管理程序和配备训练有素的协调人员

E. 弱矩阵式组织中，并未明确对项目目标负责的项目经理

【答案】A、D、E

【解析】选项 B 说的是矩阵式组织结构，而不是职能式组织结构。选项 C，强矩阵式组织，适用于技术复杂且时间紧迫的工程项目；中矩阵式组织，适用于中等技术复杂程度且建设周期较长的工程项目。

核心考点二　责任矩阵的作用

（1）责任检查：横向检查可以确保每项工作有人负责；纵向检查可以确保每个人至少负责一件"事"。

（2）工作量估算，可从横向统计每个活动的总工作量，还可从纵向统计每个角色投入的总工作量。

（3）工程项目管理中运用责任矩阵主要有以下作用：

① 将工程项目管理的具体任务分配、落实到相关职能部门或人员，使工程项目部人员分工一目了然。

② 清楚地显示出工程项目部各部门或个人的角色、职责和相互关系，避免职责不清而出现推诿、扯皮现象。

③ 有利于项目经理从总体上分析管理任务的分配是否平衡适当，以便进行必要的调整和优化，确保最适合的人员去做最适当的事情，从而提高项目管理工作效率。

◆ 考法：正误判断题

【例题1·单选题】关于项目管理责任矩阵的说法，正确的是（　　）。

A. 责任检查时，横向检查可以确保每个人员至少负责一项工作

B. 责任检查时，纵向检查可以确保每项工作有人员负责

C. 基于管理活动的工作量估算，可以横向统计每个活动的总工作量

D. 基于管理活动的工作量估算，可以纵向统计每个活动的总工作量

【答案】C

【解析】责任矩阵可以非常方便地进行责任检查。横向检查可以确保每项工作有人负责；纵向检查可以确保每个人至少负责一件"事"。基于管理活动的工作量估算，还可从横向统计每个活动的总工作量，从纵向统计每个角色投入的总工作量。

【例题2·多选题】施工项目管理中运用责任矩阵的作用有（　　）。

A. 将工程项目管理的具体任务分配、落实到相关职能部门或人员，使工程项目部人员分工一目了然

B. 有利于项目经理从总体上分析管理任务的分配是否平衡适当，以便进行必要的调整和优化

C. 有利于明晰或简化工程项目技术界面，使得跨职能部门的协调工作更加容易

D. 清楚地显示出工程项目部各部门或个人的角色、职责和相互关系，避免职责不清而出现推诿、扯皮现象

E. 有助于科学合理、均衡有序地组织施工生产

【答案】A、B、D

【解析】选项 C 说的是弱矩阵式组织结构的特点，选项 E 说的是施工组织设计的作用。

1.2.3 项目经理

核心考点　施工项目经理的职责和权限

1. 施工项目经理职责

《建设工程施工项目经理岗位职业标准》T/CCIAT 0010—2019 规定，施工项目经理应履行但不限于下列职责：

（1）依据企业规定组建项目经理部，组织制定项目管理岗位职责，明确项目团队成员职责分工。

（2）执行企业各项规章制度，组织制定和执行施工现场项目管理制度。

（3）组织项目团队成员进行施工合同交底和项目管理目标责任分解。

（4）在授权范围内组织编制和落实施工组织设计、项目管理实施规划、施工进度计划、绿色施工及环境保护措施、质量安全技术措施、施工方案和专项施工方案。

（5）在授权范围内进行项目管理指标分解，优化项目资源配置，协调施工现场人力资源安排，并对工程材料、构配件、施工机具设备等资源的质量和安全使用进行全程监控。

（6）组织项目团队成员进行经济活动分析，进行施工成本目标分解和成本计划编制，制定和实施施工成本控制措施。

（7）建立健全协调工作机制，主持工地例会，协调解决工程施工问题。

（8）依据施工合同配合企业或受企业委托选择分包单位，组织审核分包工程款支付申请。

（9）组织与建设单位、分包单位、供应单位之间的结算工作，在授权范围内签署结算文件。

（10）建立和完善工程档案文件管理制度，规范工程资料管理及存档程序，及时组织汇总工程结算和竣工资料，参与工程竣工验收。

（11）组织进行缺陷责任期工程保修工作，组织项目管理工作总结。

2. 施工项目经理权限

《建设工程施工项目经理岗位职业标准》T/CCIAT 0010—2019 规定，施工项目经理应具有但不限于下列权限：

（1）参与项目投标及施工合同签订。

（2）参与组建项目经理部，提名项目副经理、项目技术负责人，选用项目团队成员。

（3）主持项目经理部工作，组织制定项目经理部管理制度。

（4）决定企业授权范围内的资源投入和使用。

（5）参与分包合同和供货合同签订。

（6）在授权范围内直接与项目相关方进行沟通。

（7）根据企业考核评价办法组织项目团队成员绩效考核评价，按企业薪酬制度拟定项目团队成员绩效工资分配方案，提出不称职管理人员解聘建议。

◆ **考法：归类题**

【例题·多选题】根据中国建筑业协会制定的团体标准《建设工程施工项目经理岗位

职业标准》T/CCIAT 0010—2019，施工项目经理应具有的权限有（　　　）。

  A. 执行企业各项规章制度，组织制定和执行施工现场项目管理制度

  B. 依据企业规定组建项目经理部，组织制定项目管理岗位职责，明确项目团队成员职责分工

  C. 参与组建项目经理部，提名项目副经理、项目技术负责人，选用项目团队成员

  D. 决定企业授权范围内的资源投入和使用

  E. 组织项目团队成员进行施工合同交底和项目管理目标责任分解

【答案】C、D

【解析】选项 A、B、E 均属于施工项目经理的职责。

1.3　工程项目管理规划与动态控制

核心考点提纲

  1.3.1　工程项目管理规划—项目管理规划

  1.3.2　施工组织设计　1. 施工组织设计的编制对象和内容

          2. 施工组织设计的审批与修改

  1.3.3　工程项目目标动态控制　1. 工程项目目标体系构建

             2. 工程项目目标控制措施

核心考点剖析

1.3.1　工程项目管理规划

核心考点　项目管理规划

  根据《建设工程项目管理规范》GB/T 50326—2017，项目管理规划包括项目管理规划大纲和项目管理实施规划。

  项目管理规划大纲是指导项目管理的纲领性文件，对于项目管理工作具有战略性、全局性和宏观性指导作用。

  项目管理实施规划是对项目管理规划大纲的进一步深化和细化。对施工单位而言，施工组织设计等同于项目管理实施规划。

1. 项目管理规划的编制程序

表 1-5　项目管理规划的编制程序

序号	项目管理规划大纲的编制程序	项目管理实施规划的编制程序
1	明确项目需求和项目管理范围	了解相关方要求
2	确定项目管理目标	分析项目具体特点和环境条件

序号	项目管理规划大纲的编制程序	项目管理实施规划的编制程序
3	分析项目实施条件，进行项目工作结构分解	熟悉相关法规和政策文件
4	确定项目管理组织模式、组织结构和职责分工	实施编制活动
5	规定项目管理措施	履行报批手续
6	编制项目资源计划	—
7	报送审批	—

2. 项目管理规划的文件

表 1-6　项目管理规划的文件

序号	项目管理规划大纲文件内容	项目管理实施规划文件要求
1	项目管理目标和职责规定	规划大纲内容应得到全面深化和具体化
2	项目管理程序和方法要求	实施规划范围应满足实现项目目标的实际需要
3	项目管理资源的提供和安排	实施项目管理规划的风险应处于可以接受的水平

◆考法：排序题

【例题·2024 年真题·单选题】根据《建设工程项目管理规范》GB/T 50326—2017，编制项目管理规划大纲需进行的工作有：① 确定项目管理目标；② 规定项目管理措施；③ 编制项目资源计划；④ 进行项目工作结构分解。仅就上述工作而言，正确的工作顺序是（　　）。

　　A. ③－②－①－④　　　　　　　B. ②－①－③－④
　　C. ①－④－②－③　　　　　　　D. ④－②－③－①

【答案】C

【解析】本题考核的是项目管理规划大纲。项目管理规划大纲应按下列程序编制：① 明确项目需求和项目管理范围；② 确定项目管理目标；③ 分析项目实施条件，进行项目工作结构分解；④ 确定项目管理组织模式、组织结构和职责分工；⑤ 规定项目管理措施；⑥ 编制项目资源计划；⑦ 报送审批。

1.3.2　施工组织设计

核心考点一　施工组织设计的编制对象和内容
1. 编制的对象、内容

表 1-7　施工组织设计编制对象及内容

	施工组织总设计	单位工程施工组织设计	施工方案
对象	若干单位工程组成的群体工程或特大型工程项目	单位（子单位）工程	分部（分项）或专项工程

	施工组织总设计	单位工程施工组织设计	施工方案
内容	（1）工程概况； （2）总体施工部署； （3）施工总进度计划； （4）总体施工准备与主要资源配置计划； （5）主要施工方法； （6）施工总平面布置	（1）工程概况； （2）施工部署； （3）施工进度计划； （4）施工准备与资源配置计划； （5）主要施工方案； （6）施工现场平面布置	（1）工程概况； （2）施工安排； （3）施工进度计划； （4）施工准备与资源配置计划； （5）施工方法及工艺要求

2. 施工组织总设计具体内容

1）工程概况

工程概况应包括工程项目主要情况和主要施工条件。

2）总体施工部署

施工组织总设计应对工程施工作出下列总体部署：

（1）确定工程项目施工总目标，包括：施工进度、质量、成本、安全、绿色施工及环境管理目标。

（2）确定工程项目分阶段（期）交付使用计划。

（3）确定工程项目分阶段（期）施工的合理顺序和空间组织。

3）施工总进度计划

施工总进度计划可按以下程序编制：

（1）计算工程量。分别计算各单位工程主要实物工程量，以便选择施工方案和施工机械，组织主要工种工程的流水施工，计算劳动量、施工机械及建筑材料需要量。

（2）确定各单位工程施工期限。各单位工程施工期限应根据合同工期确定。

（3）确定各单位工程的开竣工时间和相互搭接关系。确定各单位工程的开竣工时间和相互搭接关系应考虑以下主要因素：

① 同一时期施工的项目不宜过多，以避免人力、物力过于分散。

② 尽量做到均衡施工，使劳动力、施工机械和主要材料的供应在整个工期范围内达到均衡。

③ 尽量提前建设可供工程施工使用的永久性工程，以节省临时工程费用。

④ 急需和关键的工程先施工，以保证工程项目如期交工。对于某些技术复杂、施工周期较长、施工困难较多的工程，亦应安排提前施工，以利于整个工程项目按期交付使用。

⑤ 施工顺序必须与主要生产系统投入生产的先后次序相吻合。同时，还要安排好配套工程的施工时间，以保证建成的工程能迅速投入生产或交付使用。

⑥ 应注意季节对施工顺序的影响，避免施工受季节影响而导致工期拖延、工程质量安全受影响。尽可能减少冬期、雨期施工的附加费用。

⑦ 安排一部分附属工程或零星项目作为后备项目，用以调整主要项目的施工进度。

⑧ 保证主要工种和主要施工机械能连续施工。

（4）编制初步施工总进度计划。施工总进度计划应以工程量大、工期长的单位工程为主导，安排全工地性流水作业。施工总进度计划宜优先采用网络计划。

（5）形成正式的施工总进度计划。

4）总体施工准备与主要资源配置计划

（1）总体施工准备。包括：技术准备、现场准备和资金准备等。

（2）主要资源配置计划。包括：劳动力配置计划和物资配置计划。

5）主要施工方法

对施工方法的确定，要兼顾工艺技术的先进性、可操作性及经济合理性。

6）施工总平面布置

施工总平面布置原则：

（1）平面布置科学合理，施工场地占用面积少。

（2）合理组织运输，减少二次搬运。

（3）施工区域划分和场地临时占用应符合总体施工部署和施工流程要求，减少相互干扰。

（4）充分利用既有建（构）筑物和既有设施为工程施工服务，降低临时设施建造费用。

（5）临时设施应方便生产、生活，办公区、生活区和生产区宜分离设置。

（6）符合节能、环保、安全和消防等要求。

（7）遵守工程所在地政府建设主管部门和建设单位关于施工现场安全文明施工的相关规定。

3. 单位工程施工组织设计具体内容

1）工程概况

工程概况包括：工程主要情况、各专业设计简介和工程施工条件等。

2）施工部署

施工部署是指对工程施工过程进行的统筹规划和全面安排，包括工程项目施工目标、进度安排及空间安排、施工组织安排等。

（1）工程施工目标。包括：施工进度、质量、成本、安全、绿色施工及环境管理目标。

（2）进度安排和空间组织。

施工部署中的进度安排和空间组织应符合下列要求：

① 应明确说明工程主要施工内容及进度安排，施工顺序应符合工序逻辑关系。

② 施工流水段应结合工程具体情况分阶段进行合理划分，并说明划分依据及流水方向，确保均衡流水施工。

（3）施工重点和难点分析。包括组织管理和施工技术两个方面。

（4）工程管理组织结构形式。

（5）"四新"使用部署或要求。对于工程施工中开发和使用的新技术、新工艺应作出部署，对新材料和新设备的使用提出技术及管理要求。

（6）分包单位要求。

3）施工进度计划

单位工程施工进度计划可按以下程序和方法编制：

（1）划分工作。工作应明确到分项工程或更具体。

（2）确定施工顺序。施工顺序通常受施工工艺和施工组织两方面因素制约。

（3）计算工程量。当编制施工进度计划时已有施工图预算文件或工程量清单，且工作的划分与施工进度计划中的工作一致时，可以直接套用施工预算工程量，不必重新计算。若某些工作划分有出入且出入不大时，应结合工程实际情况进行某些必要的调整。

（4）计算劳动量和机械台班数。

根据工作的工程量和所采用的定额，即可按下面公式计算出各工作所需要的劳动量和机械台班数。

$$P = Q \times H \text{ 或 } P = Q/S$$

式中　P——工作所需要的劳动量（工日）或机械台班数（台班）；

　　　Q——工作的工程量（m^3，m^2，t，……）；

　　　H——工作所采用的时间定额（工日/m^3，工日/m^2，工日/t，……）；

　　　S——工作所采用的人工产量定额（m^3/工日，m^2/工日，t/工日，……）或机械台班产量定额（m^3/台班，m^2/台班，t/台班，……）。

当某项工作是由若干个分项工程合并而成时，则应分别根据各分项工程的时间定额及工程量，按下面公式计算出合并后的综合时间定额（综合产量定额也可采用类似方法进行计算）。

$$H = \frac{Q_1 H_1 + Q_2 H_2 + \cdots + Q_i H_i + \cdots + Q_n H_n}{Q_1 + Q_2 + \cdots + Q_i + \cdots + Q_n}$$

式中　H——综合时间定额（工日/m^3，工日/m^2，工日/t，……）；

　　　Q_i——工作中第 i 个分项工程的工程量；

　　　H_i——工作中第 i 个分项工程的时间定额。

（5）确定工作的持续时间。按下面公式计算各工作的持续时间。

$$D = \frac{P}{R \times B}$$

式中　D——完成工作所需要的时间，即持续时间（d）；

　　　R——每班安排的工人数或施工机械台数；

　　　B——每天工作班数。

在安排每班工人数和机械台数时，应综合考虑以下问题：

① 要保证各工作中每班工人或施工机械拥有足够的工作面（不能少于最小工作面），以保证效率和施工安全。

② 要使各工作中工人数量或施工机械数量不低于正常施工所必需的最低限度（不能小于最小劳动组合），以达到最高劳动生产率。

由此可见，最小工作面限定了每班施工人数的上限，而最小劳动组合限定了每班施工人数的下限。对于施工机械台数的确定也是如此。

每天的工作班数应根据工作的施工技术要求和组织要求来确定。

（6）编制初始施工进度计划。施工进度计划的表达主要有横道图和网络图两种形式。对于工程规模较大或较复杂的工程，宜采用网络图来表达施工进度计划。

（7）施工进度计划的调整和优化。要检查初始施工进度计划是否满足要求。检查内容包括：① 各工目的施工顺序和搭接关系是否合理；② 总工期是否满足合同约定；③ 主要工种的工人是否能满足连续、均衡施工的要求；④ 主要施工机具、材料等的利用是否均衡和充分。

上述四方面检查内容中，首要的是前两方面检查内容。若不满足要求，必须进行调整。只有在前两个方面均满足要求的前提下，才能进行后两个方面的检查。

4）施工准备与资源配置计划

（1）施工准备。包括：技术准备、现场准备和资金准备等。

（2）资源配置计划。包括：劳动力配置计划和物资配置计划。

5）主要施工方案

施工方案的确定要遵循先进性、可行性和经济性兼顾的原则。

6）施工现场平面布置

应结合施工组织总设计，按不同施工阶段分别绘制施工现场平面布置图。

4. 施工方案具体内容

1）工程概况

工程概况包括工程主要情况、设计简介和工程施工条件等。

2）施工安排

施工安排中应包括下列内容：

（1）工程施工目标。

（2）工程施工顺序及施工流水段。

（3）工程施工的重点和难点分析，并简述主要的管理和技术措施。

（4）项目管理机构及其职责。

3）施工进度计划

分部（分项）或专项工程的施工进度计划应按照施工安排，并结合总承包单位的施工进度计划编制。

4）施工准备与资源配置计划

（1）施工准备。包括：技术准备、现场准备和资金准备等。

（2）资源配置计划。包括：劳动力配置计划和物资配置计划。

5）施工方法及工艺要求

施工方法及工艺要求应包括下列内容：

（1）明确分部（分项）或专项工程施工方法，并进行必要的技术核算；明确主要分项工程（工序）的施工工艺要求。

（2）重点说明易发生质量通病、易出现安全问题、施工难度大、技术要求高的分项工程（工序）。

（3）对开发和使用的新技术、新工艺及采用的新材料、新设备，应通过必要的试验或论证并编制计划。

（4）根据施工地点的气候条件，对季节性施工提出具体要求。

◆ **考法 1：归类题**

【例题 1·2023 年真题·多选题】下列施工组织设计内容中，属于施工方案的有（　　）。

　　A. 施工平面布置　　　　　　　　B. 施工进度计划

　　C. 施工成本计划　　　　　　　　D. 资源配置计划

　　E. 施工方法与工艺要求

【答案】B、D、E

【解析】选项 A "施工平面布置"属于施工组织总设计和单位工程施工组织设计的内容，选项 C "施工成本计划"，三个层次的施工组织设计都没有这个内容。

【例题 2·多选题】某施工企业承接了某住宅小区中 10 号楼的土建施工任务，项目经理部针对该施工编制了施工组织设计，其内容有（　　）。

　　A. 主要施工方法　　　　　　　　B. 施工安排

　　C. 主要施工方案　　　　　　　　D. 施工进度计划

　　E. 施工部署

【答案】C、D、E

【解析】对住宅小区中 10 号楼的土建施工编制的施工组织设计属于单位工程施工组织设计，选项 C、D、E 属于单位工程施工组织设计的内容，选项 A 属于施工组织总设计的内容，选项 B 属于施工方案的内容。

【例题 3·多选题】施工组织总设计针对工程项目总体施工作出的宏观部署有（　　）。

　　A. 确定工程项目施工总目标，包括：施工进度、质量、成本、安全、绿色施工及环境管理目标

　　B. 根据工程项目施工总目标要求，制定工程项目各阶段具体实施方案

　　C. 根据工程项目施工总目标要求，确定工程项目分阶段（期）交付使用计划

　　D. 确定工程项目分阶段（期）施工的合理顺序和空间组织

　　E. 对于工程施工中开发和使用的新技术、新工艺应作出部署

【答案】A、C、D、E

【解析】本题考查的是施工组织总设计中总体施工部署的内容，其中没有选项 B 的内容。

【例题 4·2024 年真题·多选题】下列施工组织设计内容中，属于单位工程施工组织设计中"施工部署"的有（　　）。

　　A. 主要施工方案　　　　　　　　B. 工程施工目标

　　C. 施工重点和难点分析　　　　　D. 主要分项工程施工工艺要求

　　E. 项目经理部工作岗位设置与职责划分

【答案】B、C、E

【解析】选项A属于单位工程施工组织设计，与施工部署是并列关系，没有隶属关系。选项D施工方案的内容，不属于单位工程施工组织设计内容。

◆ **考法2：填空题**

【例题·单选题】初始施工进度计划编制完成后，需要检查是否满足要求，下列检查内容中首要检查的是（ ）。

    A. 主要施工机具的利用是否均衡

    B. 主要建筑材料的利用是否均衡

    C. 总工期是否满足合同约定

    D. 主要工种的工人是否满足连续施工要求

【答案】C

【解析】施工进度计划的调整和优化。要检查初始施工进度计划是否满足要求。检查内容包括：① 各工作项目的施工顺序和搭接关系是否合理；② 总工期是否满足合同约定；③ 主要工种的工人是否能满足连续、均衡施工的要求；④ 主要施工机具、材料等的利用是否均衡和充分。首要的是前两方面检查内容。若不满足要求，必须进行调整。只有在前两个方面均满足要求的前提下，才能进行后两个方面的检查。

◆ **考法3：计算题**

【例题·2024年真题·单选题】某单位工程施工进度计划中，工作A由B、C两个分项工程合并而成。已知分项工程B的时间定额和工程量分别是0.35工日$/m^2$和5000m^2，分项工程C的时间定额和工程量分别是0.52工日$/m^2$和3000m^2，则工作A的综合时间定额是（ ）工日$/m^2$。

    A. 0.41   B. 0.44

    C. 0.46   D. 0.67

【答案】A

【解析】本题考核的是综合时间定额。综合时间定额＝（0.35×5000＋0.52×3000）÷（5000＋3000）＝0.41工日$/m^2$。

核心考点二　施工组织设计的审批与修改

1. 施工组织设计的内部审批

施工组织设计应由项目负责人主持编制，可根据需要分阶段编制和审批。

规模较大的分部（分项）工程施工方案应按单位工程施工组织设计进行编制和审批。

表1-8　施工组织设计的审批

序号	施工组织设计	审批人
1	施工组织总设计	总承包单位技术负责人
2	单位工程施工组织设计	施工单位技术负责人
3	施工方案	项目技术负责人
4	重点、难点分部（分项）工程和专项施工方案	施工单位技术负责人
5	专业承包单位施工的分部（分项）工程或专项施工方案	专业承包单位技术负责人审批
		总承包单位项目技术负责人核准备案

2. 施工组织设计的修改或补充

工程施工过程中发生下列情形时，应及时对施工组织设计进行修改或补充：

（1）工程设计有重大修改。

（2）有关法律、法规及标准实施、修订和废止。

（3）主要施工方法有重大调整。

（4）主要施工资源配置有重大调整。

（5）施工环境有重大改变。

◆ **考法1：填空题**

【例题·单选题】危险性较大的分部分项工程专项施工方案应由施工单位技术部门组织相关专家评审后，报由（　　）批准。

  A. 项目负责人   B. 项目技术负责人

  C. 总监理工程师   D. 施工单位技术负责人

【答案】D

【解析】分部（分项）工程施工方案和针对危险性较大的分部（分项）工程专项施工方案应由施工单位技术部门组织相关专家评审，施工单位技术负责人批准。

◆ **考法2：正误判断题**

【例题·2020年真题·单选题】根据《建筑施工组织设计规范》GB/T 50502—2009，关于施工组织设计审批的说法，正确的是（　　）。

  A. 专项施工方案应由项目技术负责人审批

  B. 施工方案应由项目总监理工程师审批

  C. 施工组织总设计应由建设单位技术负责人审批

  D. 单位工程施工组织设计应由承包单位技术负责人审批

【答案】D

【解析】本题考核的是施工组织设计的编制和审批。重点、难点分部（分项）工程和专项工程施工方案应由施工单位技术部门组织相关专家评审，施工单位技术负责人批准，故选项A错误。施工方案应由项目技术负责人审批，故选项B错误。施工组织总设计应由总承包单位技术负责人审批，故选项C错误。

◆ **考法3：归类题**

【例题·2024年真题·多选题】工程施工过程中，需要对施工组织设计进行修改或补充的情形有（　　）。

  A. 工程设计有重大修改   B. 有关费用变化的

  C. 主要施工方法有重大调整 D. 主要施工资源配置有重大调整

  E. 施工环境有重大改变

【答案】A、C、D、E

【解析】工程施工过程中发生下列情形时，应及时对施工组织设计进行修改或补充：① 工程设计有重大修改；② 有关法律、法规及标准实施、修订和废止；③ 主要施工方法有重大调整；④ 主要施工资源配置有重大调整；⑤ 施工环境有重大改变。

1.3.3 工程项目目标动态控制

核心考点一 工程项目目标体系构建

工程项目目标体系是有效控制工程项目目标的基本前提，也是工程项目管理是否成功的重要判据。

1. 工程项目总目标分析论证的基本原则

（1）确保工程质量、施工安全、绿色施工及环境管理目标符合工程建设强制性标准。

（2）定性分析与定量分析相结合。质量、安全及绿色目标通常会采用定性分析方法，而进度、成本目标则需要采用定量分析方法。

（3）不同工程项目的各个目标可具有不同的优先等级。工程进度、质量、成本、安全及绿色目标的优先顺序并非固定不变。

2. 工程项目总目标的分解

保证建设工程顺利建成并交付使用，是工程项目目标控制的最终目的。

为了有效控制工程项目目标，不能只有总目标，还要有按不同承包单位、项目组成、时间进展等划分的分目标、子目标及可执行目标，形成多级目标体系。

工程项目目标体系构建后，工程项目管理的关键在于项目目标动态控制。为此，需要通过建立和落实项目管理责任制，采取有效措施控制施工项目实施过程。

◆**考法 1：填空题**

【例题·单选题】施工项目目标体系构建后，施工项目管理的关键是（　　　）。

    A. 施工项目目标管理绩效评价　　　　B. 施工项目目标动态控制

    C. 施工项目目标分解　　　　　　　　D. 施工项目目标纠偏措施落实

【答案】B

【解析】施工项目目标体系构建后，施工项目管理的关键在于项目目标动态控制。为此，需要通过建立和落实项目管理责任制，采取有效措施控制施工项目实施过程。

◆**考法 2：正误判断题**

【例题·多选题】关于施工项目目标及动态控制的说法，正确的有（　　　）。

    A. 施工项目管理的关键在于项目目标的事后纠偏控制

    B. 施工项目总目标是一个多目标体系

    C. 施工项目目标应符合工程建设强制性标准

    D. 不同施工项目的各个目标可具有不同的优先等级

    E. 构建施工项目目标体系是有效控制施工项目目标的基本前提

【答案】B、C、D、E

【解析】选项 B、C、D、E 的表述均正确。选项 A 错误，施工项目目标体系构建后，施工项目管理的关键在于项目目标动态控制。

核心考点二 工程项目目标控制措施

1. 组织措施

（1）建立健全组织机构和规章制度，配备相应管理人员并明确岗位职责分工。

（2）完善沟通机制和工作流程，促进各参建单位、各职能部门间协同工作。

（3）强化动态控制中的激励，调动和发挥员工实现项目目标的积极性和创造性。

（4）建立工程项目目标控制工作考评机制，通过绩效考核实现持续改进等。

2. 技术措施

（1）编制项目管理规划、施工组织设计、施工方案并对其技术可行性进行审查、论证；

（2）改进施工方法和施工工艺，采用更先进的施工机具；

（3）采用新技术、新材料、新工艺、新设备等"四新"技术并组织专家论证其可靠性和适用性等。

（4）采用工程网络计划技术、价值工程、挣值分析等方法和数字化、智能化技术等进行动态控制。

3. 经济措施

明确工程责任成本，落实加快工程进度所需资金，完善工程成本节约奖励措施，对工程变更方案进行经济分析，及时办理工程价款结算和支付手续等。

4. 合同措施

（1）就承包单位而言，在工程投标环节需要通过市场调查系统分析工程承包风险，并将其对工程承包风险的应对体现在投标报价中。

（2）在工程合同签订环节，要结合承包模式及合同计价方式，与建设单位协商确定完善的合同条款，争取有工期提前、合理化建议的奖励条款。

（3）在工程合同履行环节，要做好合同交底工作，动态跟踪合同执行情况，合理处置工程变更和利用好工程索赔。

◆ 考法：归类题

【例题 1·单选题】下列施工项目目标控制措施中，属于合同措施的是（　　　）。

    A. 强化动态控制中的激励机制，调动员工的积极性和创造性

    B. 对工程变更方案进行技术经济分析、及时办理工程款结算和支付手续

    C. 结合承包模式及计价方式，与发包人协商完善计价条款

    D. 采用网络计划技术等方法和数字化、智能化技术进行动态控制

【答案】C

【解析】选项 A 属于组织措施，选项 B 属于经济措施，选项 D 属于技术措施。

【例题 2·单选题】下列施工项目目标控制措施中，属于组织措施的是（　　　）。

    A. 做好施工合同交底工作

    B. 建立施工项目目标控制工作考评机制

    C. 合理处置工程变更和施工索赔

    D. 改进施工方法和施工工艺

【答案】B

【解析】选项 A、C 属于合同措施，选项 D 属于技术措施。

本章模拟强化练习

1.1 工程项目投资管理与实施

1. 根据固定资产投资项目资本金制度，作为计算资本金基数的总投资是指投资项目的（　　）之和。
   A. 固定资产和铺底流动资金
   B. 建安工程费和设备购置费
   C. 建筑工程费和安装工程费
   D. 建筑工程费和工程建设其他费

2. 【2024 年真题】根据《国务院关于投资体制改革的决定》，对于企业不使用政府投资建设的项目，区别不同情况实行的投资管理制度是（　　）。
   A. 审批制或核准制
   B. 核准制或登记备案制
   C. 审批制或承诺制
   D. 承诺制或登记备案制

3. 企业投资《政府核准的投资项目目录》中的项目时，需向政府提交（　　）。
   A. 项目建议书
   B. 可行性研究报告
   C. 项目申请书
   D. 开工报告

4. 根据《国务院关于投资体制改革的决定》，关于投资决策管理的说法，正确的是（　　）。
   A. 采用贷款贴息的政府投资工程需审批开工报告
   B. 非政府投资工程需审批可行性研究报告
   C. 采用投资补助的政府投资工程需审批工程概算
   D. 非政府投资工程不需审批开工报告

5. 下列关于工程开工时间的规定，正确的有（　　）。
   A. 任何一项永久工程的破土开槽时间
   B. 平整场地开始施工时间
   C. 不需开槽的工程的正式打桩时间
   D. 临时设施的搭建时间
   E. 铁路、公路、水库工程的土方工程开始时间

6. 【2024 年真题】作为工程建设实施阶段的最后一个环节，工程竣工验收的基本作用有（　　）。
   A. 结算全部工程款项
   B. 全面检验工程质量
   C. 全面进行工程项目后评价
   D. 全面考核工程建设成果
   E. 标志着投资成果转入生产或使用

7. 下列工程开工时间的认定中，正确的有（　　）。
   A. 以施工方的临时工程开始施工时间作为开工时间
   B. 不需开槽的工程以正式开始打桩的时间作为开工时间
   C. 分期建设的工程以第一期工程的开工时间作为开工时间
   D. 土石方工程以平整场地开始时间作为开工时间
   E. 以设计文件规定的永久性工程第一次正式破土开槽时间作为开工时间

8. 下列关于工程总承包模式的说法，正确的有（　　　）。

    A. 建设工期较长

    B. 有利于减少工程变更

    C. 工程设计与施工责任主体一体化

    D. 合同管理工作量大大减少

    E. 建设单位前期工作量少

9. 发包方将建设工程项目合理划分标段后，将各标段分别发包给不同的施工单位，并与之签订施工承包合同，此发承包模式属于（　　　）。

    A. 平行发承包　　　　　　　　　　B. 施工总承包

    C. 施工总承包管理　　　　　　　　D. 设计施工总承包

10. 工程项目联合体承包模式的特点有（　　　）。

    A. 建设单位的合同结构简单，组织协调工作量小

    B. 有利于工程造价和建设工期控制

    C. 施工合同总价可以较早确定，建设单位可承担较少风险

    D. 施工合同风险大，要求每个承包单位有较高的综合管理水平

    E. 能够集中联合体成员单位优势，增强抗风险能力

11. 下列施工承包模式中，建设单位需要在施工承包意向合同下，与各施工单位分别签订施工合同的是（　　　）。

    A. 施工总承包模式　　　　　　　　B. 平行承包模式

    C. 联合体承包模式　　　　　　　　D. 合作体承包模式

12. 下列关于 CM 承包模式的说法，正确的是（　　　）。

    A. 所有分包不通过招标的方式展开竞争

    B. 秉承在工程设计全部结束之后，进行施工招标

    C. 由于工程设计与施工的早期结合，设计变更较多

    D. 使工程项目实现有条件的"边设计，边施工"

13. 《中华人民共和国建筑法》规定，强制工程监理制度的工程建设项目范围包括（　　　）。

    A. 国家重点建设工程　　　　　　　B. 大中型公用事业工程

    C. 成片开发建设的住宅小区工程　　D. 私人住宅工程

    E. 国际组织援助工程

14. 根据《建设工程监理范围和规模标准规定》，下列工程项目中，必须实行监理的是（　　　）。

    A. 总投资额为 1 亿元的服装厂改建项目

    B. 总投资额为 400 万美元的联合国环境署援助项目

    C. 总投资额为 2500 万元的垃圾处理项目

    D. 建筑面积为 4 万 m^2 的住宅建设项目

15. 总监理工程师可以将下列（　　　）工作委托给总监理工程师代表。

A. 组织编制监理规划　　　　　B. 签发工程开工令

C. 处理工程索赔　　　　　　　D. 组织召开监理例会

E. 组织编写监理月报

16. 根据《建设工程监理规范》GB/T 50319—2013，专业监理工程师的职责有（　　）。

A. 检查进场的工程材料、构配件、设备的质量

B. 验收分项工程

C. 进行工程计量

D. 检查工序施工结果

E. 进行见证取样

17.【2024年真题】施工总承包单位按合同约定选定分包单位后，项目监理机构根据施工总承包单位报送的分包单位资格报审表及相关资料审查的内容有（　　）。

A. 企业资质等级证书　　　　　B. 类似工程业绩

C. 专职管理人员资格　　　　　D. 专项施工方案

E. 安全生产许可文件

18. 在施工准备及开工报审过程中，施工单位的主要工作是（　　）。

A. 主持召开图纸会审和设计交底会议

B. 报审施工组织设计

C. 报送工程开工报审表

D. 报审分包单位资格

E. 主持召开第一次工地会议

19. 工程施工需要签发工程暂停令的情形包括（　　）。

A. 施工单位施工质量保证措施欠缺

B. 施工单位拒绝项目监理机构管理

C. 施工单位未按审查通过的工程设计文件施工

D. 设计单位要求暂停施工

E. 施工单位违反工程建设强制性标准

1.2　工程项目管理组织与项目经理

1. 某建设工程项目的规模较小，为提高管理效率，易于统一指挥，使项目人员职责分明，迅速做出决策，宜采用（　　）模式。

A. 直线式组织结构　　　　　　B. 直线职能式组织结构

C. 职能式组织结构　　　　　　D. 矩阵式组织结构

2. 某工程项目技术复杂，工期要求紧迫，为确保该工程的顺利实施，施工单位宜采取的施工项目管理组织结构是（　　）。

A. 强矩阵式组织结构　　　　　B. 中矩阵式组织结构

C. 弱矩阵式组织结构　　　　　D. 直线式组织结构

3.【2021年真题】具有两个工作指令源，指令分别来自于纵向和横向两个工作部门的组织结构模式是（　　）。

A. 职能组织结构   B. 矩阵组织结构

C. 网络组织结构   D. 线性组织结构

4. 根据《建设工程施工项目经理岗位职业标准》T/CCIAT 0010—2019，关于项目经理应履行职责的说法，正确的是（   ）。

    A. 组织制定企业各项规章制度

    B. 组织工程竣工验收

    C. 组织项目团队成员进行施工合同交底

    D. 决定企业资源的投入和使用

5. 根据《建筑工程施工项目经理岗位职业标准》T/CCIAT 0010—2019，施工项目经理应履行的职责是（   ）。

    A. 组织审查施工组织设计   B. 主持第一次工地会议

    C. 组织审查专项施工方案   D. 主持工地例会

1.3 工程项目管理规划与动态控制

1.【2021 年真题】根据《建设工程项目管理规范》GB/T 50326—2017，项目管理实施规划的编制过程包括：① 熟悉相关法规和文件；② 分析项目具体特点和环境条件；③ 履行报批手续；④ 实施编制活动；⑤ 了解相关方的要求。正确的程序是（   ）。

    A. ① - ⑤ - ② - ③ - ④   B. ① - ② - ⑤ - ④ - ③

    C. ⑤ - ② - ① - ④ - ③   D. ② - ⑤ - ① - ③ - ④

2.【2021 年真题】根据《建筑施工组织设计规范》GB/T 50502—2009，施工方案的主要内容包括（   ）。

    A. 工程概况   B. 施工部署

    C. 施工方法及工艺要求   D. 施工现场平面布置

    E. 施工准备与资源配置计划

3. 施工部署是单位工程施工组织设计的纲领性内容，包括工程项目施工目标、施工组织安排以及（   ）等。

    A. 主要施工方案   B. 进度安排及空间组织

    C. 资源配置计划   D. 施工进度计划

4. 下列属于单位工程施工组织设计中施工部署内容的有（   ）。

    A. 施工成本目标   B. 工程管理组织结构形式

    C. "四新"使用部署或要求   D. 进度安排和空间组织

    E. 施工现场准备

5. 某工作项目由两个性质相同的分项工程合并而成，各分项工程的时间定额和工程量分别是：$H_1 = 0.25$ 工日 / m^3，$H_2 = 0.45$ 工日 / m^3；$Q_1 = 5000m^3$，$Q_2 = 2000m^3$。编制施工进度计划时，该工作项目的综合时间定额是（   ）工日 / m^3。

    A. 0.25

    C. 0.35

    B. 0.31

    D. 0.45

6. 某工作项目的时间定额是 0.6 工日 / m^2，工程量是 $300m^2$，每天工作 1 班，每班安排 20 名工人。编制施工进度计划时，该工作项目的持续时间是（　　）。

  A. 9d
  B. 15d

  C. 9 工日
  D. 15 工日

7. 在施工承包单位内部，施工方案应由（　　）审批。

  A. 企业技术负责人
  B. 项目经理

  C. 项目技术负责人
  D. 企业技术部门负责人

8.【2018 年真题】下列具体情况中，施工组织设计应及时进行修改或补充的有（　　）。

  A. 设计单位应业主要求对工程设计图纸进行了细微修改

  B. 由于施工规范发生变更导致需要调整预应力钢筋施工工艺

  C. 由于国际钢材市场价格大涨导致进口钢材无法及时供料，严重影响工程施工

  D. 由于自然灾害导致工期严重滞后

  E. 施工单位发现设计图纸存在严重错误，无法继续施工

9. 根据工程合同及利益相关者需求，结合工程项目特点及所处环境，分析论证工程项目总目标需要遵循的基本原则有（　　）。

  A. 确保工程质量、施工安全、绿色施工及环境管理目标符合工程建设强制性标准

  B. 在工程项目目标体系中，安全、绿色目标通常会采用定性分析方法，而质量、进度、成本目标则需要采用定量分析方法

  C. 不同工程项目的各个目标可具有不同的优先等级

  D. 定性分析与定量分析相结合

  E. 工程项目目标间密切联系、相互制约，需要统筹兼顾各个目标间关系

10. 追求施工项目目标间最佳匹配时，应确保（　　）目标符合工程建设强制性标准。

  A. 工程质量
  B. 施工安全

  C. 绿色施工
  D. 项目成本

  E. 环境管理

11. 下列工程成本管理措施中，属于经济措施的有（　　）。

  A. 编制项目资金使用计划

  B. 对施工方案进行技术经济分析

  C. 明确成本管理人员的工作任务

  D. 及时准确地记录、收集、整理、核算实际支出费用

  E. 对成本管理目标进行风险分析

12. 下列施工成本纠偏措施中，属于合同措施的是（　　）。

  A. 编制科学合理的成本管理工作计划

  B. 对成本管理目标进行风险分析

  C. 在项目实施过程中寻找索赔机会

  D. 对不同的技术方案进行技术经济分析比较

本章模拟强化练习答案及解析

1.1 工程项目投资管理与实施

1.【答案】A

【解析】项目总投资是指投资项目的固定资产与铺底流动资金之和。

2.【答案】B

【解析】根据《国务院关于投资体制改革的决定》，按照"谁投资、谁决策、谁收益、谁承担风险"的原则，政府投资项目实行审批制，对于企业不使用政府投资建设的项目，一律不再实行审批制，区别不同情况实行核准制或登记备案制。

3.【答案】C

【解析】企业投资《政府核准的投资项目目录》中的项目时，仅需向政府提交项目申请书，不再经过批准项目建议书、可行性研究报告和开工报告的程序。

4.【答案】D

【解析】对于采用投资补助、转贷和贷款贴息方式的政府投资工程，只审批资金申请报告。对于非政府投资工程，区别不同情况实行核准制或登记备案制。其中实行核准制的仅需向核准机关提交项目申请书，不再经过批准项目建议书、可行性研究报告和开工报告等程序。

5.【答案】C、E

【解析】选项A、B、D说法错误。选项A，工程开工时间是指该工程设计文件中规定的任何一项永久性工程第一次正式破土开槽开始施工的时间。选项B、D，平整场地和临时工程的开始时间不能作为开工时间。

6.【答案】B、D、E

【解析】本题考核的是工程竣工验收的基本作用。工程竣工验收是工程建设实施阶段的最后一个环节，是投资成果转入生产或使用的标志，也是全面考核工程建设成果、检验工程质量的重要步骤。

7.【答案】B、E

【解析】选项A、C、D说法错误。选项A、D，临时工程和平整场地的开始时间不能作为开工时间。选项C，分期建设的工程分别以各期工程开工的时间作为开工时间。

8.【答案】B、C、D

【解析】选项A、E说法错误。选项A，由于工程总承包单位能够在全部设计完成之前便可开始其他工作，可在很大程度上缩短建设工期。选项E，建设单位前期工作量大。

9.【答案】A

【解析】平行发承包是指建设单位将工程项目划分为若干标段，分别发包给多家施工单位承包。

10.【答案】A、B、E

【解析】选项C属于工程总承包模式的特点，选项D属于平行发承包模式的特点。

11.【答案】D

【解析】当工程项目包含专业工程类别多、数量大，或专业配套需要时，一家施工单位无力实行施工总承包，而建设单位又希望承包方有一个统一的协调组织时，就可能产生几家单位自愿成立一个合作体，然后以合作体名义与建设单位签订施工承包意向合同（也称基本合同）。达成协议后，各施工单位再分别与建设单位签订施工合同。

12.【答案】D

【解析】选项 A、B、C 说法错误。选项 A，每次分包都通过招标展开竞争。选项 B，采用快速路径法施工，即在工程设计尚未结束之前，当工程某些部分的施工图设计已经完成时，就开始进行该部分工程的施工招标。选项 C，由于工程设计与施工的早期结合，使得设计变更在很大程度上得到减少。

13.【答案】A、B、C、E

【解析】选项 D"私人住宅工程"不属于强制监理范围。

14.【答案】B

【解析】选项 A 不属于强制监理的工程范围，选项 C 应是 3000 万元以上必须实行监理，选项 D 应是 5 万 m^2 以上必须实行监理。

15.【答案】D、E

【解析】选项 A、B、C 属于总监理工程师不得委托给总监理工程师代表的工作。

16.【答案】A、B、C

【解析】选项 D、E 属于监理员职责。

17.【答案】A、B、C、E

【解析】工程有分包单位的，施工总包单位应将分包单位资格报审表及相关资料报送项目监理机构。项目监理机构将会审查施工分包单位以下内容：① 营业执照、企业资质等级证书；② 安全生产许可文件；③ 类似工程业绩；④ 专职管理人员和特种作业人员资格。

18.【答案】B、C、D

【解析】选项 A、E 应该由建设单位主持召开。

19.【答案】B、C、E

【解析】选项 A、D 不属于总监理工程师签发工程暂停令的情形。

1.2 工程项目管理组织与项目经理

1.【答案】A

【解析】直线式组织结构的优点就是结构简单、权力集中、易于统一指挥、隶属关系明确、职责分明、决策迅速。

2.【答案】A

【解析】强矩阵式组织结构适用于技术复杂且时间紧迫的工程项目。中矩阵式组织结构适用于中等技术复杂程度且建设周期较长的工程项目。弱矩阵式组织结构适用于技术简单的工程项目。

3.【答案】B

【解析】在矩阵组织结构中，最高指挥者（部门）下设纵向和横向两种不同类型的工作部门。

4. 【答案】C

【解析】选项 A、B、D 说法错误。选项 A，应是执行企业各项规章制度，组织制定和执行施工现场项目管理制度。选项 B，应是参与工程竣工验收。选项 D，应是决定企业授权范围内的资源投入和使用，而且这个是权限，而不是职责。

5. 【答案】D

【解析】选项 A、C，应是在授权范围内组织编制和落实施工组织设计、项目管理实施规划、施工进度计划、绿色施工及环境保护措施、质量安全技术措施、施工方案和专项施工方案。选项 B，第一次工地会议，施工项目经理应是参加者，而不是主持者；第一次工地会议是由建设单位主持召开的。

1.3　工程项目管理规划与动态控制

1. 【答案】C

【解析】项目管理实施规划的编制程序如下：① 了解相关方的要求；② 分析项目具体特点和环境条件；③ 熟悉相关的法规和文件；④ 实施编制活动；⑤ 履行报批手续。

2. 【答案】A、C、E

【解析】选项 B、D 都属于单位工程施工组织设计的内容。

3. 【答案】B

【解析】本题考核的是施工部署的内容。施工部署是指对工程施工过程进行的统筹规划和全面安排，包括工程项目施工目标、进度安排及空间组织、施工重点和难点分析、工程管理组织结构形式、"四新"使用部署或要求、分包单位要求。

4. 【答案】A、B、C、D

【解析】选项 E 属于施工准备与资源配置计划的内容。

5. 【答案】B

【解析】综合时间定额 $H = \dfrac{5000 \times 0.25 + 2000 \times 0.45}{5000 + 2000} = 0.31$ 工日 $/m^3$

当某工作项目是由若干个分项工程合并而成时，应根据各分项工程的时间定额及工程量，计算出合并后的综合时间定额。

6. 【答案】A

【解析】$D = \dfrac{0.6 \times 300}{20 \times 1} = 9d$。

工作项目持续时间单位是 d；而工日是劳动量的计量单位。

7. 【答案】C

【解析】施工方案应由项目技术负责人审批。

8. 【答案】B、C、D、E

【解析】项目施工过程中，发生以下情况之一时，施工组织设计应及时进行修改或补充：① 工程设计有重大修改；② 有关法律、法规、规范和标准实施、修订和废止；③ 主要施工方法有重大调整；④ 施工环境有重大改变。

9.【答案】A、C、D、E

【解析】选项 B 错误，质量、安全及绿色目标通常会采用定性分析方法，而进度、成本目标则需要采用定量分析方法。

10.【答案】A、B、C、E

【解析】施工项目总目标的分析论证，在追求施工项目目标间最佳匹配时，应确保工程质量、施工安全、绿色施工及环境管理目标符合工程建设强制性标准，其中不包括项目成本，选项 D 错误。

11.【答案】A、D、E

【解析】选项 B 属于技术措施，选项 C 属于组织措施。

12.【答案】C

【解析】选项 A 属于组织措施，选项 B 属于经济措施，选项 D 属于技术措施。

第2章　建设工程项目管理相关体系标准

本章考情分析

2024 年本章节次及条目分值分布

本章节次	本章条目	2024 年	
		单选	多选
2.1　质量、环境、职业健康安全管理体系	2.1.1　质量管理体系	1	
	2.1.2　环境管理体系	1	
	2.1.3　职业健康安全管理体系	1	
	2.1.4　卓越绩效管理	1	
	2.1.5　全面一体化管理		2
2.2　风险管理与社会责任管理体系	2.2.1　风险管理体系		
	2.2.2　社会责任管理体系	1	
2.3　项目管理标准体系	2.3.1　项目管理标准及价值交付	1	
	2.3.2　项目群与项目组合管理		2
合计		6分	4分
		10分	

本章核心考点分析

2.1 质量、环境、职业健康安全管理体系

核心考点提纲

2.1.1 质量管理体系
- 1. 质量管理体系关键要素—过程
- 2. 质量管理原则
- 3. 质量管理的核心

2.1.2 环境管理体系—环境管理体系的核心要素

2.1.3 职业健康安全管理体系—职业健康安全管理体系标准要素

2.1.4 卓越绩效管理
- 1. 卓越绩效管理特点
- 2. 卓越绩效管理基本理念
- 3. 卓越绩效评价准则框架

2.1.5 全面一体化管理—相关管理体系标准的运行模式

核心考点剖析

2.1.1 质量管理体系

核心考点一 质量管理体系关键要素—过程

过程是指利用输入实现预期结果的相互关联或相互作用的一组活动。

一个过程的输入通常是其他过程的输出，而一个过程的输出通常又是其他过程的输入。

两个或两个以上相互关联和相互作用的连续过程也可作为一个过程。

《质量管理体系 要求》GB/T 19001—2016 中的三大过程分别是顾客导向过程、支持过程和管理过程。

1. 顾客导向过程

顾客导向过程是指通过输入和输出直接与外部顾客联系的过程。顾客导向过程直接对顾客产生影响，给组织直接带来效益。

顾客导向过程包括：市场需求的确定、产品和服务的开发、产品生产和服务提供的控制、产品交付后的防护活动。

2. 支持过程

支持过程是指提供主要资源或能力，为实现组织的经营目标，支持顾客导向过程实现预计质量目标的过程。

支持过程包括：基础设施、过程环境、监视和测量设备、知识、能力、意识、沟通、

形成文件的信息、运行策划过程、外部供应产品和服务的控制、标识和可追溯性、顾客或外部供方的财产、产品和服务放行、不合格产品和服务。

3. 管理过程

管理过程是指用来衡量和评价顾客导向过程和支持过程的有效性和效率，组织策划将顾客要求转化为组织衡量的目标和指标，确定组织结构，产生组织决策和目标及更改等的过程。

管理过程包括：风险和机遇的应对措施、质量目标及其实施的策划、顾客满意、数据分析与评价、内部审核、管理评审、不符合和纠正措施、改进等。

◆ 考法：归类题

【例题·2024 年真题·单选题】根据《质量管理体系要求》GB/T 19001—2016，下列质量管理活动中，属于顾客导向过程的是（　　）。

A. 质量目标策划　　　　　　　B. 质量风险应对

C. 外部供应产品质量控制　　　D. 产品交付后的防护

【答案】D

【解析】本题考核的是顾客导向过程、支持过程、管理过程等具体内容的区分。选项 A、B 属于管理过程，选项 C 属于支持过程，选项 D 属于顾客导向过程。

核心考点二　质量管理原则

1. 以顾客为关注焦点

质量管理的首要关注点是满足顾客要求并且努力超越顾客期望。

2. 领导作用

各级领导建立统一的宗旨和方向，并创造全员积极参与实现组织的质量目标的条件。

3. 全员积极参与

整个组织内各级胜任、经授权并积极参与的人员，是提高组织创造和提供价值能力的必要条件。

4. 过程方法

将活动作为相互关联、功能连贯的过程组成的体系来理解和管理时，可更加有效和高效地得到一致的、可预知的结果。

5. 改进

成功的组织持续关注改进。

6. 循证决策

基于数据和信息的分析和评价的决策，更有可能产生期望的结果。

7. 关系管理

当组织管理与所有相关方的关系，以尽可能有效地发挥其在组织绩效方面的作用时，持续成功更有可能实现。

◆ 考法：归类题

【例题·2018 年真题·多选题】根据《质量管理体系　基础和术语》GB/T 19000—2016，质量管理原则包括（　　）。

A. 以顾客为关注焦点　　　　　　B. 循证决策

C. 全要素控制　　　　　　　　　D. 全员积极参与

E. 关系管理

【答案】A、B、D、E

【解析】本题考核的是质量管理原则。《质量管理体系 基础和术语》GB/T 19000—2016 提出了质量管理 7 项原则：① 以顾客为关注焦点；② 领导作用；③ 全员积极参与；④ 过程方法；⑤ 改进；⑥ 循证决策；⑦ 关系管理。

核心考点三　质量管理的核心

质量管理的核心通常是指过程控制、全员参与和持续改进。

1. 过程控制

质量管理体系标准倡导在建立、实施质量管理体系及提高其有效性时采用过程方法，通过对各要素过程及其相互作用进行系统规定和管理，从而实现预期结果。

2. 全员参与

为了有效和高效地管理组织，各级人员得到尊重并参与其中是极其重要的。

3. 持续改进

组织应确定和选择改进机会，并采取必要措施，以满足顾客要求和增强顾客满意。

◆ 考法：归类题

【例题·多选题】质量管理的核心通常包括（　　　）。

A. 过程控制　　　　　　　　　　B. 顾客导向

C. 全员参与　　　　　　　　　　D. 持续改进

E. 资源

【答案】A、C、D

【解析】质量管理的核心通常是指过程控制、全员参与和持续改进。

2.1.2　环境管理体系

核心考点　环境管理体系的核心要素

表 2-1　环境管理体系核心要素

	一级要素	二级要素
1	组织所处的环境	1.1　理解组织及其所处环境 1.2　理解相关方需求和期望 1.3　确定环境管理体系的范围 1.4　环境管理体系
2	领导作用	2.1　领导作用与承诺 2.2　环境方针 2.3　组织的角色、职责和权限
3	策划	3.1　应对风险和机遇的措施 3.2　环境目标及其实现的策划

	一级要素	二级要素
4	支持	4.1 资源 4.2 能力 4.3 意识 4.4 信息交流 4.5 文件化信息
5	运行	5.1 运行策划与控制 5.2 应急准备和响应
6	绩效评价	6.1 监视、测量、分析和评价 6.2 内部审核 6.3 管理评审
7	改进	7.1 总则 7.2 不符合和纠正措施 7.3 持续改进

◆ **考法：归类题**

【例题 1·单选题】根据《环境管理体系要求及使用指南》GB/T 24001—2016，下列环境管理体系的核心内容中，属于"策划"部分内容的是（　　）。

　　A. 应急准备和响应　　　　　　　B. 持续改进

　　C. 风险应对措施　　　　　　　　D. 监视、测量、分析和评价

【答案】C

【解析】选项 A 属于"运行"，选项 B 属于"改进"，选项 D 属于"绩效评价"。

【例题 2·多选题】根据《环境管理体系 要求及使用指南》GB/T 24001—2016，领导作用在环境体系中处于核心地位，这里的领导作用包括（　　）。

　　A. 领导作用和承诺　　　　　　　B. 组织所处环境

　　C. 环境方针　　　　　　　　　　D. 组织的角色、职责和权限

　　E. 相关方价值

【答案】A、C、D

【解析】领导作用包括三方面内容：① 领导作用和承诺；② 环境方针；③ 组织的角色、职责和权限。

2.1.3 职业健康安全管理体系

核心考点　职业健康安全管理体系标准要素

表 2-2　职业健康安全管理体系标准要素

	一级要素	二级要素
1	组织所处的环境	1.1 理解组织及其所处环境 1.2 理解工作人员和其他相关方的需求和期望 1.3 确定职业健康安全管理体系的范围 1.4 职业健康安全管理体系

	一级要素	二级要素
2	领导作用和工作人员参与	2.1 领导作用与承诺 2.2 职业健康安全方针 2.3 组织的角色、职责和权限 2.4 工作人员的协商和参与
3	策划	3.1 应对风险和机遇的措施 3.2 职业健康安全目标及其实现的策划
4	支持	4.1 资源 4.2 能力 4.3 意识 4.4 沟通 4.5 文件化信息
5	运行	5.1 运行策划与控制 5.2 应急准备和响应
6	绩效评价	6.1 监视、测量、分析和评价绩效 6.2 内部审核 6.3 管理评审
7	改进	7.1 事件、不符合和纠正措施 7.2 持续改进

组织所处的环境。基本要求如下：

（1）理解组织及其所处环境。组织应确定与其宗旨相关并影响其实现职业健康安全管理体系预期结果的能力的内部和外部议题。

（2）理解工作人员和其他相关方的需求和期望。组织应确定除工作人员之外的、与职业健康安全管理体系有关的其他相关方；工作人员及其他相关方的有关需求和期望（即要求）；这些需求和期望中哪些是或将可能成为法律法规要求和其他要求。

（3）确定职业健康安全管理体系范围。组织应界定职业健康安全管理体系的边界和适用性，以确定其范围。

（4）建立职业健康安全管理体系。

运行。基本要求如下：

（1）运行策划和控制。为了满足职业健康安全管理体系要求和实施策划所确定的措施，组织应策划、实施、控制和保持所需的过程。

（2）应急准备和响应。为了对策划中所识别的潜在紧急情况进行应急准备并做出响应，组织应建立、实施和保持所需的过程。

◆ 考法：归类题

【例题·2024 年真题·单选题】根据《职业健康安全管理体系要求及使用指南》GB/T 45001—2020，建筑企业应界定职业健康安全管理体系的边界和适用性，以满足职业健康安全管理体系标准对（　　）的基本要求。

A. 支持和运行　　　　　　　　　B. 绩效评价

C. 领导作用　　　　　　　　　　　　D. 组织所处环境

【答案】D

【解析】本题考核的是职业健康安全管理体系标准中支持和运行、绩效评价、领导作用、组织所处环境等要素具体内容的区分，有一定难度。建筑企业应界定职业健康安全管理体系的边界和适用性，属于组织所处的环境要素的具体内容。

2.1.4 卓越绩效管理

核心考点一　卓越绩效管理特点

1. 从追求产品和服务质量转为追求核心竞争力

作为质量奖评审标准，卓越绩效管理关注的不仅是产品和服务管理，更是拓展到组织经营管理过程、工作和体系质量，注重企业核心竞争力的提高。

2. 聚焦组织经营结果

卓越绩效管理重点关注组织的经营结果。此外，卓越绩效管理还涉及顾客的满意度、人力资源管理、社会责任、财务和市场等各方面绩效水平，帮助组织改进经营策略，促进组织长远健康发展。

3. 关注比较优势和竞争能力的提升

卓越绩效管理的目的是提升组织核心竞争力。

◆考法：填空题

【例题·单选题】卓越绩效管理的目的是（　　　）。

A. 顾客满意　　　　　　　　　　　　B. 追求产品质量

C. 追求服务质量　　　　　　　　　　D. 提升组织核心竞争力

【答案】D

【解析】卓越绩效管理的目的是提升组织核心竞争力。

核心考点二　卓越绩效管理基本理念

1. 说明组织驱动力的基本理念

包括：远见卓识的领导、战略导向、顾客驱动。

① 远见卓识的领导。以前瞻性的视野、敏锐的洞察力，确立组织的使命、愿景和价值观，带领全体员工实现组织的发展战略和目标。

② 战略导向。以战略统领组织的管理活动，获得持续发展和成功。

③ 顾客驱动。将顾客当前和未来的需求、期望和偏好作为改进产品和服务质量，提高管理水平及不断创新的动力，以提高顾客的满意和忠诚程度。

2. 阐明组织经营行为的基本理念

包括：社会责任、以人为本、合作共赢。

① 社会责任。为组织的决策和经营活动对社会的影响承担责任，促进社会的全面协调可持续发展。

② 以人为本。员工是组织之本，一切管理活动应以激发和调动员工的主动性、积极性为中心，促进员工的发展，保障员工的权益，提高员工的满意程度。

③ 合作共赢。与顾客、关键的供方及其他相关方建立长期伙伴关系，互相为对方创造价值，实现共同发展。

3. 提供组织运行方法和技术的基本理念

包括：重视过程与关注结果，学习、改进与创新，系统管理。

① 重视过程与关注结果。组织的绩效源于过程，体现于结果。因此，既要重视过程，更要关注结果；要通过有效的过程管理，实现卓越的结果。

② 学习、改进与创新。培育学习型组织和个人是组织追求卓越的基础，传承、改进和创新是组织持续发展的关键。

③ 系统管理。应将组织视为一个整体，以科学有效的方法，实现组织经营管理的统筹规划、协调一致，提高组织管理的有效性和效率。

◆考法：归类题

【例题·2024年真题·单选题】根据《卓越绩效评价准则》GB/T 19580—2012，建筑企业实施卓越绩效管理，在组织驱动力层面应遵循的基本理念是（　　）。

A. 以战略统领组织的管理活动　　B. 学习、改进与创新

C. 重视过程与关注结果　　D. 确保组织中员工的发展和权益

【答案】A

【解析】本题考核的是《卓越绩效评价准则》GB/T 19580—2012中说明组织驱动力、阐明组织经营行为、提供组织运行方法和技术这三个层面基本理念内容的区分。选项A属于说明组织驱动力层面的基本理念内容，选项B、C属于提供组织运行方法和技术层面的基本理念内容，选项D属于阐明组织经营行为层面的基本理念内容。

核心考点三　卓越绩效评价准则框架

《卓越绩效评价准则》GB/T 19580—2012从"领导，战略，顾客与市场，资源，过程管理，测量、分析和改进，结果"七个方面详细规定了组织卓越绩效评价要求，为组织追求卓越提供了自我评价准则。《卓越绩效评价准则实施指南》GB/Z 19579—2012提供了组织可持续发展的要素框架。卓越绩效评价准则框架如图2-1所示。

评价准则各条款间关系如下：

（1）"领导"掌控着组织的发展方向，并密切关注着"结果"，为组织寻找发展机会。

（2）"领导""战略""顾客与市场"构成"领导作用"三角，强调高层领导在组织所处的特定环境中，通过制定以顾客与市场为中心的战略，为组织谋划长远未来。"领导作用"是驱动力，关注的是组织如何做正确的事。

（3）"资源""过程管理""结果"构成"过程结果"三角，强调如何充分调动组织中人的积极性和能动性，通过组织中的人在各个业务流程中发挥作用和过程管理的规范，高效地实现组织所追求的经营结果。"过程结果"是从动的，关注的是组织如何正确地做事，解决的是效率和绩效问题。

（4）"测量、分析和改进"是组织运作的基础，是连接两个三角的"链条"，转动着PDCA循环，推动组织的改进和创新。

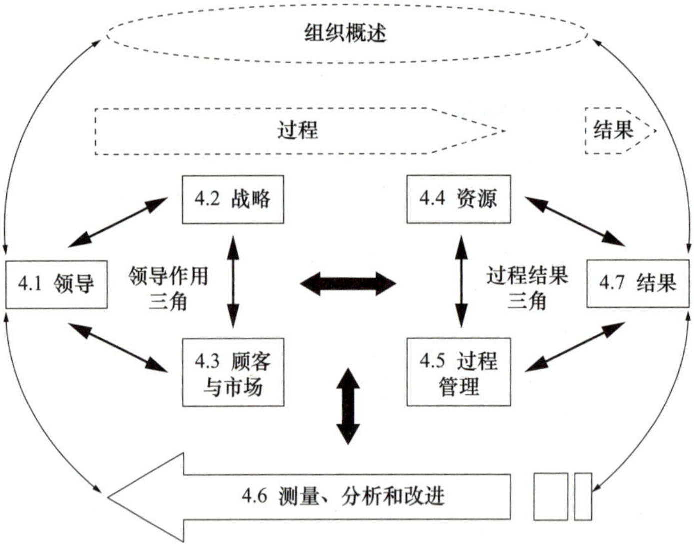

图 2-1　卓越绩效评价准则框架

◆ **考法：正误判断题**

【例题·单选题】根据《卓越绩效评价准则》GB/T 19580—2012，关于评价准则各条款间关系的说法，正确的是（　　　）。

　　A. "领导作用"三角由"领导""战略""资源"构成

　　B. "领导作用"强调如何充分调动组织中人的积极性和能动性

　　C. "过程结果"是从动的，关注的是组织如何做正确的事

　　D. "测量、分析和改进"是组织运作的基础，推动组织的改进和创新

【答案】D

【解析】选项 A、B、C 说法错误。选项 A，"领导作用"三角由"领导""战略""顾客与市场"构成。选项 B，强调如何充分调动组织中人的积极性和能动性的是"过程结果"，而不是"领导作用"。选项 C，"过程结果"是从动的，关注的是组织如何正确地做事。

2.1.5　全面一体化管理

核心考点　相关管理体系标准的运行模式

质量管理体系、环境管理体系、职业健康安全管理体系及卓越绩效管理等标准均强调以领导作用为核心，将 PDCA 循环应用于所有过程，使整个管理体系按照 PDCA 模式运行。

质量管理体系、环境管理体系、职业健康安全管理体系三大标准均要求采用策划、支持与运行、绩效评价、改进四个过程循环（PDCA 循环）进行系统管理。

质量、环境、职业健康安全管理体系所需过程及其相互作用如图 2-2 所示。

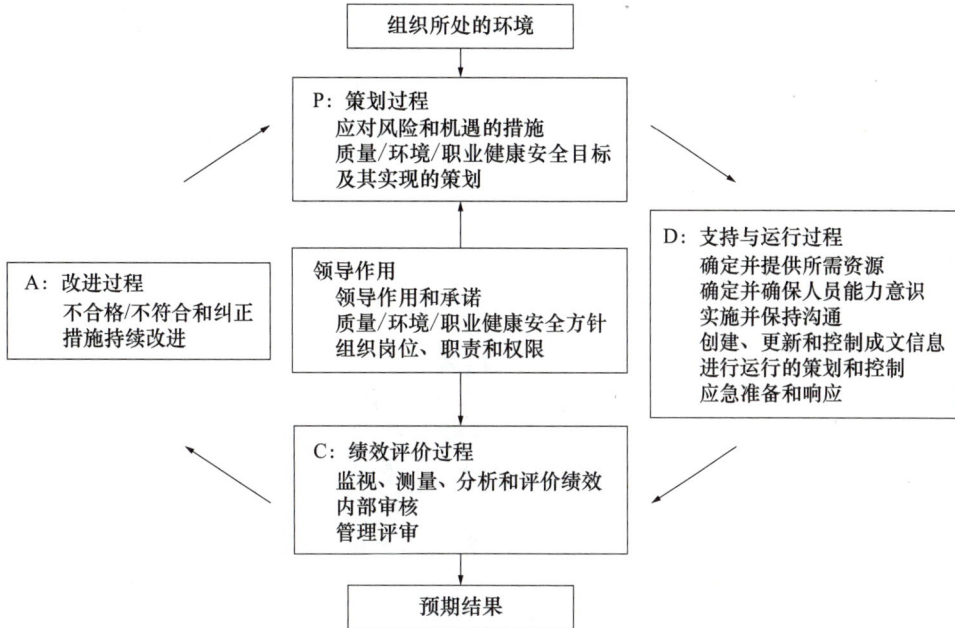

图 2-2　质量、环境、职业健康安全管理体系所需过程及其相互作用

◆**考法：归类题**

【**例题·2024 年真题·多选题**】建筑企业建立和实施质量、环境、职业健康安全一体化管理体系时，支持与运行过程需进行的工作有（　　）。

A. 实施并保持沟通　　　　　　　B. 确定并提供资源

C. 创建、更新和控制成文信息　　D. 持续改进

E. 管理评审

【**答案**】A、B、C

【**解析**】本题考核的是质量、环境、职业健康安全一体化管理体系中策划、支持与运行、绩效评价、改进四个过程循环（PDCA 循环）内容的区分。选项 A、B、C 属于支持与运行过程，选项 D 属于改进过程，选项 E 属于绩效评价过程。

2.2　风险管理与社会责任管理体系

核 心 考 点 提 纲

2.2.1　风险管理体系—风险管理的原则、框架和过程

2.2.2　社会责任管理体系
- 1. 社会责任核心主题和议题
- 2. 社会责任与ESG的异同

核心考点剖析

2.2.1 风险管理体系

核心考点　风险管理的原则、框架和过程

《风险管理 指南》GB/T 24353—2022 采用"三轮"形式概括了风险管理的原则、框架和过程，如图 2-3 所示。

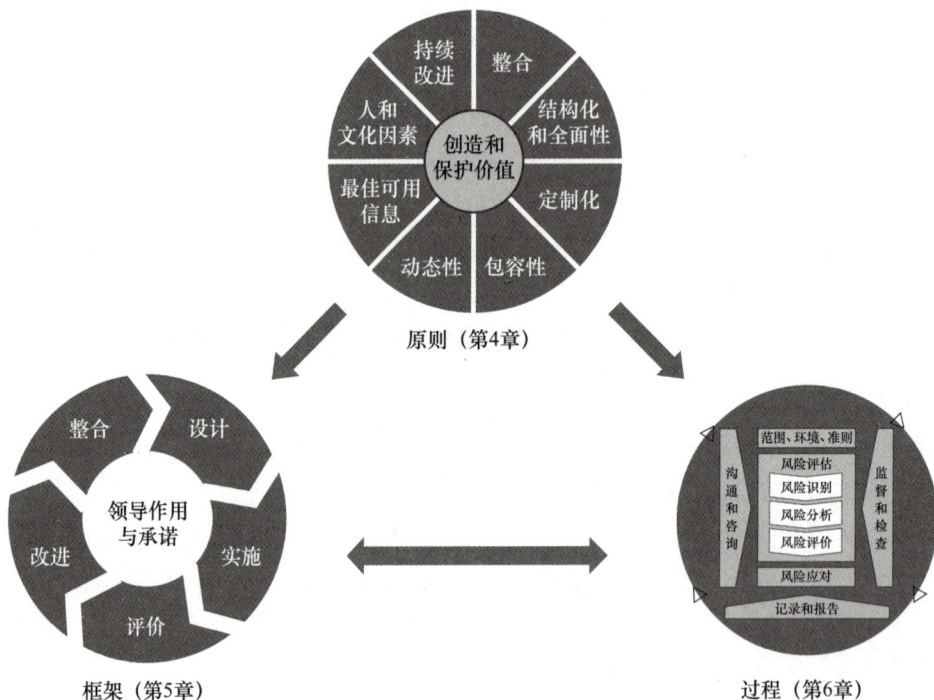

图 2-3　风险管理的原则、框架和过程

由图 2-3 可以看出：

（1）风险管理原则轮中，核心是"创造和保护价值"。

（2）风险管理框架轮中，核心是"领导作用与承诺"。

（3）风险管理过程轮中，反映了风险评估的经典过程：风险识别—风险分析—风险评价。

1. 风险管理原则

风险管理的目的是创造和保护价值。

有效的风险管理应遵循整合、结构化和全面性、定制化、包容性、动态性、最佳可用信息、人和文化因素、持续改进等原则，这些原则有助于组织应对不确定性对目标的影响。

2. 风险管理框架

风险管理框架的目的是协助组织将风险管理纳入重要的活动和职能中。

风险管理框架的要素有领导作用与承诺、整合、设计、实施、评价和改进等。

3. 风险管理过程

风险管理过程是组织管理和决策的有机组成部分，需融入组织的架构、运营和流程中，它可以应用在战略、运营、项目群或单个项目层面。

（1）沟通和咨询。

（2）范围、环境、准则。确定范围、环境和准则的目的，在于有针对性地设计风险管理过程，以实现有效的风险评估和恰当的风险应对。范围、环境和准则包括界定过程范围、理解内外部环境和界定评定准则。

（3）风险评估。风险评估是风险识别、风险分析和风险评价的整个过程。

（4）风险应对。风险应对的目的是选择和实施风险处理方案。

（5）监督和检查。监督和检查的目的是确保和提升风险管理过程设计、实施和结果的质量和成效。

（6）记录和报告。

◆ 考法：填空题

【例题·单选题】《风险管理 指南》GB/T 24353—2022 采用"三轮"形式概括了风险管理的原则、框架和过程，其中风险管理框架轮的核心是（　　　　）。

  A. 领导力和承诺   B. 整合

  C. 价值创造和保护   D. 实施

【答案】A

【解析】风险管理框架轮中，核心是"领导作用与承诺"。选项 C 属于风险管理原则轮的核心。

2.2.2　社会责任管理体系

核心考点一　社会责任核心主题和议题

为了界定组织的社会责任范围，识别相关议题并确定其优先顺序，《社会责任指南》GB/T 36000—2015 给出了 7 项核心主题及其所包含的 31 项议题。

表 2-3　社会责任核心主题和议题

核心主题	议题
1. 组织治理	决策程序和结构
2. 人权	（1）公民和政治权利；（2）经济、社会和文化权利；（3）工作中的基本原则和权利
3. 劳工实践	（1）就业和劳动关系；（2）工作条件和社会保护；（3）民主管理和集体协商；（4）职业健康安全；（5）工作场所中人的发展与培训
4. 环境	（1）污染预防；（2）资源可持续利用；（3）减缓并适应气候变化；（4）环境保护、生物多样性和自然栖息地恢复
5. 公平运行实践	（1）反腐败；（2）公平竞争；（3）在价值链中促进社会责任；（4）尊重产权
6. 消费者问题	（1）公平营销、真实公正的信息和公平的合同实践；（2）保护消费者健康与安全；（3）可持续消费；（4）消费者服务、支持和投诉及争议处理；（5）消费者信息保护与隐私；（6）基本服务获取；（7）教育和意识

核心主题	议题
7. 社区参与和发展	（1）社区参与；（2）教育和文化；（3）就业创造和技能开发；（4）技术开发和获取；（5）财富和收入创造；（6）健康；（7）社会投资

◆**考法：归类题**

【**例题·2024 年真题·单选题**】根据《社会责任指南》GB/T 36000—2015，为履行"公平运行实践"的核心主题，建筑企业应确定的社会责任议题是（　　　）。

  A. 民主管理   B. 尊重产权

  C. 职业健康安全   D. 收入创造

【**答案**】B

【**解析**】本题考核的是"公平运行实践"的社会责任议题，难度比较大。选项 A、C 属于"劳工实践"，选项 B 属于"公平运行实践"，选项 D 属于"社区参与和发展"。

核心考点二　社会责任与 ESG 的异同

ESG 是环境（Environmental）、社会（Social）、治理（Governance）的缩写。

1. 社会责任与 ESG 的相似之处

（1）均强调超越传统的财务或利润目标，要求更加全面地考量企业的经营活动对人、社会和环境等多重影响，更加强调企业与所有利益相关方的关系，更加关注企业短期利益与中长期利益的平衡。

（2）均关注环境、社会等具体细分内容，且两者有诸多重合。

（3）在企业内部通常会由同一或相关部门统筹落实，也会在同一专栏对外进行信息披露。

2. 社会责任与 ESG 的差异之处

（1）侧重点不同。社会责任更加注重"性质"体现，多用来体现企业发展理念或价值导向；ESG 更加注重"量值"体现，多用来反映企业在 ESG 方面所取得的具体实效。

（2）对企业发展的作用及意义不同。社会责任传播属性更强，更注重口碑建立及品牌推广，而 ESG 与投融资等关系更为密切。

◆**考法：正误判断题**

【**例题·多选题**】关于社会责任与 ESG 的说法，正确的有（　　　）。

  A. 社会责任更加注重"性质"体现

  B. 社会责任传播属性更强

  C. ESG 更注重口碑建立及品牌推广

  D. ESG 与投融资等关系更为密切

  E. 相对于社会责任，ESG 更加关注环境、社会等具体细分内容

【**答案**】A、B、D

【**解析**】选项 C、E 说法错误。选项 C 更注重口碑建立及品牌推广的是社会责任，而不是 ESG。选项 E，社会责任与 ESG 均关注环境、社会等具体细分内容，且两者有诸多重合。

2.3 项目管理标准体系

核 心 考 点 剖 析

2.3.1　项目管理标准及价值交付

核心考点　价值驱动型项目管理

1. 价值交付原则

（1）成为勤勉、尊重和关心他人的管家。

（2）营造协作的项目团队环境。

（3）有效的利益相关者参与。

（4）聚焦于价值。

（5）识别、评估和响应系统交互。

（6）展现领导力行为。

（7）根据环境进行裁剪。

（8）将质量融入过程和可交付成果中。

（9）驾驭复杂性。

（10）优化风险应对。

（11）拥抱适应性和韧性。

（12）为实现预期的未来状态而驱动变革。

2. 度量项目成功的指标

（1）传统项目管理：范围、进度、成本三重要素约束下满足质量要求从而成功地交付项目成果。

（2）以价值为导向的项目管理：实现收益并获取价值。

项目成功与否并不在于项目成果是否交付、是否得到相关方验收，而在于：

① 项目完成时：相关方对可交付成果的价值感知与价值认同。

② 项目投入运营后：可交付成果为组织和社会创造的价值。

3. 价值驱动型项目管理

（1）基本理念

① 如果做的是错误的项目，那么项目执行得再完美也无关紧要。

② 在预算范围内按时完成的项目并不一定是成功的项目。

③ 满足进度（工期）、成本、范围和质量"铁三角"的项目并不一定在项目完成后产生必要的商业价值。

④ 拥有成熟的项目管理实践并不能保证项目完成后会有商业价值。

⑤ 价格是实施项目所付出的，价值是实施项目得到的。

⑥ 商业价值是客户认为值得付出的东西。

⑦ 当商业价值实现时，项目就成功了。

（2）商业价值因素

① 从商业角度看，一个预算超支的项目有时却是划算的。

② 一组产生正现金流的项目，并不一定代表一家公司的总体最佳投资机会。

③ 从数学上讲，不可能同时将所有项目列为第一优先级。

④ 一个组织在同一时间做太多的项目，并不能真正完成更多的工作。

⑤ 从商业角度看，强迫项目团队接受不切实际的最后期限是极其有害的。

◆ 考法 1：归类题

【例题 1·多选题】根据《项目管理知识体系指南（第 7 版）》，项目管理基于价值交付的原则包括（　　）。

    A. 将成本融入过程和可交付成果中

    B. 聚焦于质量

    C. 展现领导力行为

    D. 成为勤勉、尊重和关心他人的管家

    E. 为实现预期的未来状态而驱动变革

【答案】C、D、E

【解析】选项 A，应是将质量（而非成本）融入过程和可交付成果中。选项 B，应是聚焦于价值（而非质量）。

【例题 2·多选题】下列关于价值驱动型项目管理的内容中，属于应考虑的商业价值因素的是（　　）。

    A. 从商业角度看，一个预算超支的项目有时却是划算的

    B. 商业价值是客户认为值得付出的东西

    C. 从数学上讲，不可能同时将所有项目列为第一优先级

    D. 将质量融入过程和可交付成果中

    E. 当商业价值实现时，项目就成功了

【答案】A、C

【解析】选项 B、E 属于价值驱动型项目管理的基本理念，选项 D 属于价值交付原则。

◆ 考法 2：填空题

【例题·多选题】面对复杂多变的项目环境，价值驱动型项目管理是项目管理的发展趋势。《项目管理知识体系指南（第 7 版）》提出了以价值为导向的项目管理，根据价值驱动型项目管理理念，项目成功与否的关键因素在于（　　）。

    A. 选择正确的项目

B. 在预算范围内按时完成

C. 满足工期、成本、范围和质量"铁三角"

D. 客户对可交付成果的价值认同

E. 可交付成果为社会创造的价值

【答案】D、E

【解析】项目成功与否并不在于项目成果是否交付、是否得到相关方验收，而在于项目完成时相关方对可交付成果的价值感知与价值认同，以及项目投入运营后可交付成果为组织和社会创造的价值。

2.3.2　项目群与项目组合管理

核心考点一　项目群管理

1. 项目群及其特征

（1）项目群含义

项目群是指为实现组织的战略目标、经营目标和收益提供优势，而被协调管理的一组相关项目群组件所形成的临时结构。

其中，项目群组件是指组成项目群的项目、子项目群或其他相关工作。

一个项目群应至少由两个项目群组件组成。

（2）项目群特征

项目群可以是战略性的、变革性的或经营性的。项目群具有以下特征：

① 项目群由具有相互依存和相互关联的项目群组件构成。

② 项目群为利益相关方提供收益，并帮助实现战略目标或经营目标。

③ 项目群具有复杂性和不确定性，需要加以管理来尽可能减少复杂性和不确定性。

2. 项目群管理的先决条件和收益

（1）项目群管理先决条件

① 项目群管理必要性评估。

② 项目群管理一致性要求。

③ 项目群角色和责任划分。

关键角色和责任者包括：项目群发起人、项目群经理及项目群管理团队。

项目群发起人对整个项目群战略和项目群支持负责任。项目群经理负责项目群及相关项目群组件的整体绩效。项目群管理团队负责单个或多个项目群组件或职能的绩效和实施。

（2）项目群管理的收益

通过项目群管理可得到两种类型的收益：

① 通过将项目群组件进行协调管理而得到内部项目群收益。

② 帮助实现战略或运营目标的外部项目群收益。

在项目群生命周期或项目群收尾后都有可能实现有形或无形的收益。

◆考法：正误判断题

【例题·2024年真题·多选题】关于项目群及其管理的说法，正确的有（　　　）。

  A. 项目群经理负责项目群的整体绩效

  B. 一个项目群应至少包含三个项目群组件

  C. 项目群为利益相关方提供收益

  D. 项目群可以是战略性或经营性的

  E. 项目群收尾后方可实现无形收益

【答案】A、C、D

【解析】本题考核的是项目群及其管理。一个项目群应至少由两个项目群组件组成，故选项 B 错误。在项目群生命周期或项目群收尾后都有可能实现有形或无形的收益，故选项 E 错误。

核心考点二　项目组合管理

1. 项目组合概念

项目组合是指为实现组织的整体或部分战略目标，便于进行有效管理而组合在一起的项目、项目群及其他相关工作。

2. 项目组合管理实施要点

（1）明确项目组合的定位。

（2）识别潜在的项目组合组件。

（3）制定项目组合计划。

（4）评估筛选项目组合的组件。

（5）确认项目组合与战略目标的一致性。

（6）项目组合与绩效评估及汇报。

（7）平衡和优化项目组合。

◆考法：正误判断题

【例题·单选题】关于项目组合的说法，正确的是（　　　）

  A. 一个组织通常只能有一个项目组合

  B. 可以从项目组合中剔除现有的项目，也可以向其中增加新项目

  C. 同一个项目组合中的项目都能得到一视同仁地对待

  D. 项目组合中各项目之间应具有直接相关关系

【答案】B

【解析】选项 A、C、D 说法错误。选项 A，一个组织可以有多个项目组合。选项 C，同一个项目组合中的项目有不同优先级，不可能得到一视同仁地对待。选项 D，项目组合中的项目或项目群之间没必要相互关联或直接相关。

本章模拟强化练习

2.1 质量、环境、职业健康安全管理体系

1. 在质量管理体系中，关于过程这一关键要素的说法，正确的是（   ）。

   A. 一个过程的输入不能是其他过程的输出

   B.《质量管理体系 要求》GB/T 19001—2016 中的三大过程分别是顾客导向过程、管理过程和内部审核

   C. 管理过程是指通过输入和输出直接与外部顾客联系的过程

   D. 两个或两个以上相互关联和相互作用的连续过程也可作为一个过程

2. 根据《质量管理体系 基础和术语》GB/T 19000—2016，循证决策管理原则要求施工企业质量管理时应基于（   ）做出相关决策。

   A. 与相关方的关系　　　　　　B. 满足顾客的要求

   C. 数据和信息的分析和评价　　D. 功能连贯的过程组成的体系

3. 根据《环境管理体系 要求及使用指南》GB/T 24001—2016，"应急准备和响应"属于环境管理体系（   ）部分中的内容。

   A. 领导作用　　　　　　　　　B. 策划

   C. 支持　　　　　　　　　　　D. 运行

4. 下列属于卓越绩效管理中的阐明组织经营行为基本理念的是（   ）。

   A. 重视过程与关注结果　　　　B. 系统管理

   C. 战略导向　　　　　　　　　D. 以人为本

5. 根据《卓越绩效评价准则》GB/T 19580—2012，"过程结果"三角包括（   ）。

   A. 战略　　　　　　　　　　　B. 改进

   C. 结果　　　　　　　　　　　D. 资源

   E. 过程管理

2.2 风险管理与社会责任管理体系

1. 根据《风险管理 指南》GB/T 24353—2022，风险管理框架要素除了整合和设计之外，还包括（   ）。

   A. 领导作用与承诺　　　　　　B. 实施

   C. 评价　　　　　　　　　　　D. 改进

   E. 记录和报告

2. 根据《风险管理 指南》GB/T 24353—2022，风险管理过程中的风险应对指的是（   ）。

   A. 选择最佳的风险处理方案　　B. 选择最佳的风险处理技术

   C. 选择最佳的风险管理者　　　D. 选择最佳的风险管理组织

3. 为了界定组织的社会责任范围，识别相关议题并确定其优先顺序，《社会责任指南》GB/T 36000—2015 给出了 7 项核心主题及其所包含的 31 项议题。关于核心主题优先顺序的说法，正确的是（   ）。

A. 环境—人权—劳工实践—消费者问题

B. 环境—人权—消费者问题—公平运行实践

C. 人权—劳工实践—环境—社区参与和发展

D. 人权—环境—消费者问题—公平运行实践

2.3 项目管理标准体系

1. 关于价值驱动型项目管理应考虑的商业价值因素的说法，正确的有（   ）。

A. 从商业角度看，项目预算超支对组织来说是不划算的

B. 从数学上讲，不可能同时将所有项目列为第一优先级

C. 从商业角度看，强迫项目团队接受不切实际的最后期限是极其有害的

D. 一个组织在同一时间做更多的项目，最终可能事倍功半

E. 一组产生正现金流的项目，代表了这家公司的总体最佳投资机会

2. 根据《项目管理知识体系指南（第7版）》，项目管理基于价值交付的原则包括（   ）。

A. 有效益相关者参与　　　　　　B. 全员积极参与

C. 以顾客为关注焦点　　　　　　D. 领导作用

E. 营造协作的项目团队环境

3. 关于项目群的说法，正确的是（   ）。

A. 只要愿意，可以把任何项目放在一个项目群中

B. 各项目因为共享资源而被放在一个项目群中

C. 只有存在必然的内在联系的项目才能被放到一个项目群中

D. 项目是临时的，但项目群不一定是临时的

本章模拟强化练习答案及解析

2.1 质量、环境、职业健康安全管理体系

1.【答案】D

【解析】选项A、B、C说法错误。选项A，一个过程的输入通常是其他过程的输出，而一个过程的输出通常又是其他过程的输入。选项B，三大过程分别是顾客导向过程、管理过程和支持过程。选项C说的是顾客导向过程，不是管理过程。

2.【答案】C

【解析】选项A对应的是关系管理原则，选项B对应的是以顾客为关注焦点的管理原则，选项C对应的是循证决策管理原则，选项D对应的是过程方法的管理原则。

3.【答案】D

【解析】运行会直接影响组织环境绩效和环境管理体系预期结果的实现。运行包括两方面内容：①运行策划和控制；②应急准备和响应。

4.【答案】D

【解析】选项A、B属于提供组织运行方法和技术的基本理念，选项C属于说明组织

驱动力的基本理念。

5. 【答案】C、D、E

【解析】选项 A 属于"领导作用"三角，选项 B 属于"测量、分析与改进"的内容。

2.2 风险管理与社会责任管理体系

1. 【答案】A、B、C、D

【解析】选项 E 属于风险管理过程。

2. 【答案】A

【解析】风险应对的目的是选择和实施风险处理方案。

3. 【答案】C

【解析】社会责任 7 个核心主题的优先顺序是：① 组织治理→② 人权→③ 劳工实践→④ 环境→⑤ 公平运行实践→⑥ 消费者问题→⑦ 社区参与和发展。

2.3 项目管理标准体系

1. 【答案】B、C、D

【解析】选项 A 说法错误，从商业角度看，一个预算超支的项目有时却是划算的。选项 E 说法错误，一组产生正现金流的项目，并不一定代表一家公司的总体最佳投资机会。

2. 【答案】A、E

【解析】选项 B、C、D 属于企业质量管理原则。

3. 【答案】C

【解析】选项 A、B、D 说法错误。选项 A，项目群由具有相互依存和相互关联的项目群组件构成，所以不可以把任何项目放在一个项目群中。项目群是指为实现组织的战略目标、经营目标和收益提供优势，而被协调管理的一组相关项目群组件所形成的临时结构，所以选项 B、D 说法错误。

第3章　建设工程招标投标与合同管理

本章考情分析

2024年本章节次及条目分值分布

本章节次	本章条目	2024年	
		单选	多选
3.1　工程招标与投标	3.1.1　招标方式与程序	1	2
	3.1.2　合同计价方式	1	2
	3.1.3　施工投标	1	
	3.1.4　工程总承包投标		
3.2　工程合同管理	3.2.1　施工合同管理	5	4
	3.2.2　工程总承包合同管理		2
	3.2.3　专业分包与劳务分包合同管理	1	
	3.2.4　材料设备采购合同管理	1	
3.3　工程承包风险管理及担保保险	3.3.1　工程承包风险管理		2
	3.3.2　工程担保	1	
	3.3.3　工程保险	1	
合计		12 分	12 分
		24 分	

本章核心考点分析

3.1　工程招标与投标

核心考点提纲

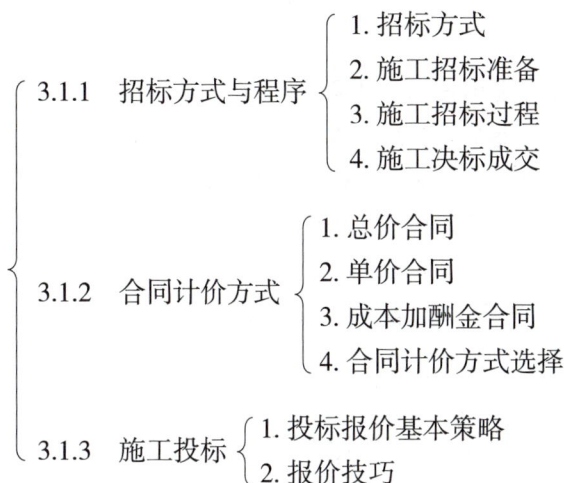

$$
\left\{
\begin{array}{l}
3.1.1\ \ 招标方式与程序
\left\{
\begin{array}{l}
1.\ 招标方式\\
2.\ 施工招标准备\\
3.\ 施工招标过程\\
4.\ 施工决标成交
\end{array}
\right.\\[3em]
3.1.2\ \ 合同计价方式
\left\{
\begin{array}{l}
1.\ 总价合同\\
2.\ 单价合同\\
3.\ 成本加酬金合同\\
4.\ 合同计价方式选择
\end{array}
\right.\\[3em]
3.1.3\ \ 施工投标
\left\{
\begin{array}{l}
1.\ 投标报价基本策略\\
2.\ 报价技巧
\end{array}
\right.
\end{array}
\right.
$$

核心考点剖析

3.1.1　招标方式与程序

核心考点一　招标方式

1. 公开招标

公开招标又称无限竞争性招标。

（1）优点

① 招标人可在较广范围内选择承包商，投标竞争激烈，有利于招标人将工程项目交予可靠的承包商实施，并获得有竞争性的报价。

② 可在较大程度上避免招标过程中的贿标行为。

（2）缺点

准备招标、对投标申请者进行资格预审和评标的工作量大，招标时间长、费用高。

2. 邀请招标

邀请招标也称有限竞争性招标，是指招标人以投标邀请书形式邀请预先确定的若干家符合条件的法人或组织投标竞争，然后从中确定中标者并与之签订工程合同的过程。

（1）优点

① 不需要发布招标公告和设置资格预审程序，可节约招标费用、缩短招标时间。

② 由于招标人比较了解投标人以往业绩和履约能力，可减少合同履行过程中承包商

违约的风险。

仍要求投标人提供表明投标人资质和能力的有关证明材料。

（2）缺点

由于邀请对象的选择面窄、范围较小，有可能会排除某些在技术上或报价上有竞争力的潜在投标人，因而使投标竞争的激烈程度相对较差，进而会提高中标合同价。

◆ 考法：正误判断题

【例题·2024年真题·单选题】与公开招标方式相比，采用邀请招标方式具有的特点是（　　）。

  A. 招标人不需要发出投标邀请函

  B. 投标人不需要提交表明其资质的证明材料

  C. 评标时不需要对投标文件进行合格性审查

  D. 招标中不需要设置资格预审程序

【答案】D

【解析】选项A、B、C均是"需要"，而不是"不需要"。

核心考点二　施工招标准备

1. 组建招标组织

建设单位可自行组织招标，也可委托能够编制招标文件和组织评标的相应专业力量办理招标事宜。

2. 办理招标申请手续

3. 进行招标策划

（1）划分施工标段。

（2）确定承包模式。对于工程规模大、专业复杂的工程，建设单位管理能力有限时，应考虑采用施工总承包方式。对于工艺成熟的一般性工程，涉及专业不多时，可考虑采用平行承包方式，分别选择各专业承包单位并签订施工合同。

（3）选择合同计价方式。施工合同计价方式可分为三种：总价方式、单价方式和成本加酬金方式。

4. 编制资格预审文件

资格预审文件包括下列内容：

（1）资格预审公告。

（2）申请人须知。

（3）资格审查办法。

（4）资格预审申请文件格式。

（5）项目建设概况等。

此外，招标人对资格预审文件所作的澄清、修改，也构成资格预审文件的组成部分。

5. 编制招标文件

施工招标文件包括下列内容：招标公告或投标邀请书；投标人须知；评标办法；合同条款及格式；工程量清单；图纸；技术标准和要求；投标文件格式；投标人须知前附表

规定的其他材料。此外，招标人对招标文件所作的澄清、修改，也构成招标文件的组成部分。

◆**考法：归类题**

【例题·多选题】根据国家九部委《标准施工招标资格预审文件》，资格预审文件的内容包括（　　）。

  A. 项目建设概况   B. 工程采用的技术标准和要求

  C. 拟采用的合同条款   D. 资格审查办法

  E. 招标人对资格预审文件的澄清、修改

【答案】A、D、E

【解析】选项 B、C 属于招标文件的内容。

核心考点三　施工招标过程

1. 发布招标公告或发出投标邀请书

（1）招标公告：适用于进行资格预审的公开招标。

（2）投标邀请书：适用于进行资格后审的邀请招标。

2. 进行资格预审

对于采用公开招标方式的施工项目，可按下列程序（9 步）进行资格预审：

（1）发布资格预审公告。对于依法必须进行招标的项目的资格预审公告，应在国务院发展改革部门依法指定的媒介发布。

（2）发售资格预审文件。资格预审文件的发售期不得少于 5 日。

（3）资格预审文件的澄清或修改。澄清或者修改的内容可能影响资格预审申请文件编制的，招标人应在提交资格预审申请文件截止时间至少 3 日前，以书面形式通知所有获取资格预审文件的潜在投标人；不足 3 日的，招标人应顺延提交资格预审申请文件的截止时间。

（4）资格预审申请文件的递交。资格预审申请文件内容包括：资格预审申请函；法定代表人身份证明或附有法定代表人身份证明的授权委托书；联合体协议书（若有）；申请人基本情况表；近年财务状况表；近年完成的类似项目情况表；正在施工和新承接的项目情况表；近年发生的诉讼及仲裁情况；申请人须知前附表中要求提交的其他材料。未按要求密封和加写标记、逾期送达或者未送达指定地点的资格预审申请文件，招标人将不予受理。

（5）组建资格审查委员会。资格审查委员会应由招标人代表和有关技术、经济等方面的专家组成，成员人数为 5 人以上单数，其中技术、经济等方面的专家不得少于成员总数的 2/3。

（6）审查资格预审申请文件。审查委员会应按照资格预审文件载明的审查标准和方法，对所有已受理的资格预审申请文件进行审查。没有规定的标准和方法不得作为审查依据。

①投标人资格预审分初步审查和详细审查两个环节。

②投标人资格预审方法有两种：合格制和有限数量制。

合格制：指凡符合初步审查标准和详细审查标准的申请人均通过资格预审，取得投标人资格。合格制会使投标竞争更加充分，但可能会出现投标人数多，增加招标成本。

有限数量制：指审查委员会依据资格预审文件中规定的资格审查标准和程序，对通过初步审查和详细审查的资格预审申请文件进行量化打分，按得分由高到低的顺序确定通过资格预审的申请人。通过资格预审的申请人不超过资格审查办法前附表规定的数量。有限数量制可以限制投标人数量，降低招标工作量和费用。

合格制和有限数量制在审查标准上无本质区别，都需要进行初步审查和详细审查。两者区别就在于有限数量制需要对通过审查的资格预审申请文件进行量化打分。

（7）资格预审申请文件的澄清或说明。招标人和审查委员会不接受申请人主动提出的澄清或说明。

（8）提交审查报告。审查委员会按照规定的程序对资格预审申请文件完成审查后，确定通过资格预审的申请人名单，并向招标人提交书面审查报告。

（9）通知和确认。招标人应在申请人须知前附表规定的时间内以书面形式将资格预审结果通知申请人，并向通过资格预审的申请人发出投标邀请书。

3. 发售招标文件和组织现场踏勘

（1）发售招标文件。

（2）组织现场踏勘。

（3）投标预备会。招标人组织召开投标预备会的目的是澄清投标人提出的问题。

招标人对招标文件进行澄清或者修改的内容可能影响投标文件编制的，招标人应在投标截止时间至少15日前，以书面形式通知所有获取招标文件的潜在投标人；不足15日的，招标人应顺延提交投标文件的截止时间。

4. 开标与评标

（1）投标文件的递交和接收。投标人应严格按照招标文件要求的格式和内容，编制、装订、密封投标文件，并加写标记和加盖投标人单位章，在投标截止时间前按照规定的地点、方式递交。未按要求密封和加写标记、逾期送达或者未送达指定地点的投标文件，招标人将不予受理。

（2）组建评标委员会。评标委员会由招标人代表及有关技术、经济等方面的专家组成，成员人数为5人以上单数，其中技术、经济等方面的专家不得少于成员总数的2/3。

（3）开标。招标人应按招标文件规定的投标截止时间（开标时间）和投标人须知前附表规定的地点公开开标，并邀请所有投标人的法定代表人或其委托代理人准时参加。

主持人按下列程序进行开标：

① 宣布开标纪律。

② 公布在投标截止时间前递交投标文件的投标人名称，并点名确认投标人是否派人到场。

③ 宣布开标人、唱标人、记录人、监标人等有关人员姓名。

④ 按照投标人须知前附表规定检查投标文件的密封情况。

⑤ 按照投标人须知前附表的规定确定并宣布投标文件开标顺序。

⑥ 设有标底的，公布标底。

⑦ 按照宣布的开标顺序当众开标，公布投标人名称、标段名称、投标保证金的递交情况、投标报价、质量目标、工期及其他内容，并记录在案。

⑧ 投标人代表、招标人代表、监标人、记录人等有关人员在开标记录上签字确认。

⑨ 开标结束。

（4）评标。施工评标分初步评审和详细评审两个环节。

① 初步评审

初步评审属于对投标文件的合格性审查，评审内容包括形式评审、资格评审、响应性评审、施工组织设计和项目管理机构评审标准四个方面。

A. 投标文件形式评审

包括：投标人名称是否与营业执照、资质证书及安全生产许可证一致；投标函是否有法定代表人或其委托代理人签字并加盖单位章；投标文件格式是否符合招标文件要求；联合体投标人（如有）是否提交联合体协议书，并明确联合体牵头人；投标报价是否具有唯一性等。

B. 投标人资格评审

包括：投标人是否具备有效的营业执照和有效的安全生产许可证；投标人的资质等级、财务状况、类似项目业绩、信誉、项目经理、其他要求，以及联合体投标人等，是否符合投标人须知中的要求。

C. 投标文件对招标文件的响应性评审

包括：投标内容、工期、工程质量、投标有效期、投标保证金、权利义务、已标价工程量清单、技术标准和要求等是否符合评标办法前附表中要求。

已标价工程量清单有计算错误的，总价金额与依据单价计算出的结果不一致时，以单价金额为准修正总价，单价金额小数点有明显错误的除外；书写有错误的，投标文件中的大写金额与小写金额不一致时，以大写金额为准。

评标委员会对投标报价的错误予以修正后，需请投标人书面确认，作为投标报价的金额。

投标人不接受修正价格的，其投标作废标处理。

D. 施工组织设计和项目管理机构设置的合理性评审

施工组织设计评审将会从内容完整性和编制水平、施工方案与技术措施、质量管理体系与措施、安全管理体系与措施、环境保护管理体系与措施、工程进度计划与措施、资源配备计划等方面进行评审。

项目管理机构评审将会从项目经理任职资格与业绩、技术负责人任职资格与业绩、其他主要人员等方面进行评审。

② 详细评审

评标方法通常有两种：经评审的最低投标价法和综合评估法。

（5）评标报告。评标委员会完成评标后，应向招标人提交书面评标报告。

◆ 考法 1：归类题

【例题 1·2024 年真题·单选题】工程招标过程中，在开标环节应进行的工作有（ ）。

A. 公布评标委员会成员名单　　　B. 对投标文件进行形式审查

C. 检查投标文件密封情况　　　　D. 公布投标人名称及其投标报价

E. 设有标底的工程公布标底

【答案】C、D、E

【解析】选项 A，评标委员会成员名单在中标结果确定前都是需要保密的。选项 B 属于评标阶段中初步评审的内容。

【例题 2·多选题】评标委员会对施工投标文件进行初步评审时，下列评审内容属于对投标文件响应性评审的有（ ）。

A. 工期　　　　　　　　　　　　B. 工程进度计划与措施

C. 技术标准和要求　　　　　　　D. 已标价工程量清单

E. 施工方案与技术措施

【答案】A、C、D

【解析】选项 B、E 属于对施工组织设计和项目管理机构设置的合理性评审的内容。

◆ 考法 2：正误判断题

【例题·多选题】根据《标准施工招标资格预审文件》规定，下列关于资格预审的说法正确的有（ ）。

A. 资格预审文件的发售期不得少于 5 日

B. 资格审查委员会中技术、经济等方面的专家不得少于成员总数的 2/3

C. 资格审查委员会不接受申请人主动提出的对其资格预审申请文件的澄清

D. 采用合格制进行资格预审，需要对资格预审申请文件进行量化打分

E. 采用有限数量制进行资格预审，会增加招标成本

【答案】A、B、C

【解析】选项 D、E 说法错误。选项 D，需要量化打分的是有限数量制而非合格制。选项 E，会减少招标成本，而不是增加招标成本。

核心考点四　施工决标成交

1. 确定中标人

招标人应依据评标委员会推荐的中标候选人确定中标人。中标人确定后，招标人应在招标文件规定的投标有效期内以书面形式向中标人发出中标通知书，同时将中标结果通知未中标的投标人。

2. 合同谈判

作为中标人，施工承包人在签订施工合同前进行谈判的主要目的：

一是争取改善合同条款，澄清模糊条款，修改过于苛刻的不合理条款，增加保护自身利益的条款；

二是协商确定未来发生工程变更时，相关工程价款的调整方法或原则等。

（1）谈判准备工作

谈判准备工作包括：

① 收集发包人资信情况、履约能力及施工项目其他背景资料。

② 分析发包人技术、经济实力及发包人谈判人员的身份、地位、性格、喜好、权限等。

③ 研判合同双方地位和优劣势。

④ 拟订合同谈判方案等。

（2）谈判内容

合同谈判应重点关注以下内容：

① 工程内容和范围。合同"标的"是合同最基本的要素，工程内容和范围即属于施工合同"标的"。

② 合同价款支付。包括工程预付款、工程进度款、最终结算价款支付及工程质量保证金的扣留和返还等。

③ 价格调整及工程量变化。

④ 不可预见的自然条件和人为障碍。应在施工合同中明确界定"不可预见的自然条件和人为障碍"的具体内容。

⑤ 合同条件完善。诸如工程开工及工期、工期提前奖励和工程延误罚款；施工占地；向施工承包人移交施工现场和基础资料；工程预付款支付与扣减；隐蔽工程验收、工程竣工验收与交付等。

⑥ 工程保修。应通过合同谈判明确工程保修范围、保修期限和保修责任。

⑦ 争端解决及其他。应争取以协商或调解方式解决合同争端。

（3）谈判策略和技巧

3. 签订合同

招标人和中标人应在中标通知书发出之日起 30 日内，根据招标文件和中标人的投标文件订立书面合同。

招标人最迟应在书面合同签订后 5 日内向中标人和未中标的投标人退还投标保证金及银行同期存款利息。中标人无正当理由拒签合同的，其投标保证金不予退还；

招标文件要求中标人提交履约保证金的，中标人应按照招标文件的要求提交。履约保证金不得超过中标合同金额的 10%。

◆ 考法：正误判断题

【例题·多选题】根据《标准施工招标文件》，关于在确定了施工工程的中标人之后，招标人和中标人签订合同的说法，正确的有（　　　）。

    A. 招标人最迟应在书面合同签订后 5 日内向中标人和未中标的投标人退还投标保证金及银行同期存款利息

    B. 合同的标的、价款、质量等主要条款应当与招标文件和中标人的投标文件的内容一致

    C. 招标人应在中标通知书发出之日起 15 日内，与中标人订立书面合同

D. 中标人无正当理由拒签合同的，其投标保证金不予退还

E. 招标文件要求中标人提交履约保证金的，履约保证金不得超过中标合同金额的 5%

【答案】A、B、D

【解析】选项 C 中 "15 日" 应改为 "30 日"，选项 E 中 "5%" 应改为 "10%"。

3. 1. 2　合同计价方式

核心考点一　总价合同

一、固定总价合同

1. 含义

固定总价合同是指承包单位按其投标时建设单位接受的投标报价一笔包死工程任务的计价方式。

在合同履行过程中，建设单位没有要求变更原定承包内容的，承包单位在完成承包任务后，不论其实际成本如何，均应按签约合同价获得工程款支付。

2. 适用情形

（1）招标时已有施工图设计文件，施工任务和发包范围明确，合同履行中不会出现较大设计变更。

（2）工程规模较小、技术不太复杂的中小型工程或承包工作内容较为简单的工程部位，承包单位可在投标报价时合理地预见工程实施过程中可能遇到的各种风险。

（3）工程量小、工期较短（一般为 1 年之内），合同双方可不必考虑市场价格浮动对承包价格的影响。

二、可调总价合同

1. 含义

可调总价合同是指在固定总价合同的基础上，因合同履行过程中市场价格变动、工程变更及其他工程条件变化而使工程成本增加时，可按合同约定对合同总价进行调整的计价方式。

2. 调价方法

对于工期较长（1 年以上）的工程，应选用可调总价合同。

◆ 考法：归类题

【例题·单选题】关于固定总价合同特点的说法，正确的是（　　）。

A. 适用于工程规模较大的工程

B. 适用于技术复杂的工程

C. 适用于实施过程中发生各种不可预见因素较多的工程

D. 适用于施工任务和发包范围明确的工程

【答案】D

【解析】选项 A、B、C 适合采用单价合同。

核心考点二 单价合同

1. 含义

单价合同是指承包单位在投标时按工程量清单中的分项工作内容填报单价，然后以实际完成工程量乘以所报单价计算工程价款的合同。

投标单位填报的单价应为计及各种摊销费用后的综合单价，而非直接费单价。

在单价合同中，工程量清单所列工程量为估算工程量，而非实际工程量。

2. 适用情形

（1）工期长、技术复杂、实施过程中发生各种不可预见因素较多的大型工程。

（2）建设单位为缩短工程建设周期，初步设计完成后就进行招标的工程。

3. 分类

单价合同也可分为固定单价合同和可调单价合同。

（1）固定单价合同

① 无论发生哪些影响价格的因素，都不对合同约定的单价进行调整。

② 对承包单位而言，存在着一定风险。

（2）可调单价合同

① 合同双方可以估算工程量为基准，约定实际工程量的变化超过一定比例时合同单价的调整方式。

② 合同双方也可约定，当市场价格变化达到一定程度或国家政策发生变化时，可以对哪些工程内容的单价进行调整，以及如何进行调整。

③ 采用可调单价合同时，承包单位的风险相对较小。

◆ 考法 1：正误判断题

【例题·单选题】关于合同计价方式的说法，正确的是（　　）。

    A. 在单价合同中，投标单位填报的单价应为直接费单价

    B. 在单价合同中，工程量清单所列工程量为估算工程量

    C. 单价合同适用于工期短、技术复杂的项目

    D. 采用单价合同形式，不利于合同双方之间较为合理地分担合同履行过程中的风险

【答案】B

【解析】选项 A 不是"直接费单价"，而应是"计及各种摊销费用后的综合单价"，选项 C 中的"短"应变为"长"，选项 D 中的"不利于"应改为"有利于"。

◆ 考法 2：计算题

【例题·2019 年真题·单选题】某土石方工程采用混合计价。其中土方工程采用总价包干，包干价 14 万元；石方工程采用综合单价合同，单价为 100 元 /m³。该工程有关工程量和价格资料见下表，则该工程结算价款为（　　）万元。

    A. 34　　　　　　　　　　　　B. 37

    C. 39　　　　　　　　　　　　D. 42

【答案】C

表 3-1 有关工程量和价格资料

项目	估计工程量（m³）	实际工程量（m³）	合同单价（元/m³）
土方工程	3300	3600	—
石方工程	2000	2500	100

【解析】土方工程为固定总价合同，石方工程为单价合同。单价合同中，实际工程款则按实际完成的工程量和合同中确定的单价计算。14 ＋（2500×100）／10000 ＝ 39 万元。

核心考点三 成本加酬金合同

1. 含义

成本加酬金合同也称为成本补酬合同，是指将工程合同价款划分为工程直接成本和酬金两部分，合同履行过程中发生的直接成本由建设单位实报实销，另按合同约定的方式支付给承包单位相应报酬的合同。

2. 适用情形

成本加酬金合同大多适用于边设计、边施工的紧急工程或灾后修复工程。

3. 分类

根据酬金计取方式不同，成本加酬金合同又可分为成本加固定百分比酬金、成本加固定酬金、成本加浮动酬金和目标成本加奖罚四类合同形式。

表 3-2 分类

序号	成本加酬金形式	合同价款计算式		降低成本	缩短工期
1	成本加固定百分比酬金	式中	$C_d（1＋P）$ C_d——实际发生的直接费； P——合同双方约定的酬金百分比	不利于	不利于
2	成本加固定酬金	式中	$C_d＋F$ F——合同双方约定的酬金	不利于	有利于
3	成本加浮动酬金	式中	$C_d＋F±\Delta F$ ΔF——酬金奖罚部分	有利于	有利于
4	目标成本加奖罚	式中	$C_d＋P_1×C_0＋P_2（C_0－C_d）$ C_0——目标成本； P_1——基本酬金计算百分比； P_2——奖罚酬金计算百分比	有利于	有利于

◆ 考法 1：计算题

【例题·2024 年真题·单选题】工程施工合同采用目标成本加奖罚计价方式时，合同价款正确的计算方式是（   ）。

A. 实际发生的直接费＋目标成本 × 基本酬金计算百分比＋奖罚酬金

B. 目标成本 ×（1＋基本酬金计算百分比）＋奖罚酬金

C. 目标成本＋实际发生的直接费 × 基本酬金计算百分比＋奖罚酬金

D. 实际发生的直接费 ×（1＋基本酬金计算百分比）＋奖罚酬金

【答案】A

【解析】对于目标成本加奖罚合同，合同价款＝实际发生的直接费＋目标成本 × 基本酬金计算百分比＋奖罚酬金计算百分比 ×（目标成本－实际发生的直接费）＝实际发生的直接费＋目标成本 × 基本酬金计算百分比＋奖罚酬金。

◆ **考法 2：归类题**

【例题·多选题】下列成本加酬金合同中，能鼓励施工单位降低成本的有（　　）。

A. 成本加浮动酬金合同　　　　B. 目标成本加奖罚合同

C. 成本加固定酬金合同　　　　D. 成本加固定百分比酬金合同

E. 目标成本加固定酬金合同

【答案】A、B

【解析】选项 C，不利于降低成本，但有利于缩短工期。选项 D，既不利于降低成本，也不利于缩短工期。选项 A、B，既有利于降低成本，也有利于缩短工期。选项 E，没有这种成本加酬金合同形式。

◆ **考法 3：正误判断题**

【例题·多选题】下列关于合同计价方式的说法，正确的有（　　）。

A. 采用可调单价合同时，合同双方可以以实际工程量为基准，约定实际工程量的变化超过一定比例时合同单价的调整方式

B. 在成本加固定百分比酬金合同中，承包单位可获得的酬金将随着直接成本的增加而递减

C. 目标成本加奖罚合同随着工程设计的逐步深化，可对工程量和目标成本进行调整

D. 对于已完成施工图设计的工程，施工图纸和工程量清单详细而明确，可选择总价合同

E. 在同一工程合同中采用不同的计价方式，是建设单位和承包单位合理分担工程风险的有效办法

【答案】C、D、E

【解析】选项 A 中"以实际工程量为基准"应改为"以预算工程量为基准"，选项 B 中"递减"应改为"增加"。

核心考点四　合同计价方式选择

1. 工程复杂程度

建设规模大且技术复杂的工程，承包风险较大，各项费用不易准确估算，因而不宜采用固定总价合同。

最好是对有把握的部分采用固定总价合同，估算不准的部分采用单价合同或成本加酬金合同。

2. 工程设计深度

工程设计深度是选择合同计价方式的重要因素。

对于已完成施工图设计的工程，施工图纸和工程量清单详细而明确，可选择总价合同。

对于实际工程量与预计工程量可能有较大出入的工程，应优先选择单价合同。

对于只完成初步设计，工程量清单不够明确的工程，可选择单价合同或成本加酬金合同。

3. 技术先进程度

对于施工中有较大部分采用新技术、新工艺的工程，建设单位和承包单位缺乏经验，又无国家标准的，不宜采用固定总价合同，而应选用成本加酬金合同。

4. 工期紧迫程度

对于一些紧急工程（如灾后恢复工程等），要求尽快开工且工期较紧的，可能仅有实施方案，尚无施工图纸，承包单位在投标时不可能报出合理价格，因此，选择成本加酬金合同较为合适。

◆ 考法：归类题

【例题·2024年真题·多选题】建设单位选择合同计价方式时，通常会考虑的因素有（   ）。

    A. 分包合同数量   B. 工程复杂程度

    C. 工程设计深度   D. 工期紧迫程度

    E. 专业工程种类

【答案】B、C、D

【解析】本题考核的是合同计价方式选择。建设单位通常会综合考虑以下因素来选择合同计价方式：① 工程复杂程度；② 工程设计深度；③ 技术先进程度；④ 工期紧迫程度。

3.1.3 施工投标

核心考点一　投标报价基本策略

1. 可选择报高价的情形

承包单位遇下列情形时，其报价可高一些：

（1）施工条件差的工程（如条件艰苦、场地狭小或地处交通要道等）。

（2）专业要求高的技术密集型工程且施工单位在这方面有专长，声望也较高。

（3）总价低的小工程，以及施工单位不愿做而被邀请投标，又不便不投标的工程。

（4）特殊工程，如港口码头、地下开挖工程等。

（5）投标对手少的工程。

（6）工期要求紧的工程。

（7）支付条件不理想的工程。

2. 可选择报低价的情形

承包单位遇下列情形时，其报价可低一些：

（1）施工条件好的工程，工作简单、工程量大而其他施工单位都可以做的工程（如大量土方工程、一般房屋建筑工程等）。

（2）承包单位急于打入某一市场、某一地区，或虽已在某一地区经营多年，但即将面临没有工程的情况，机械设备无工地转移时。

（3）附近有工程而本项目可利用该工程的机械设备、劳务或有条件短期内突击完成的工程。

（4）投标对手多，竞争激烈的工程。

（5）非急需工程。

（6）支付条件好的工程。

◆ 考法：归类题

【例题·2024年真题·单选题】下列工程中，施工单位在投标时可选择报低价的是（ ）。

    A. 工期要求紧的工程   B. 支付条件好的工程

    C. 技术复杂的工程   D. 施工条件差的工程

【答案】B

【解析】选项 A、C、D 可选择报高价。

核心考点二　报价技巧

1. 不平衡报价法

（1）能够早日结算的项目（如前期措施费、基础工程、土石方工程等）可以适当提高报价；后期工程项目（如设备安装、装饰工程等）的报价可适当降低。

（2）经过工程量核算，预计今后工程量会增加的项目，适当提高单价；而对于将来工程量有可能减少的项目，适当降低单价。

（3）设计图纸不明确、估计修改后工程量要增加的，可以提高单价；而工程内容说明不清楚的，则可降低一些单价，在工程实施阶段通过索赔再寻求提高单价的机会。

（4）对暂定项目要作具体分析。如果工程不分标，不会另由一家承包单位施工，则其中肯定要施工的单价可报高些，不一定要施工的则应报低些。如果工程分标，该暂定项目也可能由其他承包单位施工时，则不宜报高价，以免抬高总报价。

（5）单价与包干混合制合同中，招标人要求有些项目采用包干报价时，宜报高价，对于其余单价项目，则可适当降低报价。

（6）有时招标文件要求投标人对工程量大的项目报"综合单价分析表"，投标时可将单价分析表中的人工费及机械设备费报得高一些，而材料费报得低一些。

2. 多方案报价法

多方案报价法是指在投标文件中报两个价：一个是按招标文件的条件报一个价；另一个是加注解的报价，即如果某条款作某些改动，报价可降低多少。这样，可降低总报价，以此吸引招标人。

多方案报价法适用于招标文件中的工程范围不明确，条款不清楚或不公正，或技术规范要求过于苛刻的工程。

采用多方案报价法，可降低投标风险，但投标工作量较大。

3. 其他报价技巧

（1）计日工单价的报价

如果是单纯报计日工单价，且不计入总报价中，则可报高些。

但如果计日工单价要计入总报价时，则需具体分析是否报高价，以免抬高总报价。

（2）暂定金额的报价

暂定金额的报价有以下三种情形：

① 招标人规定了暂定金额的分项内容和暂定总价款，并规定所有投标人都必须在总报价中加入这笔固定金额，但由于分项工程量不是很准确，允许将来按投标人所报单价和实际完成的工程量付款。这种情况下，由于暂定总价款是固定的，对各投标人总报价水平没有任何影响，因此，投标时应适当提高暂定金额的单价。

② 招标人列出了暂定金额的项目和数量，但并未限制这些工程量的估算总价，要求投标人既列出单价，也应按暂定项目的数量计算总价。在未来结算付款时，可按实际完成的工程量和所报单价支付。一般来说，这类工程量可采用正常价格。

③ 只有暂定金额的一笔固定总金额，将来这笔金额做什么用，由建设单位确定。这种情况对投标竞争没有实际意义，按招标文件要求将规定的暂定金额列入总报价即可。

（3）可供选择项目的报价

有些工程项目的分项工程，招标人可能要求按某一方案报价，然后再提供几种可供选择方案的比较报价。

对于将来有可能被选择使用的规格，应适当提高其报价。

对于技术难度大或因其他原因难以实现的规格，可将价格有意抬高得更多一些，以促使招标人弃用。

但是，所谓"可供选择项目"，是招标人进行选择，并非由投标人任意选择。

◆ 考法：归类题

【例题1·多选题】某施工项目采用不平衡报价法报价时，可采用较低报价的分部工程有（　　　　）。

　　A. 后期施工的装饰装修工程

　　B. 业主可能取消的分部工程

　　C. 前期施工的分部工程

　　D. 施工难度大的分部工程

　　E. 预计工程量会增加的分部工程

【答案】A、B

【解析】选项A、C，能够早日结算的项目（如前期措施费、基础工程、土石方工程等）可以适当提高报价；后期工程项目（如设备安装、装饰工程等）的报价可适当降低。选项E，经过工程量核算，预计今后工程量会增加的项目，适当提高单价。选项B，业主可能取消的分部工程应报低些。选项D，施工难度大的分部工程应报高些。

【例题2·单选题】某施工企业拟在投标总价不变的情况下采用一定的不平衡报价，下列具体的工程中可以适当提高报价的是（　　　　）。

　　A. 施工后期的措施费　　　　　　　B. 基础工程

　　C. 装饰装修工程　　　　　　　　　D. 设备安装工程

【答案】B

【解析】能够早日结算的项目（如前期措施费、基础工程、土石方工程等）可以适当提高报价；后期工程项目（如设备安装、装饰工程等）的报价可适当降低。

3.2 工程合同管理

核心考点提纲

3.2.1 施工合同管理
- 1. 施工合同发承包双方主要义务
- 2. 施工进度管理
- 3. 施工质量管理
- 4. 工程计量与支付管理
- 5. 变更管理
- 6. 竣工验收
- 7. 索赔管理
- 8. 争议的解决—争议评审
- 9. 施工合同纠纷审理相关规定

3.2.2 工程总承包合同管理
- 1. "发包人要求"中出现错误情况的责任承担
- 2. 工程总承包合同履行要点

3.2.3 专业分包与劳务分包合同管理
- 1. 专业分包合同承包人与分包人的权利和义务
- 2. 专业分包工程进度管理
- 3. 专业分包工程计量与工程款支付
- 4. 专业分包工程变更、竣工验收与结算

3.2.4 材料设备采购合同管理
- 1. 材料采购合同管理
- 2. 设备采购合同管理

核心考点剖析

3.2.1 施工合同管理

核心考点一 施工合同发承包双方主要义务

1. 发包人主要义务

（1）发出开工通知

发包人应委托监理人发出开工通知，监理人应在开工日期 7d 前向承包人发出开工通知。

监理人在发出开工通知前应获得发包人同意。

工期自监理人发出的开工通知中载明的开工日期起计算。

（2）提供施工场地

发包人应按专用合同条款约定向承包人提供施工场地，以及施工场地内的地下管线和地下设施等有关资料，并保证资料的真实、准确、完整。

（3）协助承包人办理证件和批件

发包人应根据合同工程的施工需要，负责办理取得出入施工场地的专用和临时道路的通行权，以及取得为工程建设所需修建场外设施的权利，并承担有关费用。

由承包人负责运输的超大件或超重件，应由承包人负责向交通运输管理部门办理申请手续，发包人给予协助。运输超大件或超重件所需的道路和桥梁临时加固改造费用和其他有关费用，由承包人承担。

2. 承包人主要义务

（1）查勘施工现场

（2）编制工程实施措施计划

① 施工组织设计和施工进度计划

承包人应按合同约定的工作内容和施工进度要求，编制施工组织设计和施工进度计划，并对所有施工作业和施工方法的完备性、安全性、可靠性负责。

施工组织设计和施工进度计划编制完成后，应报送监理人审批。

② 工程质量保证措施文件

承包人应在施工场地设置专门的质量检查机构，配备专职质量检查人员，建立完善的质量检查制度。

在合同约定期限内，提交工程质量保证措施文件，包括质量检查机构的组织和岗位责任、质检人员的组成、质量检查程序和实施细则等，报送监理人审批。

③ 施工安全管理措施计划

承包人应在施工现场配备专职安全生产管理人员，针对危险性较大的分部分项工程应编制专项施工方案，经监理人审查批准后方可实施。

④ 环境保护措施计划

承包人应按合同约定的环保工作内容，编制施工环境保护措施计划，报送监理人审批。

（3）负责施工现场内交通道路和临时工程

（4）测设施工控制网

（5）提出开工申请

承包人的施工前期准备工作满足开工条件后，应向监理人提交工程开工报审表。

开工报审表应详细说明按合同进度计划正常施工所需的施工道路、临时设施、材料设备、施工人员等施工组织措施的落实情况及工程进度安排。

（6）完成各项承包工作

（7）保证工程施工和人员的安全

（8）负责施工场地及其周边环境与生态的保护工作

（9）避免施工对公众与他人的利益造成损害

（10）工程的维护和照管

◆ **考法：归类题**

【**例题·2024 年真题·单选题**】工程施工合同履行过程中，承包人应履行的义务是（　　）。

  A. 组织审查施工图设计文件

  B. 查勘施工现场

  C. 取得出入施工场地的专用道路通行权

  D. 组织工程竣工预验收

【**答案**】B

【**解析**】选项 A、C 属于发包人的义务，选项 D 属于监理人的义务。

核心考点二　施工进度管理

1. 施工进度计划的审批

（1）承包人应编制详细的施工进度计划和施工方案说明报送监理人。

（2）经监理人批准的施工进度计划称合同进度计划，是控制合同工程进度的依据。

（3）承包人还应根据合同进度计划，编制更为详细的分阶段或分项进度计划，报监理人审批。

2. 合同进度计划的修订

（1）不论何种原因造成工程的实际进度与合同进度计划不符时，承包人可以向监理人提交修订合同进度计划的申请报告，并附有关措施和相关资料，报监理人审批。

（2）监理人也可以直接向承包人作出修订合同进度计划的指示，承包人应按该指示修订合同进度计划，报监理人审批。

（3）监理人应在专用合同条款约定的期限内批复，监理人在批复前应获得发包人同意。

3. 工期延误

（1）发包人原因造成的工期延误

在履行合同过程中，由于发包人的下列原因造成工期延误的，承包人有权要求发包人延长工期和（或）增加费用，并支付合理利润：

① 增加合同工作内容。

② 改变合同中任何一项工作的质量要求或其他特性。

③ 发包人迟延提供材料、工程设备或变更交货地点。

④ 因发包人原因导致的暂停施工。

⑤ 提供图纸延误。

⑥ 未按合同约定及时支付预付款、进度款。

（2）异常恶劣气候条件造成的工期延误

由于异常恶劣气候条件导致工期延误的，承包人有权要求发包人延长工期。

（3）承包人原因造成的工期延误

① 由于承包人原因，未能按合同进度计划完成工作，或监理人认为承包人施工进度不能满足合同工期要求的，承包人应采取措施加快进度，并承担加快进度所增加的费用。

② 由于承包人原因造成工期延误，承包人应支付逾期竣工违约金。承包人支付逾期竣工违约金，不免除承包人完成工程及修补缺陷的义务。

4. 提前竣工

发包人要求承包人提前竣工，或承包人提出提前竣工的建议能够给发包人带来效益的，发包人应承担承包人由此增加的费用，并向承包人支付专用合同条款约定的相应奖金。专用合同条款使用说明中建议，奖励金额可为发包人实际效益的 20%。

5. 暂停施工

（1）承包人暂停施工的责任

因下列暂停施工增加的费用和（或）工期延误由承包人承担：

① 承包人违约引起的暂停施工。

② 由于承包人原因为工程合理施工和安全保障所必需的暂停施工。

③ 承包人擅自暂停施工。

④ 承包人其他原因引起的暂停施工。

（2）发包人暂停施工的责任

由于发包人原因引起的暂停施工造成工期延误的，承包人有权要求发包人延长工期和（或）增加费用，并支付合理利润。

（3）监理人暂停施工指示

① 监理人认为有必要时，可向承包人作出暂停施工的指示，承包人应按监理人指示暂停施工，不论由于何种原因引起的暂停施工，暂停施工期间承包人应负责妥善保护工程并提供安全保障。

② 由于发包人的原因发生暂停施工的紧急情况，且监理人未及时下达暂停施工指示的，承包人可先暂停施工，并及时向监理人提出暂停施工的书面请求，监理人应在接到书面请求后的 24h 内予以答复，逾期未答复的，视为同意承包人的暂停施工请求。

（4）暂停施工后的复工

① 暂停施工后，监理人应与发包人和承包人协商，采取有效措施积极消除暂停施工的影响，当工程具备复工条件时，监理人应立即向承包人发出复工通知。承包人收到复工通知后，应在监理人指定的期限内复工。

② 承包人无故拖延和拒绝复工的，由此增加的费用的工期延误由承包人承担；因发包人原因无法按时复工的，承包人有权要求发包人延长工期和（或）增加费用，并支付合理利润。

（5）暂停施工持续 56d 以上

① 监理人发出暂停施工指示后 56d 内未向承包人发出复工通知，除了该项停工属于承包人暂停施工的责任的情况外，承包人可向监理人提交书面通知，要求监理人在收到书面通知后 28d 内准许已经暂停施工的工程或其中一部分工程继续施工。

如监理人逾期不予批准，则承包人可以通知监理人，将工程受影响的部分视为可取消工作。

如暂停施工影响到整个工程，可视为发包人违约。

② 由于承包人责任引起的暂停施工，如承包人在收到监理人暂停施工指示后 56d 内不认真采取有效的复工措施，造成工期延误，可视为承包人违约，应按承包人违约办理。

◆ 考法 1：填空题

【例题·单选题】作为控制合同工程进度依据的进度计划指的是（   ）。

    A. 承包人投标时拟定的施工进度计划

    B. 根据招标文件修改的施工进度计划

    C. 开工前承包人自行拟定的施工进度计划

    D. 经监理人批准的施工进度计划

【答案】D

【解析】经监理人批准的施工进度计划称为合同进度计划，是控制合同工程进度的依据。

◆ 考法 2：正误判断题

【例题·单选题】根据《标准施工招标文件》，关于合同进度计划的说法，正确的是（   ）。

    A. 监理人应编制施工进度计划和施工方案说明并报发包人

    B. 实际进度与合同进度不符时，承包人应提交修订合同进度计划申请报告等资料，报监理人审批

    C. 监理人不能直接向承包人作出修订合同进度计划的指示

    D. 监理人无需获得发包人的同意，可以直接在合同约定期限内批复修订的合同进度计划

【答案】B

【解析】承包人应按专用合同条款约定的内容和期限，编制详细的施工进度计划和施工方案说明报送监理人，所以选项 A 错误。不论何种原因造成工程的实际进度与合同进度计划不符时，承包人可以在专用合同条款约定的期限内向监理人提交修订合同进度计划的申请报告，并附有关措施和相关资料，报监理人审批。监理人也可以直接向承包人作出修订合同进度计划的指示，承包人应按该指示修订合同进度计划，报监理人审批，所以选项 B 正确、选项 C 错误。监理人应在专用合同条款约定的期限内批复理人在批复前应获得发包人同意，所以选项 D 错误。

核心考点三　施工质量管理

承包人对工程隐蔽部位的覆盖可分为按约覆盖、自行覆盖和私自覆盖三种情况。

1. 按约覆盖（承包人无过错）

承包人按照合同规定将隐蔽工程覆盖后，监理人又要求承包人对已覆盖部位揭开重新检验，经检验证明：

① 工程质量符合合同要求的，由发包人承担由此增加的费用和（或）工期延误，并支付承包人合理利润。

② 工程质量不符合合同要求的，由此增加的费用和（或）工期延误由承包人承担。

2. 自行覆盖（承包人无过错）

对于监理人未能按照约定的时间进行检验且无其他指示的工程隐蔽部位，承包人自行进行了隐蔽。此后，经剥开重新检验发现：

① 工程质量符合合同要求的，由发包人承担由此增加的费用和（或）工期延误，并支付承包人合理利润。

② 工程质量不符合合同要求的，由此增加的费用和（或）工期延误由承包人承担。

3. 私自覆盖（承包人有过错）

承包人未通知监理人到场检查，私自将工程隐蔽部位覆盖的，监理人有权指示承包人钻孔探测或揭开检查，由此增加的费用和（或）工期延误由承包人承担。

◆ 考法：填空题

【例题·单选题】承包人按合同约定覆盖了由劳务分包人完成的工程隐蔽部位后，监理人对质量有疑问，要求承包人对已覆盖的部位重新检验，经检验证明工程质量符合合同要求的，由此增加的费用和延误的工期应由（　　）承担。

  A. 监理人   B. 发包人

  C. 承包人   D. 劳务分包人

【答案】B

【解析】承包人按照合同规定将隐蔽工程覆盖后，监理人又要求承包人对已覆盖部位揭开重新检验，经检验证明：① 工程质量符合合同要求的，由发包人承担由此增加的费用和（或）工期延误，并支付承包人合理利润；② 工程质量不符合合同要求的，由此增加的费用和（或）工期延误由承包人承担。

核心考点四　工程计量与支付管理

1. 工程计量

单价子目已完成工程量按月计量，总价子目的计量周期按批准的支付分解报告确定。

（1）单价子目计量

① 已标价工程量清单中的单价子目工程量为估算工程量。结算工程量是承包人实际完成的，并按合同约定的计量方法进行计量的工程量。

② 承包人对已完成的工程进行计量，向监理人提交进度付款申请单、已完成工程量报表和有关计量资料。

③ 监理人对承包人提交的工程量报表进行复核，以确定实际完成的工程量。

④ 对数量有异议的，可要求承包人按合同约定进行共同复核和抽样复测。

⑤ 承包人应协助监理人进行复核并按监理人要求提供补充计量资料。

⑥ 承包人未按监理人要求参加复核，监理人复核或修正的工程量视为承包人实际完成的工程量。

⑦ 监理人应在收到承包人提交的工程量报表后的 7d 内进行复核。

（2）总价子目计量

① 总价子目的计量和支付应以总价为基础，不因正常的物价波动而进行调整。

② 承包人实际完成的工程量是进行工程目标管理和控制进度支付的依据。

③ 总价子目的工程量是承包人用于结算的最终工程量。

2. 预付款支付

（1）《建设工程工程量清单计价规范》GB 50500—2013 明确规定：

① 包工包料工程的预付款支付比例不得低于签约合同价（扣除暂列金额）的 10%，不宜高于签约合同价（扣除暂列金额）的 30%。

② 发包人应在收到支付申请的 7d 内进行核实后向承包人发出预付款支付证书，并在签发支付证书后的 7d 内向承包人支付预付款。

③ 发包人没有按合同约定按时支付预付款的，承包人可催告发包人支付；发包人在预付款期满后的 7d 内仍未支付的，承包人可在付款期满后的第 8 天起暂停施工。

（2）《建设工程工程量清单计价规范》GB 50500—2013 对安全文明施工费的预付也作出明确规定：

① 发包人应在工程开工后的 28d 内预付不低于当年施工进度计划的安全文明施工费总额的 60%，其余部分按照提前安排的原则进行分解，与进度款同期支付。

② 发包人没有按时支付安全文明施工费的，承包人可催告发包人支付；发包人在付款期满后的 7d 内仍未支付的，若发生安全事故，发包人应承担连带责任。

③ 承包人对安全文明施工费应专款专用，在财务账目中单独列项备查，不得挪作他用。

3. 进度款支付

① 提交进度付款申请：承包人应在每个付款周期末，向监理人提交进度付款申请单，并附相应的支持性证明文件。

② 签发进度付款证书：监理人在收到承包人进度付款申请单以及相应的支持性证明文件后的 14d 内完成核查，提出发包人到期应支付给承包人的金额及相应的支持性材料。经发包人审查同意后，由监理人向承包人出具经发包人签认的进度付款证书。监理人出具进度付款证书，不应视为监理人已同意、批准或接受了承包人完成的该部分工作。监理人有权扣发承包人未能按照合同要求履行任何工作或义务的相应金额。

③ 进度款支付到位：发包人应在监理人收到进度付款申请单后的 28d 内，将进度应付款支付给承包人。

④ 进度款支付比例：工程进度款的支付应按期中结算价款总额计，不低于 60%，不高于 90%；政府机关、事业单位、国有企业建设工程进度款支付应不低于已完成工程价款的 80%；承包人现场签证和得到发包人确认的索赔金额列入本周期应增加的金额中。

⑤ 返还多收的进度款：若发生进度款支付超出实际已完成工程价款的情况，承包单位应按规定在结算后 30 日内向发包单位返还多收到的工程进度款。

⑥ 推行过程结算：当年开工、当年不能竣工的新开工项目可以推行过程结算。

4. 竣工结算（3 个 14d）

（1）工程接收证书颁发后（工程竣工验收合格后 28d 内），承包人应向监理人提交竣工付款申请单。

（2）监理人在收到竣工付款申请单后的 14d 内完成核查，提出发包人到期应支付给承包人的价款送发包人审核，并抄送承包人。

（3）发包人应在收到后 14d 内审核完毕，由监理人向承包人出具经发包人签认的竣工付款证书。

（4）发包人应在监理人出具竣工付款证书后的 14d 内，将应支付款支付给承包人。

（5）承包人对发包人签认的竣工付款证书有异议的，发包人可出具竣工付款申请单中承包人已同意部分的临时付款证书。

5. 最终结清（3 个 14d）

（1）缺陷责任期终止证书签发后，承包人可向监理人提交最终结清申请单。

（2）监理人收到最终结清申请单后的 14d 内，提出发包人应支付给承包人的价款送发包人审核并抄送承包人。

（3）发包人应在收到后 14d 内审核完毕，由监理人向承包人出具经发包人签认的最终结清证书。

（4）发包人应在监理人出具最终结清证书后的 14d 内，将应支付款支付给承包人。

◆ **考法：正误判断题**

【例题 1·2024 年真题·单选题】根据《标准施工招标文件》，关于工程计量的说法，正确的是（ ）。

  A. 单价子目按实际完成工程量计量

  B. 单价子目按支付分解报告确定的周期计量

  C. 总价子目的计量可按正常物价波动进行调整

  D. 承包人应会同监理人对已完工程进行计量

【答案】D

【解析】本题考核的是工程计量。除专用合同条款另有约定外，单价子目已完成工程量按月计量，总价子目的计量周期按批准的支付分解报告确定，故选项 A、B 错误。总价子目计量和支付应以总价为基础，不因正常的物价波动而进行调整，故选项 C 错误。承包人对已完成的工程进行计量，向监理人提交进度付款申请单、已完成工程量报表和有关计量资料。监理人对承包人提交的工程量报表进行复核，以确定实际完成的工程量，故选项 D 正确。

【例题 2·2024 年真题·多选题】关于工程预付款的说法，正确的有（ ）。

  A. 工程预付款支付比例不宜高于签约合同价的 20%

  B. 工程预付款应在进度付款中扣回

  C. 工程预付款保函的担保金额可根据预付款扣回的金额相应递减

  D. 承包人应在发包人支付预付款之前提交预付款保函

  E. 发包人应在预付款扣完后的 7d 内将预付款保函退还给承包人

【答案】B、C

【解析】《建设工程工程量清单计价规范》GB 50500—2013 明确规定，包工包料工程的预付款支付比例不得低于签约合同价（扣除暂列金额）的 10%，不宜高于签约合同价

96

（扣除暂列金额）的30%，故选项A错误。预付款在进度付款中扣回，扣回办法在专用合同条款中约定。在颁发工程接收证书前，由于不可抗力或其他原因解除合同时，预付款尚未扣清的，尚未扣清的预付款余额应作为承包人的到期应付款，故选项B正确。除专用合同条款另有约定外，承包人应在收到预付款的同时向发包人提交预付款保函，预付款保函的担保金额应与预付款金额相同。保函的担保金额可根据预付款扣回的金额相应递减，故选项C正确、选项D错误。发包人应在预付款扣完后的14d内将预付款保函退还给承包人，故选项E错误。

【例题3·多选题】根据《标准施工招标合同》，关于工程计量的说法，错误的有（　　）。

      A. 单价子目已完成工程量按批准的支付分解报告确定

      B. 物价波动时，总价子目的计量支付应相应进行调整

      C. 单价子目依据已标价工程量清单中单价子目工程量计算工程价款

      D. 除合同约定的变更外，总价子目表中标明的工程量需现场计量

      E. 总价子目表中标明的工程量是承包人用于结算的最终工程量

【答案】A、B、C、D

【解析】单价子目已完成工程量按月计量，故选项A错误。总价子目的计量和支付不因正常的物价波动而进行调整，故选项B错误。单价子目依据实际完成工程量计算工程价款，故选项C错误。除合同约定的变更外，总价子目表中标明的工程量通常不进行现场计量，故选项D错误。

核心考点五　变更管理

1. 变更指示

经发包人同意，监理人可按合同约定的变更程序向承包人作出变更指示，承包人应遵照执行。

没有监理人的变更指示，承包人不得擅自变更。

变更指示只能由监理人发出。

2. 变更范围

在履行合同中发生以下情形之一，应进行变更：

（1）取消合同中任何一项工作，但被取消的工作不能转由发包人或其他人实施。

（2）改变合同中任何一项工作的质量或其他特性。

（3）改变合同工程的基线、标高、位置或尺寸。

（4）改变合同中任何一项工作的施工时间或改变已批准的施工工艺或顺序。

（5）为完成工程需要追加的额外工作。

3. 变更程序

（1）监理人发出变更意向书

①出现上述变更情形的，监理人可向承包人发出变更意向书。

②发包人同意承包人根据变更意向书要求提交的变更实施方案的，由监理人发出变更指示。

③承包人收到变更指示后，应按变更指示进行变更工作。

（2）承包人提出变更建议

① 承包人收到监理人按合同约定发出的图纸和文件，经检查认为其中存在合同约定变更情形的，可向监理人提出书面变更建议。

② 监理人收到承包人书面建议后，应与发包人共同研究，确认存在变更的，应在收到承包人书面建议后的 14d 内作出变更指示。

4. 变更估价

（1）承包人应在收到变更指示或变更意向书后的 14d 内，向监理人提交变更报价书。

（2）监理人收到承包人变更报价书后的 14d 内，按照合同约定的估价原则与合同当事人商定或确定变更价格。

承包人报价浮动率计算：

① 招标工程：承包人报价浮动率 $L = （1 - 中标价 / 招标控制价）\times 100\%$

② 非招标工程：承包人报价浮动率 $L = （1 - 报价值 / 施工图预算）\times 100\%$

5. 暂列金额

暂列金额只能按照监理人的指示使用，并对合同价格进行相应调整。

暂列金额有剩余的，应归发包人所有。

6. 计日工

采用计日工计价的任何一项变更工作，应从暂列金额中支付，承包人应在该项变更的实施过程中，每天提交以下报表和有关凭证报送监理人审批：

（1）工作名称、内容和数量。

（2）投入该工作所有人员的姓名、工种、级别和耗用工时。

（3）投入该工作的材料类别和数量。

（4）投入该工作的施工设备型号、台数和耗用台时。

（5）监理人要求提交的其他资料和凭证。

◆考法 1：正误判断题

【例题·多选题】关于工程变更管理的说法，正确的有（　　　）。

    A. 变更指示既可以由发包人发出，也可以由监理人发出

    B. 合同中某工作被取消并转由发包人实施，监理人应发出变更指示

    C. 承包人对发包人提供的图纸提出合理化建议时，应会同监理人协商

    D. 采用计日工计价的任何一项变更工作，应从暂列金额中支付

    E. 已标价工程量清单中没有适用于变更工程项目时，由承包人根据有合法依据的市场价格自行调整单价

【答案】A、C、D、E

【解析】选项 B 不属于工程变更。取消合同中任何一项工作，但被取消的工作不能转由发包人或其他人实施，这才属于工程变更。

◆考法 2：计算题

【例题·2021 年真题·单选题】某招标工程的招标控制价为 1.6 亿，某投标人报价为

1.55 亿，经修正计算性错误后以 1.45 亿的报价中标，则该承包人的报价浮动率为（   ）。

    A. 3.125%   B. 9.355%

    C. 9.375%   D. 9.677%

【答案】C

【解析】对于招标工程：报价浮动率＝1－中标价／招标控制价＝1－1.45/1.6 ＝ 9.375%。

核心考点六　竣工验收

1. 竣工验收程序

（1）承包人向监理人报送竣工验收申请报告。

（2）监理人收到竣工验收申请报告后的 28d 内提请发包人进行工程验收。

（3）发包人经过验收后同意接受工程的，应在监理人收到竣工验收申请报告后的 56d 内，由监理人向承包人出具经发包人签认的工程接收证书。

（4）实际竣工日期，以提交竣工验收申请报告的日期为准，并在工程接收证书中写明。

（5）发包人在收到承包人竣工验收申请报告 56d 后未进行验收的，视为验收合格，实际竣工日期以提交竣工验收申请报告的日期为准，但发包人由于不可抗力不能进行验收的除外。

2. 试运行

承包人应按专用合同条款约定进行工程及工程设备试运行，负责提供试运行所需的人员、器材和必要的条件，并承担全部试运行费用。

由于承包人的原因导致试运行失败的，承包人应采取措施保证试运行合格，并承担相应费用。

由于发包人的原因导致试运行失败的，承包人应当采取措施保证试运行合格，发包人应承担由此产生的费用，并支付承包人合理利润。

3. 施工队伍及施工设备的撤离

工程接收证书颁发后的 56d 内，除了经监理人同意需在缺陷责任期内继续工作和使用的人员、施工设备和临时工程外，其余的人员、施工设备和临时工程均应撤离施工场地或拆除。

除合同另有约定外，缺陷责任期满时，承包人的人员和施工设备应全部撤离施工场地。

◆ **考法：填空题**

【例题·2024 年真题·单选题】根据《标准施工招标文件》，除专用合同条款另有约定外，经验收合格的工程实际竣工日期是（   ）。

    A. 施工合同约定的竣工日期   B. 工程接收证书的出具日期

    C. 承包人提交竣工付款申请单的日期   D. 承包人提交竣工验收申请报告的日期

【答案】D

【解析】除专用合同条款另有约定外，经验收合格工程的实际竣工日期，以提交竣工验收申请报告的日期为准，并在工程接收证书中写明。

核心考点七　索赔管理

1. 承包人索赔程序

（1）递交索赔意向通知书：承包人应在知道或应当知道索赔事件发生后 28d 内，向监理人递交索赔意向通知书，并说明发生索赔事件的事由。承包人未在前述 28d 内发出索赔意向通知书的，丧失要求追加付款和（或）延长工期的权利。

（2）递交索赔通知书：承包人应在发出索赔意向通知书后 28d 内，向监理人正式递交索赔通知书。

（3）递交延续索赔通知：索赔事件具有连续影响的，承包人应按合理时间间隔继续递交延续索赔通知。

（4）递交最终索赔通知书：在索赔事件影响结束后的 28d 内，承包人应向监理人递交最终索赔通知书。

2. 承包人索赔处理程序

（1）监理人收到承包人提交的索赔通知书后，应及时审查索赔通知书的内容、查验承包人的记录和证明材料。

（2）监理人应与合同当事人商定或确定追加的付款和（或）延长的工期，并在收到上述索赔通知书或有关索赔的进一步证明材料后的 42d 内，将索赔处理结果答复承包人。

（3）承包人接受索赔处理结果的，发包人应在作出索赔处理结果答复后 28d 内完成赔付。

3. 承包人提出索赔的期限

（1）承包人按合同约定接受了竣工付款证书后，应被认为已无权再提出在合同工程接收证书颁发前所发生的任何索赔。

（2）承包人按合同约定提交的最终结清申请单中，只限于提出工程接收证书颁发后发生的索赔。提出索赔的期限自接受最终结清证书时终止。

《标准施工招标文件》通用合同条款中涉及应给承包人补偿的条款及内容见下表。

表 3-3　《标准施工招标文件》通用合同条款中涉及应给承包人补偿的条款及内容

序号	条款号	主要内容	可补偿内容		
			工期	费用	利润
1	1.6.1	发包人提供图纸延误	√	√	√
2	1.10.1	施工场地发掘文物、古迹以及其他遗迹、化石、钱币或物品	√	√	
3	2.3	发包人延迟提供施工场地	√	√	√
4	3.4.5	监理人未按合同约定发出指示、指示延误或指示错误	√	√	
5	4.11.2	承包人遇不利物质条件，监理人未发出指示	√	√	
6	5.2.4	发包人要求向承包人提前交货		√	
7	5.2.6	发包人提供的材料和工程设备的规格数量不符合合同要求或由于发包人原因发生交货日期延误及交货地点变更等情况	√	√	√

序号	条款号	主要内容	可补偿内容		
			工期	费用	利润
8	5.4.3	发包人提供的材料或工程设备不符合合同要求	√	√	
9	8.3	发包人提供的测量基准点、基准线和水准点及其他基准资料错误	√	√	√
10	9.2.5	采取合同未约定的安全作业环境及安全施工措施		√	
11	9.2.6	发包人原因造成承包人人员工伤事故		√	
12	11.3	发包人增加合同工作内容	√	√	√
13	11.3	发包人原因改变合同中任何一项工作的质量要求或其他特性	√	√	√
14	11.3	因发包人原因导致的暂停施工	√	√	√
15	11.3	发包人未按合同约定及时支付预付款、进度款	√	√	√
16	11.3	发包人造成工期延误的其他原因	√	√	√
17	11.4	由于出现专用合同条款规定的异常恶劣气候的条件导致工期延误	√		
18	12.2	因发包人原因引起的暂停施工造成工期延误	√	√	√
19	12.4.2	因发包人原因暂停施工后无法按时复工	√	√	√
20	13.1.3	因发包人原因造成工程质量达不到合同约定验收标准	√	√	√
21	13.5.3	承包人应监理人要求对已覆盖的部位进行钻孔探测或重新检验，且检验证明工程质量符合合同要求	√	√	√
22	13.6.2	由于发包人提供的材料或工程设备不合格造成的工程不合格，需要承包人采取措施补救	√	√	√
23	14.1.3	承包人应监理人要求对材料、工程设备和工程重新试验和检验，且重新试验和检验结果符合合同要求	√	√	√
24	16.1	因物价波动引起的价格调整		√	
25	16.2	基准日后因法律变化引起的价格调整		√	
26	18.4.2	发包人在全部工程竣工前，使用已接收的单位工程导致承包人费用增加	√	√	
27	18.6.2	由于发包人的原因导致试运行失败，且承包人采取措施保证试运行合格		√	√
28	19.2.3	因发包人原因造成的缺陷和损坏		√	√
29	19.4	因发包人原因进行进一步试验和试运行		√	√
30	21.3.1	因不可抗力导致永久工程，包括已运至施工场地的材料和工程设备的损害，以及因工程损害造成的第三者人员伤亡和财产损失		√	
31	21.3.1	不可抗力期间承包人应监理要求照管工程和清理、修复工程		√	
32	22.2.2	因发包人违约承包人暂停施工	√	√	√

◆**考法 1：归类题**

【例题·2024 年真题·多选题】根据《标准施工招标文件》，针对承包人提出的索赔，发包人仅限同时给予工期和费用补偿的情形有（　　）。

A. 承包人遇到不利的物质条件　　B. 因发包人违约承包人暂停施工

C. 施工现场发掘文物、古迹　　D. 发包人增加合同工作内容

E. 发包人要求向承包人提前交货

【答案】A、C

【解析】本题考核的是索赔管理。选项 B、D 可补偿工期、费用和利润，选项 E 可补偿费用。

◆**考法 2：正误判断题**

【例题·单选题】根据《标准施工招标文件》，关于承包人提出索赔期限的说法，正确的是（　　）。

A. 按照合同约定接受竣工付款证书后，仍有权提出工程接收证书颁发前发生的索赔

B. 按照合同约定接受竣工验收证书后，无权提出工程接收证书颁发后发生的索赔

C. 按照合同约定提交的最终结清申请书中，只限于提出工程接收证书颁发前发生的索赔

D. 按照合同约定提交的最终结清申请书中，只限于提出工程接收证书颁发后发生的索赔

【答案】D

【解析】承包人按合同约定接受了竣工付款证书后，应被认为已无权再提出在合同工程接收证书颁发前所发生的任何索赔。承包人按合同约定提交的最终结清申请单中，只限于提出工程接收证书颁发后发生的索赔。提出索赔的期限自接受最终结清证书时终止。

核心考点八　争议的解决—争议评审

（1）合同约定采用争议评审的，发包人和承包人应在开工日后的 28d 内或在争议发生后，协商成立争议评审组。

（2）争议评审组由有合同管理和工程实践经验的专家组成。

（3）发包人和承包人接受评审意见的，由监理人根据评审意见拟定执行协议，经争议双方签字后作为合同的补充文件，并遵照执行。

（4）发包人或承包人不接受评审意见，并要求提交仲裁或提起诉讼的，应在收到评审意见后的 14d 内将仲裁或起诉意向书面通知另一方，并抄送监理人，但在仲裁或诉讼结束前应暂按总监理工程师的确定执行。

◆**考法：正误判断题**

【例题·单选题】某工程发包人和承包人在履行合同过程中发生争议，经核查该合同采用争议评审，下列说法正确的是（　　）。

A. 监理人应及时成立争议评审组

B. 争议评审组应由有监理经验的专家组成

C. 若承包人不接受评审意见，并要求提交仲裁，应在收到评审意见后的 14d 内将仲裁意向书面通知监理人

D. 即使发包人不接受评审意见提起了诉讼，在诉讼结束前也应暂按总监理工程师的确定执行

【答案】D

【解析】选项 A 的说法错误，争议评审组不应由监理人成立，而应由承包人和发包人双方来协商成立。选项 B 的说法错误，争议评审组不应由有监理经验的专家组成，而应由有合同管理经验和工程实践经验的专家组成。选项 C 的说法错误，承包人不应将仲裁意向书面通知监理人，而应是通知另一方，也就是发包人。

核心考点九　施工合同纠纷审理相关规定

为更好地审理建设工程施工合同纠纷案件，最高人民法院审判委员会于 2020 年 12 月 25 日通过了新的《最高人民法院关于审理建设工程施工合同纠纷案件适用法律问题的解释（一）》（法释〔2020〕25 号），自 2021 年 1 月 1 日起施行。

1. 关于工期争议的解决

（1）开工日期争议解决

当事人对建设工程开工日期有争议的，人民法院应当分别按照以下情形予以认定：

① 开工日期为发包人或者监理人发出的开工通知载明的开工日期。开工通知发出后，尚不具备开工条件的，以开工条件具备的时间为开工日期；因承包人原因导致开工时间推迟的，以开工通知载明的时间为开工日期。

② 承包人经发包人同意已经实际进场施工的，以实际进场施工时间为开工日期。

③ 发包人或者监理人未发出开工通知，亦无相关证据证明实际开工日期的，应当综合考虑开工报告、合同、施工许可证、竣工验收报告或者竣工验收备案表等载明的时间，并结合是否具备开工条件的事实，认定开工日期。

（2）实际竣工日期争议解决

当事人对建设工程实际竣工日期有争议的，人民法院应当按照以下情形予以认定：

① 建设工程经竣工验收合格的，以竣工验收合格之日为竣工日期。

② 承包人已经提交竣工验收报告，发包人拖延验收的，以承包人提交验收报告之日为竣工日期。

③ 建设工程未经竣工验收，发包人擅自使用的，以转移占有建设工程之日为竣工日期。

（3）顺延工期争议解决

当事人约定顺延工期应当经发包人或者监理人签证等方式确认，承包人虽未取得工期顺延的确认，但能够证明在合同约定的期限内向发包人或者监理人申请过工期顺延且顺延事由符合合同约定，承包人以此为由主张工期顺延的，人民法院应予支持。

当事人约定承包人未在约定期限内提出工期顺延申请视为工期不顺延的，按照约定处理，但发包人在约定期限后同意工期顺延或者承包人提出合理抗辩的除外。

建设工程竣工前，当事人对工程质量发生争议，工程质量经鉴定合格的，鉴定期间为顺延工期期间。

2. 关于工程量及价款争议的解决

（1）工程量争议解决

当事人对工程量有争议的，按照施工过程中形成的签证等书面文件确认。

承包人能够证明发包人同意其施工，但未能提供签证文件证明工程量发生的，可以按照当事人提供的其他证据确认实际发生的工程量。

（2）工程计价标准及方法争议解决

当事人对建设工程的计价标准或者计价方法有约定的，按照约定结算工程价款。

因设计变更导致建设工程的工程量或者质量标准发生变化，当事人对该部分工程价款不能协商一致的，可以参照签订建设工程施工合同时当地建设行政主管部门发布的计价标准或者计价方法结算工程价款。

（3）工程价款利息争议解决

当事人对欠付工程价款利息计付标准有约定的，按照约定处理。没有约定的，按照同期同类贷款利率或者同期贷款市场报价利率计息。

当事人对垫资和垫资利息有约定，承包人请求按照约定返还垫资及其利息的，人民法院应予支持，但是约定的利息计算标准高于垫资时的同类贷款利率或者同期贷款市场报价利率的部分除外。

当事人对垫资没有约定的，按照工程欠款处理。

当事人对垫资利息没有约定，承包人请求支付利息的，人民法院不予支持。

利息从应付工程价款之日开始计付。当事人对付款时间没有约定或者约定不明的，下列时间视为应付款时间：

①建设工程已实际交付的，为交付之日。

②建设工程没有交付的，为提交竣工结算文件之日。

③建设工程未交付，工程价款也未结算的，为当事人起诉之日。

（4）工程价款结算争议解决

当事人签订的建设工程施工合同与招标文件、投标文件、中标通知书载明的工程范围、建设工期、工程质量、工程价款不一致，一方当事人请求将招标文件、投标文件、中标通知书作为结算工程价款的依据的，人民法院应予支持。

当事人约定，发包人收到竣工结算文件后，在约定期限内不予答复，视为认可竣工结算文件的，按照约定处理。承包人请求按照竣工结算文件结算工程价款的，人民法院应予支持。

当事人约定按照固定价结算工程价款，一方当事人请求对建设工程造价进行鉴定的，人民法院不予支持。

（5）工程质量保证金争议解决

有下列情形之一，承包人请求发包人返还工程质量保证金的，人民法院应予支持：

①当事人约定的工程质量保证金返还期限届满。

② 当事人未约定工程质量保证金返还期限的，自建设工程通过竣工验收之日起满2年。

③ 因发包人原因建设工程未按约定期限进行竣工验收的，自承包人提交工程竣工验收报告90日后当事人约定的工程质量保证金返还期限届满；当事人未约定工程质量保证金返还期限的，自承包人提交工程竣工验收报告90日后起满2年。

发包人返还工程质量保证金后，不影响承包人根据合同约定或者法律规定履行工程保修义务。

（6）无效合同的价款结算争议解决

当事人就同一建设工程订立的数份建设工程施工合同均无效，但建设工程质量合格，一方当事人请求参照实际履行的合同关于工程价款的约定折价补偿承包人的，人民法院应予支持。

实际履行的合同难以确定，当事人请求参照最后签订的合同关于工程价款的约定折价补偿承包人的，人民法院应予支持。

◆考法：填空题

【例题·单选题】《最高人民法院关于审理建设工程施工合同纠纷案件适用法律问题的解释（一）》（法释〔2020〕25号）规定，若当事人签订的建设工程施工合同与招标文件、投标文件、中标通知书载明的建设工期不一致，则（   ）。

  A. 可以将招标文件、投标文件、中标通知书作为结算工程价款的依据

  B. 可以将情况报送监理人，由监理人决定最终结算工程价款的依据

  C. 可以将当事人签订的建设工程施工合同作为结算工程价款的依据

  D. 可以将两者中建设工期更长者作为结算工程价款的依据

【答案】A

【解析】当事人签订的建设工程施工合同与招标文件、投标文件、中标通知书载明的工程范围、建设工期、工程质量、工程价款不一致，一方当事人请求将招标文件、投标文件、中标通知书作为结算工程价款的依据的，人民法院应予支持。

3.2.2　工程总承包合同管理

核心考点一　"发包人要求"中出现错误情况的责任承担

承包人应认真阅读、复核发包人要求，发现错误的，应及时书面通知发包人。

发包人对"发包人要求"中错误的修改，按变更对待。

对于发包人要求中的错误导致承包人受到损失的，通用合同条款给出两种供选择的条款。

1. 无条件补偿条款

承包人复核时未发现发包人要求的错误，实施过程中因该错误导致承包人增加费用和（或）工期延误，发包人应承担由此增加的费用和（或）工期延误，并向承包人支付合理利润。

2. 有条件补偿条款

（1）承包人复核时对发现的错误通知发包人后，发包人坚持不做修改的，对确实存在错误造成的损失，应补偿承包人增加的费用和（或）顺延合同工期。

（2）承包人复核时未发现发包人要求中存在错误的，承包人自行承担由此导致增加的费用和（或）工期延误。

无论承包人复核时发现与否，由于以下资料的错误，导致承包人增加费用和（或）延误工期的，均由发包人承担，并向承包人支付合理利润：

① 发包人要求中引用的原始数据和资料。

② 对工程或其任何部分的功能要求。

③ 对工程的工艺安排或要求。

④ 试验和检验标准。

⑤ 除合同另有约定外，承包人无法核实的数据和资料。

承包人阅读、复核发包人要求，如果发现其要求违反法律规定，承包人应书面通知发包人，并要求其改正。

发包人收到通知后不予改正或不作答复，承包人有权拒绝履行合同义务，直至解除合同。发包人应承担由此引起的承包人全部损失。

◆ **考法：正误判断题**

【例题·多选题】某工程总承包项目，承包人在阅读发包人要求时，发现其存在错误，下列说法正确的有（　　）。

    A. 承包人应及时致电通知发包人，要求发包人修改

    B. 发包人对"发包人要求"中错误的修改，按变更对待

    C. 发包人对错误坚持不做修改，若其造成损失，发包人应向承包人支付合理利润

    D. 若因发包人提供的试验和检验标准错误导致承包人费用增加，发包人应向承包人支付合理利润

    E. 若发包人对错误不予改正，承包人有权解除合同

【答案】B、D、E

【解析】承包人应认真阅读、复核发包人要求，发现错误的，应及时书面通知发包人，选项 A 错误。发包人对"发包人要求"中错误的修改，按变更对待，选项 B 正确。承包人复核时对发现的错误通知发包人后，发包人坚持不做修改的，对确实存在错误造成的损失，应补偿承包人增加的费用和（或）顺延合同工期，不支付利润，选项 C 错误。若因发包人提供的试验和检验标准错误导致承包人费用增加，发包人应向承包人支付合理利润，选项 D 正确。若发包人对错误不予改正，承包人有权解除合同，选项 E 正确。

核心考点二　工程总承包合同履行要点

1. 开始工作

符合专用合同条款约定的开始工作条件时，监理人获得发包人同意后，应提前 7d 向承包人发出开始工作通知。合同工期自开始工作通知中载明的开始工作日期起计算。

因发包人原因造成监理人未能在合同签订之日起 90d 内发出开始工作通知，承包人有权提出价格调整要求，或者解除合同。发包人应当承担由此增加的费用和（或）工期延误，并向承包人支付合理利润。

2. 设计审查

（1）发包人审查

承包人的设计文件提交监理人后，发包人应组织设计审查。

自监理人收到承包人的设计文件之日起，对承包人的设计文件审查期限不超过21d。

（2）有关部门的设计审查

设计文件需政府有关部门审查或批准的，发包人应在审查同意承包人的设计文件后7d 内，向政府有关部门报送设计文件，承包人予以协助。

3. 顺延合同工期

（1）发包人原因引起的工期延误

由于发包人的下列原因造成工期延误的，承包人有权要求发包人延长工期和（或）增加费用，并支付合理利润：A. 变更；B. 未能按照合同要求的期限对承包人文件进行审查；C. 因发包人原因导致的暂停施工；D. 未按合同约定及时支付预付款、进度款；E. 发包人提供的基准资料错误；F. 发包人采购的材料、工程设备延误到货或变更交货地点；G. 发包人未及时按照"发包人要求"履行相关义务；H. 发包人造成工期延误的其他原因。

（2）政府管理部门原因引起的工期延误

因政府有关部门审批迟延造成费用增加和（或）工期延误，由发包人承担。

4. 合同价格

工程总承包合同价格组成有下列规定：

（1）合同价格包括签约合同价以及按照合同约定进行的调整。

（2）合同价格包括承包人依据法律规定或合同约定应支付的规费和税金。

（3）价格清单列出的任何数量仅为估算的工作量，不视为要求承包人实施工程的实际或准确工作量。在价格清单中列出的任何工作量和价格数据应仅限用于变更和支付的参考资料，而不能用于其他目的。

合同约定工程的某部分按照实际完成的工程量进行支付的，应按照专用合同条款的约定进行计量和估价，并据此调整合同价格。

5. 工程进度付款

除专用条款另有约定外，工程进度付款按月支付。

承包人应根据价格清单的价格构成、费用性质、计划发生时间和相应工作量等因素，按照以下分类和分解原则，结合约定的合同进度计划，汇总形成月度支付分解报告：

（1）勘察设计费。按照提交勘察设计阶段性成果文件的时间、对应的工作量进行分解。

（2）材料和工程设备费。分别按订立采购合同、进场验收合格、安装就位、工程竣工等阶段和专用合同条款约定的比例进行分解。

（3）技术服务培训费。按照价格清单中的单价，结合合同进度计划对应的工作量进行分解。

（4）其他工程价款。除合同价格约定按已完成工程量计量支付的工程价款外，按照价格清单中的价格，结合约定的合同进度计划拟完成的工程量或者比例进行分解。

承包人应在收到经监理人批复的合同进度计划后 7d 内，将支付分解报告以及形成支付分解报告的支持性资料报监理人审批。监理人应在收到承包人报送的支付分解报告后 7d 内给予批复或提出修改意见，经监理人批准的支付分解报告为有合同约束力的支付分解表。合同履行过程中，合同进度计划进行修订的，承包人应对支付分解表作出相应调整，并报监理人批复。

6. 竣工验收

（1）竣工试验

承包人应提前 21d 将申请竣工试验的通知送达监理人，并按照专用合同条款约定的份数，向监理人提交竣工记录、暂行操作和维修手册。监理人应在 14d 内，确定竣工试验的具体时间。

（2）区段工程验收

发包人根据合同进度计划安排，在全部工程竣工前需要使用已经竣工的区段工程时，或承包人提出经发包人同意时，可进行区段工程验收。

验收合格后，由监理人向承包人出具经发包人签认的区段工程验收证书。

已签发区段工程接收证书的区段工程由发包人负责照管。

区段工程的验收成果和结论作为全部工程竣工验收申请报告的附件。

发包人在全部工程竣工前，使用已接收的区段工程导致承包人费用增加的，发包人应承担由此增加的费用和（或）工期延误，并支付承包人合理利润。

◆ 考法：正误判断题

【例题·多选题】《标准设计施工总承包招标文件》中，关于工程款支付管理的说法，正确的有（　　）。

  A. 合同价格包括承包人依据合同约定应支付的规费、利润和税金

  B. 除专用条款另有约定外，工程进度付款按季度支付

  C. 合同价格包括签约合同价以及按照合同约定进行的调整

  D. 价格清单列出的数量为要求承包人实施工程的实际或准确工作量

  E. 支付分解报告包括勘察设计费、材料和工程设备费、技术服务培训费及其他工程价款

【答案】C、E

【解析】合同价格包括承包人依据法律规定或合同约定应支付的规费和税金，故选项 A 错误。除专用条款另有约定外，工程进度付款按月支付，故选项 B 错误。价格清单列出的任何数量仅为估算的工作量，不视为要求承包人实施工程的实际或准确工作量，故选项 D 错误。

3.2.3　专业分包与劳务分包合同管理

核心考点一　专业分包合同承包人与分包人的权利和义务

1. 承包人的权利和义务

（1）承包人的权利

就分包工程范围内的有关工作，承包人随时可以向分包人发出指令，分包人应执行承包人根据分包合同所发出的所有指令。

（2）承包人的义务

① 向分包人提供根据总包合同由发包人办理的与分包工程相关的各种证件、批件、相关资料，向分包人提供具备施工条件的施工场地。

② 组织分包人参加发包人组织的图纸会审，向分包人进行设计图纸交底。

③ 提供合同专用条款中约定的设备和设施，并承担因此发生的费用。

④ 随时为分包人提供确保分包工程的施工所要求的施工场地和通道等，满足施工运输的需要，保证施工期间的畅通。

⑤ 负责整个施工场地的管理工作，协调分包人与同一施工场地的其他分包人之间的交叉配合，确保分包人按照经批准的施工组织设计进行施工。

⑥ 为运至施工场地内用于分包工程的材料和待安装设备办理保险。发包人已经办理的保险视为承包人办理的保险。

2. 分包人的责任和义务

（1）分包人的责任

① 分包人应全面了解总包合同中除价格内容以外的各项规定，应履行并承担总包合同中与分包工程有关的承包人的所有义务与责任，同时须服从承包人转发的发包人或监理人与分包工程有关的指令。

② 未经承包人允许，分包人不得以任何理由与发包人或监理人发生直接工作联系，分包人不得直接致函发包人或项目监理机构，也不得直接接受发包人或监理人的指令。

（2）分包人的义务

① 应按照分包合同的约定，对分包工程进行设计（分包合同有约定时）、施工、竣工和保修。

② 按照专用合同条款约定的时间，完成规定的设计内容，报承包人确认后在分包工程中使用。承包人承担由此发生的费用。

③ 向承包人提交一份详细施工组织设计，承包人应在专用合同条款约定的时间内批准，分包人方可执行。

④ 应允许承包人、发包人、工程师及其三方中任何一方授权的人员在工作时间内，合理进入分包工程施工场地或材料存放的地点，以及施工场地以外与分包合同有关的分包人的任何工作或准备的地点，分包人应提供方便。

⑤ 已竣工工程未交付承包人之前，分包人应负责已完分包工程的成品保护工作，保护期间发生损坏，分包人自费予以修复。

⑥ 分包人必须为从事危险作业的职工办理意外伤害保险，并为施工场地内自有人员生命财产和施工机械设备办理保险，支付保险费用。

◆ **考法 1：正误判断题**

【例题·2019 年真题·单选题】关于专业工程分包人责任和义务的说法，正确的是（   ）。

    A. 分包人必须服从发包人直接发出的指令

    B. 分包人应履行总包合同中与分包工程有关的承包人的义务，另有约定除外

    C. 必须完成规定的设计内容，并承担由此发生的费用

    D. 在合同约定的时间内，向监理人提交施工组织设计，并在批准后执行

【答案】B

【解析】分包人不得直接致函发包人或工程师，也不得直接接受发包人或工程师的指令，故选项 A 错误。分包人应按照分包合同的约定，对分包工程进行设计（分包合同有约定时）、施工、竣工和保修，故选项 C 表达过于绝对。分包人应在合同约定的时间内，向承包人提交详细的施工组织设计，承包人应在专用条款约定的时间内批准，分包人方可执行，故选项 D 错误。

◆ **考法 2：归类题**

【例题·多选题】根据《建设工程施工专业分包合同（示范文本）》GF—2003—0213，属于承包人工作的有（   ）。

    A. 编制分包工程详细的施工组织设计

    B. 提供分包工程施工所需的施工场地

    C. 向分包人进行设计图纸交底

    D. 编制分包工程年、季、月工程进度计划

    E. 与项目监理人进行直接工作联系

【答案】B、C、E

【解析】选项 A、D 都属于分包人的工作。

核心考点二　专业分包工程进度管理

1. 开工

（1）分包人应按照合同协议书约定的开工日期开工。

（2）分包人不能按时开工，应在不迟于合同协议书约定的开工日期前 5d，以书面形式向承包人提出延期开工的理由。

（3）承包人应在接到延期开工申请后的 48h 内以书面形式答复分包人。

（4）承包人在接到延期开工申请后 48h 内不答复，视为同意分包人要求，工期相应顺延。

2. 工期延误

因下列原因之一造成分包工程工期延误，经项目经理确认，工期相应顺延：

（1）承包人根据总包合同从工程师处获得与分包合同相关的竣工时间延长。

（2）承包人未按分包合同专用条款的约定提供图纸、开工条件、设备设施、施工

场地。

（3）承包人未按约定日期支付工程预付款、进度款，致使分包工程施工不能正常进行。

（4）项目经理未按分包合同约定提供所需的指令、批准或所发出的指令错误，致使分包工程施工不能正常进行。

（5）非分包人原因的分包工程范围内的工程变更及工程量增加。

（6）不可抗力的原因。

（7）分包工程专用合同条款中约定的或项目经理同意工期顺延的其他情况。

分包人应在上述约定情况发生后14d内，就延误的工期以书面形式向承包人提出报告。承包人在收到报告后14d内予以确认，逾期不予确认也不提出修改意见，视为同意顺延工期。

3. 暂停施工

发包人或监理人认为确有必要暂停施工时，应以书面形式通过承包人向分包人发出暂停施工指令，并在提出要求后48h内提出书面处理意见。

◆ 考法：正误判断题

【例题·单选题】关于专业分包工程进度管理，下列说法正确的是（   ）。

A. 承包人根据总包合同从工程师处获得与分包合同相关的竣工时间延长，经项目经理确认，工期相应顺延

B. 承包人应在接到延期开工申请后的24h内以书面形式答复分包人

C. 发包人或项目监理机构认为确有必要暂停施工时，应以电子邮件形式通过承包人向分包人发出暂停施工指令

D. 因分包人原因不能按照分包合同协议书约定的竣工日期或承包人同意顺延的工期竣工的，分包人和承包人共同承担违约责任

【答案】A

【解析】选项B错误，不是24h，而是48h。选项C错误，不是以电子邮件形式，而是以书面形式。选项D错误，因为责任在分包人，应由分包人来承担违约责任，而不是由分包人和承包人共同承担违约责任。

核心考点三　专业分包工程计量与工程款支付

1. 合同价款及调整

分包合同价款与总包合同相应部分价款无任何连带关系。

分包工程合同价款应与总包合同约定的方式一致，通常有三种方式：固定价格、可调价格、成本加酬金。双方可在分包合同专用条款约定采用其中一种，应与总包合同约定的方式一致。

2. 工程量的确认

（1）分包人应按分包工程专用合同条款约定的时间向承包人提交已完工程量报告，承包人接到报告后7d内自行按设计图纸计量或报经监理人计量。

（2）承包人在自行计量或由监理人计量前24h应通知分包人，分包人为计量提供便利

条件并派人参加。分包人收到通知后不参加计量，计量结果有效，作为工程价款支付的依据；承包人不按约定时间通知分包人，致使分包人未能参加计量，计量结果无效。

（3）承包人在收到分包人报告后7d内未进行计量或因监理人原因未计量的，从第8天起，分包人报告中开列的工程量即视为被确认，作为工程价款支付的依据。

（4）对分包人自行超出设计图纸范围和因分包人原因造成返工的工程量，承包人也不予计量。

3. 合同价款的支付

实行工程预付款的，双方应在分包工程专用合同条款中约定：

（1）承包人向分包人预付工程款的时间和数额，开工后按约定的时间和比例逐次扣回。

（2）在确认计量结果后10d内，承包人向分包人支付工程款（进度款）。

（3）按约定时间承包人应扣回的预付款，与工程款（进度款）同期结算。

◆ 考法：正误判断题

【例题·2024年真题·单选题】根据《建设工程施工专业分包合同（示范文本）》GF—2003—0213，关于专业分包合同价款及支付的说法，正确的是（　　）。

　　A. 分包合同价款应与总包合同约定的方式一致

　　B. 分包合同价款应参照总包合同相应部分价款确定

　　C. 承包人无须向分包人支付工程预付款

　　D. 承包人确认计量结果后7d内支付分包工程进度款

【答案】A

【解析】分包工程合同价款应与总包合同约定的方式一致，通常有三种方式：固定价格、可调价格和成本加酬金。双方可在分包合同专用条款约定采用其中一种，应与总包合同约定的方式一致，故选项A正确。分包合同价款与总包合同相应部分价款无任何连带关系，故选项B错误。实行工程预付款的，双方应在分包工程专用合同条款中约定；承包人向分包人预付工程款的时间和数额，开工后按约定的时间和比例逐次扣回，故选项C错误。在确认计量结果后10d内，承包人向分包人支付工程款（进度款）；按约定时间承包人应扣回的预付款，与工程款（进度款）同期结算，故选项D错误。

核心考点四　专业分包工程变更、竣工验收与结算

1. 专业分包工程变更

（1）在分包工程实施中，监理人有时会根据总包合同作出变更指令，该变更指令由监理人作出并经承包人确认后通知分包人。

（2）分包人不执行从发包人或监理人处直接收到的未经承包人确认的有关分包工程变更的指令。

（3）如分包人直接收到此类变更指令，应立即通知项目经理并向项目经理提供一份该直接指令的复印件。项目经理应在24h内提出对该指令的处理意见。

2. 专业分包工程竣工验收

（1）承包人应在收到分包人提供的竣工验收报告之日起3日内通知发包人进行验收，

分包人应配合承包人进行验收。

（2）根据总包合同无需由发包人验收的部分，承包人应按照总包合同约定的验收程序自行验收。

（3）发包人未能按照总包合同及时组织验收的，承包人应按照总包合同规定的发包人验收的期限及程序自行组织验收，并视为分包工程竣工验收通过。

（4）分包工程竣工日期为分包人提供竣工验收报告之日。

3. 专业分包工程竣工结算

（1）分包工程竣工验收报告经承包人认可后 14d 内，分包人向承包人递交分包工程竣工结算报告及完整的结算资料，双方进行工程竣工结算。

（2）承包人收到分包人递交的分包工程竣工结算报告及结算资料后 28d 内进行核实，给予确认或者提出明确的修改意见。

（3）承包人确认竣工结算报告后 7d 内向分包人支付分包工程竣工结算价款。分包人收到竣工结算价款之日起 7d 内，将竣工工程交付承包人。

◆考法：正误判断题

【例题·单选题】关于专业分包合同，下列说法正确的是（   ）。

    A. 分包人可以执行从发包人或监理人处直接收到的未经承包人确认的有关分包工程变更的指令

    B. 分包人应就分包工程向承包人承担总包合同约定的承包人应承担的义务

    C. 发包人未能按照总包合同及时组织工程验收的，承包人应等待发包人验收后再组织验收

    D. 承包人收到分包人递交的分包工程竣工结算报告及结算资料后 14d 内进行核实

【答案】B

【解析】选项 A 说法错误，分包人不执行从发包人或监理人处直接收到的未经承包人确认的有关分包工程变更的指令。选项 C 说法错误，发包人未能按照总包合同及时组织验收的，承包人应按照总包合同规定的发包人验收的期限及程序自行组织验收，并视为分包工程竣工验收通过。选项 D 说法错误，不是 14d 内核实，应是 28d 内核实。

3.2.4 材料设备采购合同管理

核心考点一 材料采购合同管理

1. 合同价格与支付

（1）合同价格

供货周期不超过 12 个月的签约合同价通常为固定价格。

（2）合同价款支付

① 预付款

合同生效后，买方在收到卖方开具的注明应付预付款金额的财务收据正本一份并经审核无误后 28 日内，向卖方支付签约合同价的 10% 作为预付款。

② 进度款

卖方按照合同约定的进度交付合同材料并提供相关服务后，买方在收到卖方提交的单据并经审核无误后 28 日内，应向卖方支付进度款，进度款支付至该批次合同材料的合同价格的 95%；

③ 结清款

全部合同材料质量保证期届满后，买方在收到卖方提交的由买方签署的质量保证期届满证书并经审核无误后 28 日内，向卖方支付合同价格 5% 的结清款。

2. 违约责任

（1）卖方违约

卖方未能按时交付合同材料的，应向买方支付迟延交货违约金。迟延交付违约金的计算方法如下：

迟延交付违约金＝迟延交付材料金额 ×0.08%× 迟延交货天数

迟延交付违约金的最高限额为合同价格的 10%。

（2）买方违约

买方未能按合同约定支付合同价款的，应向卖方支付迟延付款违约金。迟延付款违约金的计算方法如下：

迟延付款违约金＝延迟付款金额 ×0.08%× 延迟付款天数

迟延付款违约金的总额不得超过合同价格的 10%。

◆ **考法：正误判断题**

【例题·多选题】关于材料采购合同中违约责任的说法，正确的有（   ）。

    A. 迟延交付违约金的最高限额为合同价格的 15%

    B. 迟延付款违约金的总额不得超过合同价格的 10%

    C. 卖方支付迟延交货违约金，可以免除其继续交付合同材料的义务

    D. 卖方未能按时交付合同材料的，应向买方支付迟延交货违约金

    E. 买方未能按合同约定支付合同价款的，应向卖方支付迟延付款违约金

【答案】B、D、E

【解析】选项 A 错误，迟延交付违约金的最高限额为合同价格的 10%。选项 C 错误，卖方支付迟延交货违约金，不能免除其继续交付合同材料的义务。

核心考点二　设备采购合同管理

1. 合同价格与支付

（1）合同价格

通常为固定价格。

（2）价款支付

① 合同生效后，买方在收到卖方开具的注明应付预付款金额的财务收据正本一份并经审核无误后 28 日内，向卖方支付签约合同价的 10% 作为预付款。

② 卖方按合同约定交付全部合同设备后，买方在收到卖方提交的下列全部单据并经审核无误后 28 日内，向卖方支付合同价格的 60%：

A. 卖方出具的交货清单正本一份。

B. 买方签署的收货清单正本一份。

C. 制造商出具的出厂质量合格证正本一份。

D. 合同价格 100% 金额的增值税发票正本一份。

③ 买方在收到卖方提交的买卖双方签署的合同设备验收证书或已生效的验收款支付函正本一份并经审核无误后 28 日内，向卖方支付合同价格的 25%。

④ 买方在收到卖方提交的买方签署的质量保证期届满证书或已生效的结清款支付函正本一份并经审核无误后 28 日内，向卖方支付合同价格的 5%。

2. 违约责任

（1）卖方违约

卖方未能按时交付合同设备（包括仅迟延交付技术资料但足以导致合同设备安装、调试、考核、验收工作推迟）的，应向买方支付迟延交付违约金。

除专用合同条款另有约定外，迟延交付违约金的计算方法如下：

① 从迟交的第 1 周到第 4 周，每周迟延交付违约金为迟交合同设备价格的 0.5%。

② 从迟交的第 5 周到第 8 周，每周迟延交付违约金为迟交合同设备价格的 1%。

③ 从迟交第 9 周起，每周迟延交付违约金为迟交合同设备价格的 1.5%。

（2）买方违约

买方未能按合同约定支付合同价款的，应向卖方支付迟延付款违约金。迟延付款违约金的计算基数为迟延付款金额，比例和时间规定与迟延交付违约金一致。

◆ 考法：正误判断题

【例题·多选题】关于设备采购合同中违约责任的说法，正确的有（   ）。

    A. 从迟交的第 1 周到第 4 周，每周迟延交付违约金为迟交合同设备价格的 0.5%

    B. 从迟交的第 5 周到第 8 周，每周迟延交付违约金为迟交合同设备价格的 1%

    C. 从迟交第 9 周起，每周迟延交付违约金为迟交合同设备价格的 1.5%

    D. 迟延付款违约金的计算基数为迟延付款金额，比例和时间规定另行规定

    E. 买方未能按合同约定支付合同价款的，应向卖方支付迟延付款违约金

【答案】A、B、C、E

【解析】选项 D 说法错误，迟延付款违约金的计算基数为迟延付款金额，比例和时间规定与迟延交付违约金一致。

3.3 工程承包风险管理及担保保险

核 心 考 点 剖 析

3.3.1 工程承包风险管理

核心考点 工程承包风险管理程序

工程承包风险管理包括风险识别、风险评估、风险应对、风险监控等环节。

1. 风险识别

（1）项目风险识别维度

项目管理机构应综合考虑以下方面识别项目风险：

① 工程本身条件及合同约定条件。

② 自然条件与社会条件。

③ 市场情况。

④ 项目相关方影响。

⑤ 项目管理团队的能力。

（2）项目风险识别报告

项目风险识别报告应包括下列内容：

① 风险源的类型、数量。

② 风险发生的可能性。

③ 风险可能发生的部位及风险的相关特征。

2. 风险评估

风险评估应在风险识别的基础上进行。项目管理机构应根据风险因素发生的概率和损失量，确定风险量并进行分级。风险评估后应出具风险评估报告。

（1）风险评估内容

主要包括：

① 风险因素发生的概率。

② 风险损失量。

③ 风险等级。

（2）风险评估方法

① 风险因素发生的概率估计。

② 风险损失量估计。

③ 风险等级评估。

通过风险因素形成风险概率的估计和对发生风险后可能造成的损失量估计，确定风险量及风险等级。

将风险因素发生的概率（P）和风险损失量（O）分别划分为大（H）、中（M）、小（L）三个区间，即可形成如下图所示的 9 个不同区域。

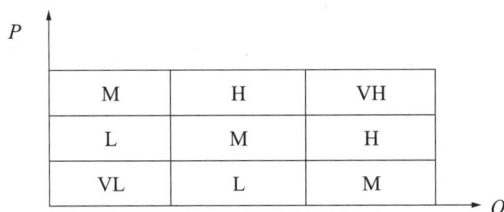

图 3-1　风险等级图

可按风险量大小将风险分为 5 个等级：① 很小（VL）；② 小（L）；③ 中等（M）；④ 大（H）；⑤ 很大（VH）。

① 风险等级为大、很大的风险因素属于不可接受的风险，需要给予重点关注。

② 风险等级为中等的风险因素是不希望有的风险。

③ 风险等级为小的风险因素是可接受风险。

④ 风险等级为很小的风险因素是可忽略风险。

（3）风险评估报告

风险评估报告内容包括：

① 各类风险发生的概率。

② 可能造成的损失量和风险等级。

③ 风险相关的条件因素。

3. 风险应对

（1）风险规避

① 否决或者放弃采纳某一具体实施方案。

② 在工程实施中，如果通过评估认为采用某种方案存在很大风险时，彻底改变原方案的做法也属于风险规避方式。

风险规避策略通常适用于以下两种情形：

一是某种风险因素发生的概率较高，且会造成相当大的损失。

二是采用其他风险应对策略的代价昂贵，得不偿失。

（2）风险减轻

① 以联合体形式承包工程，联合体各方共担风险。

② 在工程施工中，可通过降低施工方案的复杂性来减小风险事件发生的概率。

③ 通过增加那些可能出现风险的施工方案的安全冗余度来降低风险事件发生后可能带来的负面效果。

（3）风险转移

① 保险转移

如建筑工程一切险、安装工程一切险、第三者责任险、施工人员意外伤害保险等。

② 非保险转移。施工承包风险的非保险转移主要有三种方式：

A. 分包转移

经建设单位同意，将工程项目中风险较大的部分工作内容分包给其他单位，是一种减轻风险和转移风险的有效策略。

B. 计价转移

如对于存在价格上涨风险的材料设备，可以通过签订总价合同方式将风险转移给材料设备供应商。

C. 担保转移

如承包商履约担保、业主工程款支付担保等。

（4）风险自留

风险自留经常采用的措施是建立应急储备。应急储备主要有两种：预算储备和时间储备。

① 预算储备。预算储备是指在预算中预留一笔资金，以此来应对自留的风险事件一旦发生后造成的损失。

② 时间储备。时间储备是指在安排进度计划时要留有一定的机动时间。一旦实际施工进展与计划不同，就有可能动用储备。

4. 风险监控

工程承包单位应收集和分析与工程承包风险相关的各种信息，获取代表风险程度和水平的风险信号，预测未来风险和提出预警，并将风险预警纳入工程进展报告。

◆ **考法：归类题**

【例题1·多选题】根据《建设工程项目管理规范》GB/T 50326—2017，下列属于项目管理机构编制的项目风险识别报告内容的有（　　　）。

    A. 风险源的类型、数量

    B. 风险可能发生的部位及风险的相关特征

    C. 风险等级

    D. 风险管理范围

    E. 风险发生的可能性

【答案】A、B、E

【解析】选项C属于风险评估报告的内容，选项D属于风险管理计划的内容。

【例题 2·2024 年真题·多选题】 承包人采取的风险应对措施中，属于风险转移的有（　　）。

    A. 投保建筑工程一切险

    B. 以联合体方式承包工程

    C. 工程进度计划中留有机动时间

    D. 要求发包人提供工程款支付担保

    E. 与发包人按可调单价方式签订工程合同

【答案】 A、D、E

【解析】 选项 A、D、E 属于风险转移，其中选项 A 属于保险转移，选项 D 属于担保转移，选项 E 属于签订合同时明确计价方式的转移。选项 B 属于风险减轻，选项 C 属于风险自留。

【例题 3·多选题】 关于工程承包风险，下列说法正确的有（　　）。

    A. 当某种风险因素发生的概率较高，且会造成相当大的损失应采用风险规避

    B. 风险监控方法包括工期检查、成本跟踪分析、合同履行情况监督、质量监控、现场情况报告、定期例会等

    C. 如果通过评估认为采用某种方案存在很大风险时，彻底改变原方案的做法属于风险减轻

    D. 风险自留包括主动自留和被动自留两种情况

    E. 对于隧道及地下工程较多的项目，可能会获得较多利润，但实施风险也较大，工程承包单位无法采用风险规避策略，必须保留和承担该风险属于主动自留

【答案】 A、B、D

【解析】 选项 C 属于风险规避，选项 E 属于被动自留。

3.3.2　工程担保

核心考点一　投标担保

1. 投标担保的目的

（1）保证投标人在递交投标文件后不得撤销投标文件。

（2）中标后不得无正当理由不与招标人订立合同。

（3）在签订合同时不得向招标人提出附加条件或者不按照招标文件要求提交履约担保。

否则，招标人有权不予退还其提交的投标保证金。

2. 投标担保的额度和有效期

（1）投标保证金不得超过招标项目估算价的 2%。

（2）投标保证金有效期应与投标有效期一致。

（3）依法必须进行招标的项目的境内投标单位，以现金或者支票形式提交的投标保证金，应当从其基本账户转出。

3. 投标保证金的退还

（1）投标人撤回已提交的投标文件，应在投标截止时间前书面通知招标人。招标人已收取投标保证金的，应自收到投标人书面撤回通知之日起5日内退还。

（2）投标截止后投标人撤销投标文件的，招标人可以不退还投标保证金。

（3）招标人最迟应在书面合同签订后5日内向中标人和未中标的投标人退还投标保证金及银行同期存款利息。

◆ 考法：正误判断题

【例题·单选题】根据《中华人民共和国招标投标法实施条例》规定，关于投标担保的说法，正确的是（　　）。

A. 投标人中标后签订合同时不按照招标文件要求提交预付款担保，招标人有权不予退还其提交的投标保证金

B. 施工投标保证金不得超过招标项目估算价的2%

C. 投标人撤回已提交的投标文件，应在投标截止时间后书面通知招标人

D. 投标人在投标截止时间前撤销投标文件的，招标人最迟应在中标合同签订后5日内向其退还投标保证金

【答案】B

【解析】选项A、C、D说法错误。选项A，应是要求提交履约担保，而不是预付款担保。选项C，应是在投标截止时间前（而不是后）书面通知招标人。选项D，应自收到投标人书面撤回通知之日起5日内退还，而不是在中标合同签订后5日内退还。

核心考点二　履约担保

1. 履约担保的含义

履约担保是指中标人在签订合同前向招标人提交的保证履行合同义务和责任的担保。联合体中标的，应由联合体牵头人提交履约担保。

履约担保的目的是发包人为防止施工承包单位不履行合同或违约，用来弥补给发包人造成的经济损失。

2. 履约担保的额度和有效期

（1）履约担保形式有银行履约保函、履约担保书、履约保证金等。

（2）招标文件要求中标人提交履约保证金的，中标人应按照招标文件的要求提交。履约保证金不得超过中标合同金额的10%。

（3）承包人应保证其履约担保在发包人颁发工程接收证书前一直有效。

（4）发包人应在工程接收证书颁发后28d内将履约担保退还给承包人。

◆ 考法1：正误判断题

【例题·单选题】根据《中华人民共和国招标投标法实施条例》规定，关于履约担保的说法，正确的是（　　）。

A. 履约保证金不得超过中标合同金额的10%

B. 承包人应保证其履约担保在发包人颁发竣工结算证书前一直有效

C. 履约担保形式有银行履约保函、履约保证金、信用证等

D. 履约担保的担保金额在担保有效期内随着工程款支付逐期减少

【答案】A

【解析】选项 B，应是颁发工程接收证书，而不是竣工结算证书。选项 C，没有信用证，有的是履约担保书。选项 D，逐期减少的是预付款担保，而不是履约担保。

◆ 考法 2：填空题

【例题·2019 年真题·多选题】履约担保的形式包括（   ）。

A. 保兑支票   B. 信用证明

C. 银行保函   D. 担保书

E. 保证金

【答案】C、D、E

【解析】履约担保形式有银行履约保函、履约担保书、履约保证金等。

核心考点三　预付款担保

预付款担保的主要作用在于保证承包人能够按合同规定进行施工，偿还发包人已支付的全部预付金额。

承包人应在收到预付款的同时向发包人提交预付款保函，预付款保函的担保金额应与预付款金额相同。

保函的担保金额可根据预付款扣回的金额相应递减。

◆ 考法：填空题

【例题·单选题】根据《建设工程施工合同（示范文本）》GF—2017—0201，担保金额在担保有效期内随着工程款支付可以逐期减少的担保是（   ）。

A. 投标担保   B. 履约担保

C. 预付款担保   D. 支付担保

【答案】C

【解析】预付款保函的担保金额可根据预付款扣回的金额相应递减。

核心考点四　工程款支付担保

工程款支付担保是指为保证发包人履行合同约定的工程款支付义务，由担保人向承包人提供的担保。

发包人应在签订施工合同时向承包人提交工程款支付担保。

工程款支付担保的实质是发包人的一种履约保证。

发包人要求承包人提供履约担保的，发包人应向承包人提供支付担保。

◆ 考法：填空题

【例题·单选题】根据《建设工程施工合同（示范文本）》GF—2017—0201，发包人要求承包人提供履约担保的，发包人应当同时向承包人提供（   ）。

A. 抵押担保   B. 保证金

C. 工程款支付担保   D. 预付款担保

【答案】C

【解析】发包人要求承包人提供履约担保的，发包人应向承包人提供支付担保。

核心考点五　工程质量保证金

工程质量保证金是指发承包双方在施工合同中约定，从应付工程款中预留，用以保证承包人在缺陷责任期内对工程施工质量缺陷进行维修的资金。

工程质量保证金实质上是为保证承包人履行施工合同而进行的一种担保。

工程质量保证金总预留比例不得高于工程价款结算总额的3%。

在工程竣工前，承包人已缴纳履约保证金的，发包人不得同时预留工程质量保证金。

采用工程质量保证担保、工程质量保险等其他保证方式的，发包人不得再预留工程质量保证金。

◆ 考法：正误判断题

【例题1·2024年真题·单选题】根据《住房城乡建设部　财政部关于印发建设工程质量保证金管理办法的通知》（建质〔2017〕138号），关于工程质量保证金的说法，正确的是（　　）。

　　A. 工程质量保证金总预留比例不得高于工程价款结算总额的5%

　　B. 工程质量保证金需要与履约保证金一并预留

　　C. 工程质量保证金可由承包人以银行保函替代

　　D. 工程质量保证金可用于施工过程中工程质量缺陷的修复

【答案】C

【解析】工程质量保证金总预留比例不得高于工程价款结算总额的3%，故选项A错误。承包人已缴纳履约保证金的，发包人不得同时预留工程质量保证金，故选项B错误。质量保证金用以保证承包人在缺陷责任期内对工程施工质量缺陷进行维修的资金，故选项D错误。

【例题2·多选题】下列关于工程担保的说法，正确的有（　　）。

　　A. 投标保证金有效期应与投标有效期一致

　　B. 招标人最迟应在书面合同签订后10日内向中标人和未中标的投标人退还投标保证金及银行同期存款利息

　　C. 履约担保是指中标人在签订合同前向招标人提交的保证履行合同义务和责任的担保

　　D. 发包人应在签订施工合同时向承包人提交工程款支付担保

　　E. 工程质量保证金实质上是为保证承包人履行施工合同而进行的一种担保

【答案】A、C、D、E

【解析】选项B是5日内，而不是10日内。

3.3.3　工程保险

核心考点一　建安工程一切险

1. 建安工程一切险

投保人：以发包人和承包人的共同名义投保。

被保险人：包括发包人、总承包人、分包人、发包人聘用的监理人员、与工程有密切关系的单位或个人，如贷款银行等。

保险期限：采用工期保险单，即从动工之日起直至验收之日止。

2. 建筑工程一切险

指以建设工程为标的，对建设工程整个施工期间工程本身、施工机具和工地设备因自然灾害或意外事故造成的物质损失给予赔偿的保险。

（1）责任范围

建筑工程一切险的责任范围包括工程项下的物质损失部分。物质损失部分的保险责任主要有保险单中列明的各种自然灾害和意外事故，如洪水、风暴、水灾、暴雨、地陷、冰雹、雷电、火灾、爆炸等多项，同时还承保盗窃、工人或技术人员过失等人为风险，以及原材料缺陷或工艺不善引起的事故。

（2）免责范围。建筑工程一切险保单中的除外责任通常包括：

①设计错误引起的损失和费用。

②自然磨损、内在或潜在缺陷、物质本身变化、自燃、自热、氧化、锈蚀、渗漏、鼠咬、虫蛀、大气（气候或气温）变化、正常水位变化或其他渐变原因造成的保险财产自身的损失和费用。

③因原材料缺陷或工艺不善引起的保险财产本身的损失以及为换置，修理或矫正这些缺点错误所支付的费用。

④非外力引起的机械或电气装置损坏，或施工用机具、设备、机械装置失灵造成的本身损失。

⑤维修保养或正常检修的费用。

⑥档案、文件、账簿、票据、现金、各种有价证券、图表资料及包装物料的损失。

⑦货物盘点时发现的盘亏损失。

⑧领有公共运输行驶执照的，或已由其他保险予以保障的车辆、船舶和飞机的损失。

⑨在保险单保险期限终止前，被保险财产中已由工程所有人签发完工验收证书或验收合格或实际占有或使用或接收的部分。

3. 安装工程一切险

指以各种大型机器、设备安装工程为标的，对承保机械和设备在安装过程中因自然灾害或意外事故所造成的物质损失、费用损失承担赔偿责任的保险。

（1）责任范围

与建筑工程一切险的责任范围基本一致，但增加了对安装工程常遇到的电气事故，如超负荷、超电压、碰线、电弧、走电、短路、大气放电等造成的损失赔偿责任。此外，因承包人安装人员技术不精引起的事故也可成为向保险公司索赔的理由。

（2）免责范围

除建筑工程一切险中所提及事项外，安装工程一切险还会免赔因超负荷、超电压、碰线等电气原因所造成的电气设备或电气用具本身的损失。

◆ **考法：归类题**

【例题1·单选题】下列安装工程损失费用中属于安装工程的一切险免责范围的

是（   ）。

  A. 因安装人员技术不精引起的事故损失

  B. 因突降冰雹造成已安装设备损坏的损失

  C. 因遭遇雷击造成电气设备损坏的损失

  D. 因超负荷造成电器用具本身的损失

【答案】D

【解析】除建筑工程一切险中所提及事项外，安装工程一切险还会免赔因超负荷、超电压、碰线等电气原因所造成的电气设备或电气用具本身的损失。

【例题2·多选题】建筑工程一切险的保险责任范围包括（   ）。

  A. 设计错误引起的损失

  B. 罕见暴雨造成的损失

  C. 盗窃造成的损失

  D. 原材料缺陷引起的保险财产本身的损失

  E. 技术人员过失造成的损失

【答案】B、C、E

【解析】选项A、D属于建筑工程一切险的免责范围。

核心考点二　第三者责任险

在缺陷责任期终止证书颁发前，承包人应以承包人和发包人的共同名义投保第三者责任险。

第三者责任险的责任范围：

（1）仅限于赔偿保险标的工程的工地及邻近地区的第三者因工程实施而蒙受人身伤亡、疾病或财产损失。

（2）还包括赔偿被保险人因此而支付的诉讼费用和事先经保险人书面同意支付的其他费用，但不能超过保险单列明的赔偿限额。

◆ 考法1：正误判断题

【例题·单选题】根据我国保险制度，关于建设工程第三者责任险的说法，正确的是（   ）。

  A. 免责范围包括因原材料缺陷或工艺不善引起的保险财产本身的损失

  B. 责任范围与建筑工程一切险和安装工程一切险的责任范围相同

  C. 责任范围不包括赔偿被保险人因此而支付的诉讼费用

  D. 以承包人和发包人的共同名义投保

【答案】D

【解析】选项A属于建安工程一切险的免责范围。选项B应是"不同"，而不是"相同"。选项C应是"包括"，而不是"不包括"。

◆ 考法2：归类题

【例题·2017年真题·单选题】下列财产损失和人身伤害事件中，属于第三者责任险赔偿范围的是（   ）。

A. 项目承包商在施工工地的财产损失

B. 项目承包商职工在施工工地的人身伤害

C. 项目法人、承包商以外的第三人因施工原因造成的财产损失

D. 项目法人外聘员工在施工工地的人身伤害

【答案】C

【解析】选项 A 属于工程一切险，选项 B、D 属于人身意外伤害险。

本章模拟强化练习

3.1 工程招标与投标

1. 建设单位采用邀请招标方式选择施工单位的优点有（　　）。

A. 投标人数量较少，可以减少评标工作量，降低费用

B. 投标人范围较广，有利于获得在技术上有竞争力的报价

C. 不需要设置资格预审环节，可以缩短招标时间

D. 可以在一定程度上减少合同履行中的承包商违约风险

E. 可以在较大程度上避免招标过程中的串标行为

2. 对于工程规模大、专业复杂的工程，建设单位管理能力有限时，宜采用的发承包模式是（　　）。

A. 专业分包　　　　　　　　　B. 合作体承包

C. 施工总承包　　　　　　　　D. 平行承包

3. 关于资格预审申请文件递交和受理的说法，正确的是（　　）。

A. 未送达指定地点的资格预审申请文件，招标人应视具体情况处理

B. 投标人的资格预审申请文件不需要进行密封，只需加盖申请人单位章

C. 逾期送达的资格预审申请文件，招标人应予以受理

D. 投标人应严格按照资格预审文件要求装订、密封，并加写标记和加盖申请人单位章

4. 根据《中华人民共和国招标投标法实施条例》，招标人对招标文件进行澄清或者修改的内容可能影响投标文件编制的，招标人应在投标截止时间至少（　　）日前，以书面形式通知所有获取招标文件的潜在投标人。

A. 3　　　　　　　　　　　　B. 5

C. 15　　　　　　　　　　　 D. 30

5. 评标委员会对施工投标文件进行初步评审时，下列评审内容属于对投标文件形式评审的是（　　）。

A. 投标有效期　　　　　　　　B. 投标人财务状况

C. 投标报价唯一性　　　　　　D. 资源配备计划

6. 与有限数量制投标人资格审查方法相比，合格制方法的优点是（　　）。

A. 投标人数量少，评标工作量小

B. 降低招标工作量和费用

C. 审查标准高，有助于找到可靠的承包商

D. 投标人数量多，竞争更充分

7. 下列关于施工决标成交的说法，正确的有（   ）。

A. 合同条件的完善包括工期提前奖励和工程延误罚款、保修期限等

B. 招标人最迟应在书面合同签订后 7 日内向中标人和未中标的投标人退还投标保证金及银行同期存款利息

C. 工程内容和范围即属于施工合同"标的"

D. 合同价款支付包括工程进度款、最终结算价款支付及工程质量保证金的扣留和返还等

E. 合同谈判准备工作包括分析发包人技术、经济实力及发包人谈判人员的身份、地位

8. 对于工期不超过 1 年、工程规模较小、技术简单成熟、招标时已有施工图设计文件的中小型工程，一般宜采用的合同计价方式是（   ）。

A. 可调总价合同   B. 固定单价合同

C. 固定总价合同   D. 可调单价合同

9. 对于工期长、技术复杂、实施过程中发生各种不可预见因素较多且建设单位在初步设计完成之后就进行招标的大型工程，一般宜采用的合同计价方式是（   ）。

A. 固定总价合同   B. 可调总价合同

C. 固定单价合同   D. 可调单价合同

10. 下列成本加酬金合同中，有利于鼓励施工单位降低成本的有（   ）。

A. 成本加固定酬金合同   B. 成本加固定百分比酬金合同

C. 成本加浮动酬金合同   D. 目标成本加固定酬金合同

E. 目标成本加奖罚合同

11. 对于建设单位无法为施工单位提供报价依据资料的紧急工程或灾后修复工程，宜采用的施工合同计价方式是（   ）。

A. 可调单价合同   B. 成本加酬金合同

C. 固单价合同   D. 固定总价合同

12. 【模拟题】在施工投标报价策略中，可选择报高价的情形的有（   ）。

A. 一般房屋建筑工程   B. 地下开挖工程

C. 港口码头   D. 大量土方工程

E. 投标对手少的工程

13. 【模拟题】下列宜采用不平衡报价法的情况有（   ）。

A. 招标文件中的工程范围不明确，条款不清楚或不公正

B. 能够早日结算的项目

C. 经过工程量核算，预计今后工程量会增加的项目

D. 技术规范要求过于苛刻的工程

E. 单价与包干混合制合同中，招标人要求有些项目采用包干报价

3.2 工程合同管理

1. 根据国家九部委《标准施工招标文件》，下列工作中，属于承包人主要义务的有（　　）。

    A. 组织合同工程的竣工验收　　　　B. 组织设计交底

    C. 负责施工现场内外的交通道路　　D. 编制工程实施的各项措施计划

    E. 查勘施工现场

2. 根据《标准施工招标文件》，关于工期调整的说法，正确的有（　　）。

    A. 出现合同条款规定的异常恶劣气候导致工期延误，承包人有权要求发包人延长工期

    B. 发包人要求承包人提前竣工的，应承担由此增加的费用，并根据合同条款约定支付奖金

    C. 监理人认为承包人的施工进度不能满足合同工期要求，承包人应采取措施，增加费用由发包人承担

    D. 在合同履行过程中，发包人改变某项工作的质量特性，承包人有权要求延长工期

    E. 承包人提前竣工建议被采纳的，由承包人自行采取加快工程进度的措施，发包人承担相应费用

3. 某建设工程因发包人提出设计图纸变更，监理人向承包人发出暂停施工指令60d后，仍未向承包人发出复工通知，则承包人正确的做法有（　　）。

    A. 向监理人提交书面通知，要求监理人在接到书面通知后28d内准许已暂停的工程继续施工

    B. 如监理人逾期不予批准承包人的书面通知，则承包人可以通知监理人，将工程受影响部分视为变更的可取消工作

    C. 如暂停施工影响到整个工程，可视为发包人违约

    D. 不受设计变更影响的部分工程，不论监理人是否同意，承包人都可进行施工

    E. 要求发包人延长工期、支付合理利润

4. 根据《建设工程工程量清单计价规范》GB 50500—2013，包工包料工程的预付款支付比例为（　　）。

    A. 不得低于签约合同价（扣除暂列金额）的10%，不宜高于签约合同价（扣除暂列金额）的20%

    B. 不得低于签约合同价（扣除暂列金额）的10%，不宜高于签约合同价（扣除暂列金额）的30%

    C. 不得低于签约合同价（含暂列金额）的10%，不宜高于签约合同价（含暂列金额）的30%

    D. 不得低于签约合同价（含暂列金额）的10%，不宜高于签约合同价（含暂列金额）的20%

5. 根据《标准施工招标文件》通用合同条款，关于工程进度款支付的说法，正确的有（　　）。

    A. 承包人应在每个付款周期末，向监理人提交进度付款申请单及相应的支持性证明文件

    B. 监理人应在收到进度付款申请单和证明文件的 7d 内完成核查，并经发包人同意后，出具经发包人签认的进度付款证书

    C. 监理人无权扣发承包人未按合同要求履行的工作的相应金额，应提交发包人进行裁决

    D. 发包人应在签发进度付款证书后的 28d 内，将进度应付款支付给承包人

    E. 监理人出具进度付款证书，不应视为监理人已同意、接受承包人完成的该部分工作

6. 【2024 年真题】根据《标准施工招标文件》，除专用合同条款另有约定外，进行工程试运行的正确做法是（　　）。

    A. 承包人负责提供人员、器材和必要的条件，并承担全部试运行费用

    B. 承包人负责提供人员、器材和必要的条件，发包人承担全部试运行费用

    C. 发包人负责提供人员、器材和必要的条件，并承担全部试运行费用

    D. 发包人负责提供人员、器材和必要的条件，承包人承担全部试运行费用

7. 根据《标准施工招标文件》，承包人有权向发包人同时提出工期、费用和利润索赔的情形是（　　）。

    A. 发包人未按合同约定支付进度款

    B. 基准日后因法律变化引起价格调整

    C. 因恶劣的气候条件导致工期延误

    D. 因发包人原因需进一步实施试运行

8. 根据《标准施工招标文件》，承包人在施工中遇到不利物质条件时，采取合理措施后继续施工。承包人可以据此提出（　　）索赔。

    A. 费用和工期   B. 费用和利润

    C. 风险费和利润   D. 工期和风险费

9. 根据《最高人民法院关于审理建设重程施工合同分案件适用法律问题的解释（一）》（法释〔2020〕25 号），施工项目因设计变更导致工程量发生变化，合同当事人对变更工程价款有争议时，可参照签订施工合同时（　　）发布的计价标准或方法进行结算。

    A. 当地建设行政主管部门   B. 当地发展改革主管部门

    C. 建设单位所履行业协会   D. 施工单位所属行业协会

10. 根据《建设工程施工专业分包合同（示范文本）》GF—2003—0213，下列工作中，属于分包人的工作有（　　）。

    A. 对分包工程进行深化设计、施工、竣工和保修

    B. 负责已完分包工程的成品保护工作

    C. 向监理人提供进度计划及进度统计报表

D. 向承包人提交详细的施工组织设计

E. 直接履行监理工程师的工作指令

11. 根据《建设工程施工专业分包合同（示范文本）》GF—2003—0213，分包人不能按时开工的，应在不迟于合同协议约定的开工日期前（　　）d向承包人提出延期开工理由。

A. 3

B. 5

C. 7

D. 10

12. 关于专业分包合同工程量的确认，下列说法正确的有（　　）。

A. 承包人在自行计量或由监理人计量前48h应通知分包人

B. 承包人接到分包人提交的已完工程量报告后7d内自行按设计图纸计量或报经监理人计量

C. 分包人未按分包工程专用合同条款约定的时间向承包人提交已完工程量报告，承包人不予计量

D. 分包人收到通知后不参加计量，计量结果无效

E. 对分包人自行超出设计图纸范围和因分包人原因造成返工的工程量，承包人也不予计量

13. 设备采购合同价款支付时，卖方按合同约定交付全部合同设备后，买方在向卖方支付合同价格的60%前，需要提交的单据有（　　）。

A. 卖方出具的交货清单正本一份

B. 买方签署的收货清单正本一份

C. 制造商出具的出厂质量合格证正本一份

D. 合同价格100%金额的增值税发票正本一份

E. 已生效的验收款支付函正本一份

3.3　工程承包风险管理及担保保险

1. 根据《建设工程项目管理规范》GB/T 50326—2017，可按风险量大小将风险分为5个等级：①很大；②大；③中等；④小；⑤很小，其中风险因素属于不希望有和可接受的风险等级分别是（　　）。

A. ①和④

B. ②和⑤

C. ③和④

D. ④和⑤

2. 施工单位选择与其他单位组成联合体承包工程，共同承担风险。这种做法属于风险应对策略中的（　　）。

A. 风险减轻

B. 风险规避

C. 风险转移

D. 风险自留

3.【2015年真题】关于风险对策的说法，正确的有（　　）。

A. 编制生产安全事故应急预案是生产者安全风险规避策略

B. 招标人要求中标人提交履约担保是招标人合同风险减轻策略

C. 承包商设立质量缺陷风险基金是承包商的质量风险自留策略

D. 承包商合理安排施工工期，进度计划，避开可能发生的自然灾害是承包商质量风险规避策略

E. 依法组成联合体承接大型工程项目是承包商的风险转移策略

4. 《中华人民共和国招标投标法实施条例》规定，招标人在招标文件中要求投标人提交投标保证金的，投标保证金不得超过招标项目估算价的（　　　）。

A. 2%
B. 3%
C. 5%
D. 10%

5. 根据《中华人民共和国招标投标法实施条例》规定，发包人应在颁发（　　　）后28d 内将履约担保退还给承包人。

A. 工程接收证书
B. 竣工结算证书
C. 最终结清证书
D. 缺陷责任期终止证书

6. 根据《标准施工招标文件》，关于安装工程一切险的说法，正确的是（　　　）。

A. 保险标的为建设工程

B. 以发包人和承包人的共同名义投保

C. 免责范围包括承包人安装人员技术不精引起的事故

D. 保险责任包括超电压造成的电气设备本身的损失

7. 下列工程保险的险种中，以工程发包人和承包人双方名义共同投保的是（　　　）。

A. 建筑工程一切险
B. 工伤保险
C. 人身意外伤害险
D. 执业责任险

8. 根据《标准施工招标文件》，关于建设工程第三者责任险的说法，正确的是（　　　）。

A. 以承包人名义投保第三者责任险

B. 责任期间与建安工程一切险的责任期间相同

C. 责任范围包括承包人在施工场地发生的人身伤亡或财产损失

D. 责任范围不包括承包人因发生第三者责任险而支付的诉讼费用

本章模拟强化练习答案及解析

3.1　工程招标与投标

1.【答案】A、C、D

【解析】选项 B、E 属于公开招标的优点。

2.【答案】C

【解析】对于工程规模大、专业复杂的工程，建设单位管理能力有限时，应考虑采用施工总承包方式。

3.【答案】D

【解析】选项 A、C 错误，逾期送达或者未送达指定地点的资格预审申请文件，招标人将不予受理。选项 B，需要密封。

4. 【答案】C

【解析】进行澄清或者修改的内容可能影响投标文件编制的，招标人应在投标截止时间至少 15 日前，以书面形式通知所有获取招标文件的潜在投标人。

5. 【答案】C

【解析】选项 A 属于对投标文件响应性评审，选项 B 属于对投标人资格评审，选项 D 属于对施工组织设计合理性评审。

6. 【答案】D

【解析】投标人资格预审方法有两种：合格制和有限数量制。合格制的优点是会使投标竞争更加充分，缺点是可能会出现投标人数多，增加招标成本。有限数量制的优点是可以限制投标人数量，降低招标工作量和费用。合格制和有限数量制在审查标准上无本质区别，都需要进行初步审查和详细审查。两者区别就在于有限数量制需要对通过审查的资格预审申请文件进行量化打分。

7. 【答案】C、D、E

【解析】选项 A 错误，保修期限不属于合同条件的完善，应属于工程保修内容。选项 B 中"7 日"应改为"5 日"。

8. 【答案】C

【解析】题干所述是属于固定总价合同的适用情形。

9. 【答案】D

【解析】根据题干，不应采用总价合同，应采用单价合同；另外，建设单位在初步设计完成之后就进行招标，不宜采用固定单价合同，宜采用可调单价合同。

10. 【答案】C、E

【解析】选项 A，不利于降低成本，但有利于缩短工期。选项 B，既不利于降低成本，也不利于缩短工期。选项 C、E，既有利于降低成本，也有利于缩短工期。选项 D，没有这种成本加酬金合同形式。

11. 【答案】B

【解析】对于一些紧急工程（如灾后恢复工程等），要求尽快开工且工期较紧的，可能仅有实施方案，尚无施工图纸，施工单位在投标时不可能报出合理价格，因此，选择成本加酬金合同较为合适。

12. 【答案】B、C、E

【解析】选项 A、D 可选择报低价。

13. 【答案】B、C、E

【解析】选项 A、D 适宜采用多方案报价法。

3.2　工程合同管理

1. 【答案】D、E

【解析】选项 A、B 属于发包人主要义务。选项 C 错误，承包人负责施工现场内交通道路和临时工程。

2. 【答案】A、B、D、E

【解析】选项 C 错误，由于承包人原因，未能按合同进度计划完成工作，或监理人认为承包人施工进度不能满足合同工期要求的，承包人应采取措施加快进度，并承担加快进度所增加的费用。

3. 【答案】A、B、C、E

【解析】《标准施工招标文件》通用合同条款中"暂停施工持续 56d 以上"的有关规定如下：监理人发出暂停施工指示 56d 内未向承包人发出复工通知，除了该项停工属于第 12.1 款（即由于承包人暂停施工的责任）的情况外，承包人可向监理人提交书面通知，要求监理人在收到书面通知后 28d 内准许已暂停施工的工程或其中一部分工程继续施工。如监理人逾期不予批准，则承包人可以通知监理人，将工程受影响的部分视为第 15.1（1）项（即变更）的可取消工作。如暂停施工影响到整个工程，可视为发包人违约，应按第 22.2 款的规定（即发包人违约）办理。因此，正确答案是 A、B、C、E。

4. 【答案】B

【解析】包工包料工程的预付款支付比例不得低于签约合同价（扣除暂列金额）的 10%，不宜高于签约合同价（扣除暂列金额）的 30%。

5. 【答案】A、E

【解析】选项 B、C、D 错误。其中，选项 B：监理人在收到进度付款申请单后的 14d 内完成核查，向承包人出具经发包人签认的进度付款证书，所以选项 B 错误。选项 C：监理人有权扣发承包人未能按照合同要求履行任何工作或义务的相应金额，所以选项 C 错误。选项 D：发包人应在签发进度付款证书后的 14d 内，将进度应付款支付给承包人，所以选项 D 错误。

6. 【答案】A

【解析】本题考核的是工程试运行的正确做法。除专用合同条款另有约定外，承包人应按专用合同条款约定进行工程及工程设备试运行，负责提供试运行所需的人员、器材和必要的条件，并承担全部试运行费用。

7. 【答案】A

【解析】选项 B、D 都只能获得费用索赔；选项 C 只能获得工期索赔。

8. 【答案】A

【解析】根据《标准施工招标文件》中合同条款规定的可以合理补偿承包人索赔的条款，承包人遇到不利物质条件，可以索赔工期和费用。

9. 【答案】A

【解析】当事人对建设工程的计价标准或者计价方法有约定的，按照约定结算工程价款。因设计变更导致建设工程的工程量或者质量标准发生变化，当事人对该部分工程价款不能协商一致的，可以参照签订建设工程施工合同时当地建设行政主管部门发布的计价标准或者计价方法结算工程价款。

10. 【答案】A、B、D

【解析】选项 C 错误，进度计划及进度统计报表是向承包人提交，而不是向监理人提交。选项 E 错误，不可以直接履行监理工程师的工作指令。

11. 【答案】B

【解析】分包人不能按时开工，应在不迟于合同协议书约定的开工日期前 5d，以书面形式向承包人提出延期开工的理由。

12. 【答案】B、C、E

【解析】选项 A 错误，不是 48h，而是 24h。选项 D 错误，计量结果有效。

13. 【答案】A、B、C、D

【解析】卖方按合同约定交付全部合同设备后，买方在收到卖方提交的下列全部单据并经审核无误后 28 日内，向卖方支付合同价格的 60%：① 卖方出具的交货清单正本一份；② 买方签署的收货清单正本一份；③ 制造商出具的出厂质量合格证正本一份；④ 合同价格 100% 金额的增值税发票正本一份。

3.3 工程承包风险管理及担保保险

1. 【答案】C

【解析】①、② 属于不可接受的风险，③ 属于不希望有的风险，④ 属于可接受风险，⑤ 属于可忽略风险。

2. 【答案】A

【解析】施工承包风险减轻策略是以联合体形式承包工程，联合体各方共担风险。

3. 【答案】C、D、E

【解析】选项 A、B 错误。其中，选项 A：编制生产安全事故应急预案是生产者安全风险减轻策略，而非规避策略，所以选项 A 错误。选项 B：招标人要求中标人提交履约担保是招标人合同风险转移策略，而非减轻策略，所以选项 B 错误。

4. 【答案】A

【解析】投标保证金不得超过招标项目估算价的 2%。

5. 【答案】A

【解析】发包人应在工程接收证书颁发后 28d 内将履约担保退还给承包人。

6. 【答案】B

【解析】选项 A、C、D 说法错误。选项 A，安装工程一切险是指以各种大型机器、设备安装工程为标的，建筑工程一切险是指以建设工程为标的。选项 C 属于安装工程一切险的保险责任，选项 D 属于安装工程一切险的免责范围。

7. 【答案】A

【解析】选项 B、C 都是由承包人投保的，选项 D 由发包人或承包人单方投保。

8. 【答案】B

【解析】选项 A，以承包人和发包人的共同名义投保第三者责任险。选项 C，应是"不包括"，而不是"包括"。选项 D，应是"包括"，而不是"不包括"。

第4章　建设工程进度管理

本章考情分析

2024年本章节次及条目分值分布

本章节次	本章条目	2024年	
		单选	多选
4.1　工程进度影响因素与进度计划系统	4.1.1　工程进度影响因素	1	
	4.1.2　工程进度计划系统及表达形式	1	
4.2　流水施工进度计划	4.2.1　流水施工特点及表达方式		2
	4.2.2　流水施工参数	1	
	4.2.3　流水施工基本方式	1	2
4.3　工程网络计划技术	4.3.1　工程网络计划编制程序和方法		2
	4.3.2　时间参数计算方法	1	2
	4.3.3　关键工作及关键线路确定方法	1	
4.4　施工进度控制	4.4.1　施工进度计划实施中的检查与分析		
	4.4.2　实际进度与计划进度比较方法	1	
	4.4.3　施工进度计划调整方法及措施	1	
合计		8分	8分
		16分	

本章核心考点分析

4.1　工程进度影响因素与进度计划系统

核心考点提纲

　　4.1.1　工程进度影响因素—施工进度影响因素

　　4.1.2　工程进度计划系统及表达形式 { 1. 工程进度计划系统

　　　　　　　　　　　　　　　　　　　2. 横道图的优缺点

核心考点剖析

4.1.1 工程进度影响因素

核心考点 施工进度影响因素

1. 相关单位影响

（1）建设单位原因。如：

①建设单位使用要求改变而进行设计变更。

②应提供的施工场地条件不能及时提供或所提供的场地不能满足正常施工需要。

③建设资金不到位，不能及时向施工单位支付工程款等。

（2）勘察设计单位原因。如：

①勘察资料不准确，特别是地质资料错误或遗漏。

②设计内容不完善，规范应用不当，设计有缺陷或错误。

③设计方案的可施工性差或设计考虑不周。

④施工图纸供应不及时、不配套，或出现重大差错等。

（3）工程监理单位原因。如：

①工程监理指令延迟发布或有误。

②施工进度协调工作不力。

③进场材料、设备质量检查或已完工程质量检查验收不及时等。

（4）材料、设备供应单位原因。如：

材料、设备及构配件等供应有差错，品种、规格、质量、数量、时间不能满足施工需要等。

2. 有关协作部门及社会环境影响

（1）有关协作部门原因。如：

有关协作部门协作配合不够或支持力度不够等。

（2）社会环境原因。如：

①其他单位临近工程的施工干扰。

②节假日交通、市容整顿限制。

③临时停水、停电、断路。

④在国外因法律及制度变化，经济制裁，战争、骚乱、罢工、企业倒闭，汇率浮动和通货膨胀等。

3. 自然条件影响。如：

①复杂的工程地质条件。

②不明的水文气象条件。

③地下埋藏文物的保护、处理。

④洪水、地震、台风等不可抗力等。

4. 施工单位自身因素影响

（1）施工技术因素。如：

① 施工方案、施工工艺或施工安全措施不当。

② 特殊材料及新材料的不合理使用。

③ 施工设备不配套，选型失当或有故障。

④ 不成熟的技术应用等。

（2）组织管理因素。如：

① 向有关部门提出各种申请审批手续的延误。

② 合同签订时遗漏条款、表达失当。

③ 计划安排不周密，组织协调不力，导致停工待料、相关作业脱节。

④ 指挥不力，使各专业、各施工过程之间交接配合不顺畅等。

◆ **考法：归类题**

【例题1·2024年真题·单选题】在下列影响施工进度的不利因素中，属于社会环境影响因素的是（　　）。

    A. 不明水文气象条件   B. 地下埋葬文物的处理

    C. 建设资金不到位   D. 临时停水、停电、断路

【答案】D

【解析】选项 A、B 属于自然条件影响因素，选项 C 属于相关单位影响因素。

【例题2·多选题】影响建设工程进度的不利因素有很多，其中属于施工单位组织管理因素的有（　　）。

    A. 地下埋藏文物的保护及处理

    B. 临时停水停电

    C. 施工安全措施不当

    D. 计划安排原因导致相关作业脱节

    E. 向有关部门提出各种申请审批手续的延误

【答案】D、E

【解析】选项 A 属于自然条件影响，选项 B 属于社会环境影响，选项 C 属于施工单位施工技术因素。

4.1.2　工程进度计划系统及表达形式

核心考点一　工程进度计划系统

1. 建设单位计划系统

（1）工程项目前期工作计划

指对工程项目可行性研究、项目评估甚至包括初步设计等工作的进度安排。

该计划可使工程项目策划决策阶段各项工作的时间得到控制。

（2）工程项目建设总进度计划

指初步设计被批准后，根据初步设计对工程项目从开始建设（施工图设计、施工准

备）至竣工投产（动用）全过程的统一部署。

其主要目的是安排各单项工程、单位工程的建设进度，合理分配年度投资。

表格部分包括工程项目一览表、工程项目总进度计划、投资计划年度分配表和工程项目进度平衡表。

① 工程项目一览表：将初步设计中确定的建设内容，按照单项工程或单位工程归类并编号，明确其建设内容和投资额，以便按统一口径确定工程项目投资额，并以此为依据对其进行管理。

② 工程项目总进度计划：是指根据初步设计中确定的建设工期和工艺流程，具体安排单项工程、单位工程开工日期和竣工日期的计划。

③ 投资计划年度分配表：是指根据工程项目总进度计划安排各年度投资，以便预测各年度投资规模，为筹集建设资金及制定分年用款计划提供依据。

④ 工程项目进度平衡表：主要用来明确设计文件交付日期、主要设备交货日期、施工单位进场日期、水电及道路接通日期等，以保证工程建设中各环节相互衔接，确保工程项目按期投产或交付使用。

（3）工程项目年度计划

指依据工程建设总进度计划、批准的设计文件及分批配套投产或交付使用要求编制的，合理安排工程项目年度建设任务的计划。

表格部分包括年度计划项目表、年度竣工投产交付使用计划表、年度建设资金平衡表和年度设备平衡表。

① 年度计划项目表：用来确定年度施工项目投资额和年末形象进度，并阐明建设条件（图纸、设备、材料、施工力量）的落实情况。

② 年度竣工投产交付使用计划表：用来阐明各单位工程建设规模、投资额、新增固定资产、新增生产能力等建设总规模及年度计划完成情况，并阐明其竣工日期。

③ 年度建设资金平衡表：用来阐明各单位工程建设资金需求及资金来源情况。

④ 年度设备平衡表：用来阐明各单位工程所需设备种类、数量及库存、采购、供货等情况。

2. 施工单位进度计划系统

（1）按项目组成编制的施工进度计划

① 施工总进度计划。

对承包范围内所有单位工程作出时间上的安排。

其目的在于确定各单位工程及全工地性工程的施工期限及开竣工日期，进而确定施工现场劳动力、材料、成品、半成品、施工机械的需求数量和调配情况，以及现场临时设施的数量、水电供应量和能源、交通需求量。

② 单位工程施工进度计划。

对单位工程中各施工过程作出时间和空间上的安排。

③ 分部分项工程进度计划。

对其各施工过程作出时间上的安排。

（2）按进展时间编制的施工进度计划

① 年度施工计划。

② 季度施工计划。

③ 月（旬）作业计划。

◆ 考法 1：填空题

【例题·2024 年真题·单选题】建设单位进度计划系统中，用来明确设计文件交付日期、主要设备交货日期、施工单位进场日期、水电及道路接通日期等的计划表是（　　）。

　　A. 工程项目综合进度计划表　　　　B. 工程项目总进度计划表

　　C. 工程项目年度计划表　　　　　　D. 工程项目进度平衡表

【答案】D

【解析】工程项目进度平衡表主要用来明确设计文件交付日期、主要设备交货日期、施工单位进场日期、水电及道路接通日期等，以保证工程建设中各环节相互衔接，确保工程项目按期投产或交付使用。

◆ 考法 2：归类题

【例题·多选题】下列施工进度计划中，属于按项目组成编制的有（　　）。

　　A. 施工总进度计划　　　　　　　　B. 钢结构施工进度计划

　　C. 单位工程进度计划　　　　　　　D. 施工企业年度生产计划

　　E. 土方作业月度计划

【答案】A、B、C

【解析】选项 D 不属于施工进度计划，而属于施工企业生产计划。选项 E 属于按进展时间编制的施工进度计划。

核心考点二　横道图的优缺点

1. 横道图优点

（1）形象、直观，且易于编制和理解。

（2）能直观地表明各项工作的开始时间和完成时间、持续时间，以及整个工程项目的总工期。

2. 横道图缺点

（1）不能明确反映各项工作之间的相互联系、相互制约关系。

（2）不能反映影响工期的关键工作和关键线路。

（3）不能反映工作所具有的机动时间（时差）。

（4）不能反映工程费用与工期之间的关系，因而不便于施工进度计划的优化。

◆ 考法：正误判断题

【例题·单选题】采用横道图编制施工进度计划的优点是（　　）。

　　A. 可以明确表示各项工作之间的逻辑关系

　　B. 可以直接判断各项工作的机动时间

　　C. 可以直接显示整个计划的关键工作

　　D. 可以直观表明各项工作的持续时间

【答案】D

【解析】横道图能直观地表明各项工作的开始时间和完成时间、持续时间，以及整个工程项目的总工期。横道图缺点：① 不能明确反映各项工作之间的相互联系、相互制约关系；② 不能反映影响工期的关键工作和关键线路；③ 不能反映工作所具有的机动时间（时差）；④ 不能反映工程费用与工期之间的关系，因而不便于施工进度计划的优化。

4.2　流水施工进度计划

核心考点提纲

4.2.1　流水施工特点及表达方式—施工组织方式的特点

4.2.2　流水施工参数—流水施工参数

4.2.3　流水施工基本方式
  - 1. 等节奏流水施工
  - 2. 异节奏流水施工
  - 3. 非节奏流水施工

核心考点剖析

4.2.1　流水施工特点及表达方式

核心考点　施工组织方式的特点

1. 依次施工的特点

（1）没有充分利用工作面进行施工，工期较长。

（2）如果由一个工作队完成全部施工任务，则不能实现专业化施工，不利于提高劳动生产率和工程质量。

（3）如果按专业组建工作队，则各专业工作队不能连续作业，工作出现间歇，劳动力和施工机具等资源无法均衡使用。

（4）单位时间内投入劳动力、施工机具等资源量较少，有利于资源供应的组织。

（5）只有一个工作队进行施工作业，施工现场的组织管理比较简单。

2. 平行施工的特点

（1）能够充分利用工作面进行施工，工期短。

（2）如果由一个工作队完成一个施工对象的全部施工任务，则不能实现专业化施工，不利于提高劳动生产率和工程质量。

（3）如果每一施工对象均按专业组建工作队，则各专业工作队不能连续作业，工作出现间歇，劳动力和施工机具等资源无法均衡使用。

（4）单位时间内投入的劳动力、施工机具等资源成倍增加，不利于资源供应的组织。

（5）有多个专业工作队在现场施工，施工现场组织管理比较复杂。

3. 流水施工的特点

（1）尽可能利用工作面进行施工，工期较短。

（2）各工作队实现专业化施工，有利于提高施工技术水平和劳动效率，也有利于提高工程质量。

（3）专业工作队能够连续施工，同时使相邻专业工作队之间能够最大限度地进行搭接作业。

（4）单位时间内投入的劳动力、施工机具等资源较为均衡，有利于资源供应的组织。

（5）为施工现场的文明施工和科学管理创造了有利条件。

◆ **考法1：归类题**

【例题·2024年真题·多选题】与依次施工和平行施工相比，建设工程组织流水施工的特点有（　　）。

  A. 施工工期最短

  B. 各工作队可实现专业化施工

  C. 能够尽可能利用工作面进行施工

  D. 施工现场组织管理比较简单

  E. 单位时间内投入的资源较为均衡

【答案】B、C、E

【解析】选项A说法错误，工期较短，不是最短。选项D说法错误，依次施工（而非流水施工）的现场组织管理比较简单。

◆ **考法2：填空题**

【例题·单选题】组织多个同类型专业工作队，在同一时间、不同工作面上按照施工工艺要求，同时完成各施工对象的生产方式是（　　）。

  A. 依次施工   B. 平行施工

  C. 交替施工   D. 流水施工

【答案】B

【解析】平行施工是指组织多个同类型专业工作队，在同一时间、不同工作面上按照施工工艺要求，同时完成各施工对象的施工。

4.2.2 流水施工参数

核心考点 流水施工参数

1. 工艺参数

工艺参数是指在组织流水施工时，用以表达流水施工在施工工艺方面进展状态的参数，通常包括施工过程数和流水强度两个参数。

（1）施工过程数（n）

① 组织流水施工时，首先需将工程对象划分为若干个施工过程。

② 当编制控制性施工进度计划时，施工过程可划分得粗一些（单位工程、单项工程、分部工程）。

③ 当编制实施性施工进度计划时，施工过程可划分得细一些（分项工程、工序）。

（2）流水强度

流水强度也称为流水能力或生产能力，是指流水施工的某施工过程（或专业工作队）在单位时间内所完成的工程量。

例如，浇筑混凝土施工过程的流水强度是指每工作班浇筑的混凝土立方数。

2. 空间参数

空间参数是指在组织流水施工时，用以表达流水施工在空间布置上开展状态的参数，通常包括工作面和施工段数。

（1）工作面

① 工作面是指供某专业工种的工人或某种施工机械进行施工的活动空间。

② 工作面的大小，表明能安排施工人数或机械台数的多少。

③ 每个作业工人或每台施工机械所需工作面的大小，取决于其单位时间内完成的工程量和安全施工要求。

④ 工作面确定的合理与否，直接影响专业工作队的生产效率。

（2）施工段数（m）

施工段也称为流水段，是指在组织流水施工时，将拟建工程在平面上划分成若干个劳动量相等或大致相等的施工区段。

由于施工段内的施工任务由专业工作队依次完成，因而在两个施工段之间容易形成一个施工缝。同时，由于施工段数量多少，将直接影响流水施工效果。

为合理划分施工段，应遵循下列原则：

① 各施工段的劳动量应大致相等，相差幅度不宜超过15%，以保证施工在连续、均衡的条件下进行。

② 每个施工段要有足够的工作面，以保证相应数量的工人、主导施工机械的生产效率。

③ 施工段的界限应尽可能与结构界限（如沉降缝、伸缩缝等）相吻合，或设在对建筑结构整体性影响小的部位，以保证建筑结构的整体性。

④ 施工段数目要满足合理组织流水施工的要求。施工段数目过多，会降低施工速度，延长工期；施工段过少，不利于充分利用工作面，可能造成窝工。

⑤ 对于多层建筑物、构筑物或需要分层施工的工程，应既分施工段，又分施工层，各专业工作队依次完成第一施工层中各施工段任务后，再转入第二施工层的施工段上作业，依此类推。以确保相应专业队在施工段与施工层之间，组织连续、均衡、有节奏地流水施工。

3. 时间参数

时间参数是指在组织流水施工时，用以表达流水施工在时间安排上所处状态的参数，主要包括流水节拍、流水步距和流水施工工期等。

（1）流水节拍（t）

① 流水节拍是指某一个专业工作队在一个施工段上的施工时间。

② 流水节拍表明流水施工的速度和节奏性。流水节拍小，其流水速度快，节奏感强；反之则相反。

③ 流水节拍决定着单位时间的资源供应量。

④ 流水节拍也是区别流水施工组织方式的特征参数。

（2）流水步距（K）

流水步距是指两个相邻专业工作队相继开始施工的最小间隔时间。

流水步距的数目取决于参加流水的施工过程数。如果施工过程数为 n 个，则流水步距总数为 $n-1$ 个。

流水步距的大小取决于相邻两个专业工作队在各施工段上的流水节拍及流水施工的组织方式。

（3）流水施工工期（T）

流水施工工期是指从第一个专业工作队投入流水施工开始，到最后一个专业工作队完成流水施工为止的整个持续时间。

由于一项建设工程往往包含有许多流水组，故流水施工工期一般均不是整个工程的总工期。

◆ 考法 1：归类题

【例题 1·2024 年真题·单选题】下列流水施工参数中，属于工艺参数的是（   ）。

    A. 流水段和流水步距   B. 流水步距和流水强度

    C. 流水强度和施工过程   D. 施工过程和流水段

【答案】C

【解析】工艺参数通常包括施工过程和流水强度两个参数。空间参数通常包括工作面和施工段。时间参数主要包括流水节拍、流水步距和流水施工工期等。

【例题 2·多选题】在编制流水施工进度计划时，划分施工段应遵循的原则有（   ）。

    A. 各施工段的劳动量应大致相等

    B. 施工段的界限应尽可能与结构界限相吻合

    C. 各施工段要有足够的工作面

    D. 多层建筑物应既分施工段，又分施工层

    E. 施工段数目要少于施工过程数

【答案】A、B、C、D

【解析】选项 E 说法错误，施工段数目应大于等于施工过程数。

◆ 考法 2：计算题

【例题·单选题】某基坑不放坡，坑底面积 1250m²，开挖深度 4m，分层开挖，每层挖深 2m。如果 1 台反铲挖掘机的最小安全工作面是 250m²，则该基坑最多可以划分（   ）个施工段。

    A. 5   B. 10

    C. 15   D. 20

【答案】B

【解析】每层最多施工段数是 1250/250 = 5 个，2 层，最多可划分 10 个施工段。

4.2.3 流水施工基本方式

核心考点一 等节奏流水施工

等节奏流水施工是指各施工过程的流水节拍都相等的流水施工，也称为固定节拍流水施工或全等节拍流水施工。

1. 基本特点

全等节拍流水施工是一种最理想的流水施工方式，具有以下特点：

（1）所有施工过程在各个施工段上的流水节拍均相等。

（2）相邻施工过程的流水步距相等，且等于流水节拍。

（3）专业工作队数等于施工过程数，即每一个施工过程组建一个专业工作队。

（4）各专业工作队在各施工段上能够连续作业，施工段之间没有空闲时间。

2. 流水施工工期的计算

$$T = (m + n - 1)K + \sum Z - \sum C$$

式中　T——流水施工工期；

　　　m——施工段数；

　　　n——施工过程数；

　　　K——流水步距；

　　　$\sum Z$——技术间歇时间之和；

　　　$\sum C$——提前插入时间之和。

◆ **考法 1：归类题**

【例题·多选题】建设工程组织固定节拍流水施工的特点有（　　　）。

　　A. 相邻施工过程的流水步距相等　　B. 专业工作队数等于施工过程数

　　C. 各施工段的流水节拍不全相等　　D. 施工段之间可能有空闲时间

　　E. 各专业工作队能够连续作业

【答案】A、B、E

【解析】等节拍流水施工是一种最理想的流水施工方式，具有以下特点：① 所有施工过程在各个施工段上的流水节拍均相等；② 相邻施工过程的流水步距相等，且等于流水节拍；③ 专业工作队数等于施工过程数，即每一个施工过程组建一个专业工作队；④ 各专业工作队在各施工段上能够连续作业，施工段之间没有空闲时间。

◆ **考法 2：计算题**

【例题·单选题】某工程分为 3 个施工段，每个施工段有 3 个施工过程，每个施工过程由一个专业工作队完成，各专业工作队在各施工段上的流水节拍均是 3d。该工程的流水施工工期是（　　　）d。

　　A. 9　　　　　　　　　　　　B. 15

　　C. 18　　　　　　　　　　　D. 27

【答案】B

【解析】$T = (3 + 3 - 1) \times 3 = 15d$。

◆ 考法3：正误判断题

【例题·2019年真题·单选题】某建设工程施工横道图进度计划如下图所示，则关于该工程施工组织的说法，正确的是（   ）。

施工过程	施工进度（d）									
名称	3	6	9	12	15	18	21	24	27	30
支模板	Ⅰ-1	Ⅰ-2	Ⅰ-3	Ⅰ-4	Ⅱ-1	Ⅱ-2	Ⅱ-3	Ⅱ-4		
绑扎钢筋		Ⅰ-1	Ⅰ-2	Ⅰ-3	Ⅰ-4	Ⅱ-1	Ⅱ-2	Ⅱ-3	Ⅱ-4	
浇筑混凝土			Ⅰ-1	Ⅰ-2	Ⅰ-3	Ⅰ-4	Ⅱ-1	Ⅱ-2	Ⅱ-3	Ⅱ-4

注：Ⅰ、Ⅱ表示楼层；1、2、3、4表示施工段

图 4-1　某建设工程施工横道图进度计划

A. 各层内施工过程间不存在技术间歇和组织间歇

B. 所有施工过程由于施工楼层的影响，均可能造成施工不连续

C. 由于存在 2 个施工楼层，每一施工过程均可安排 2 个施工队伍

D. 在施工高峰期（第 9 天—第 24 天期间），所有施工段上均有工人在施工

【答案】A

【解析】由题中的横道图进度计划可知，该计划为一个 2 层的钢筋混凝土主体结构的施工，施工过程为支模板、绑扎钢筋、浇筑混凝土，分 4 个施工段，等节奏流水。从进度计划图看出，该计划不存在技术间歇和组织间歇；由于施工段数大于施工过程数，所以各施工过程能够连续施工，而且只需要配备 1 个专业工作队；在第 9 天—第 24 天期间，每天有 3 个专业工作队在 3 个施工段上进行施工，故有施工段的工作面空闲。因此，正确选项是 A。

核心考点二　异节奏流水施工

异节奏流水施工是指各施工过程的流水节拍各自相等，而不同施工过程之间的流水节拍不尽相等的流水施工。

在组织异节奏流水施工时，可采用等步距和异步距两种方式。

1. 等步距异节奏流水施工

等步距异节奏流水施工也称为加快的成倍节拍流水施工。

（1）加快的成倍节拍流水施工特点

① 同一施工过程在各个施工段上的流水节拍均相等；不同施工过程的流水节拍为倍数关系。

② 相邻施工过程的流水步距相等，且等于流水节拍的最大公约数。

③ 专业工作队数大于施工过程数。对于流水节拍大的施工过程，可按其倍数增加相

应专业工作队数目。

④ 各专业工作队在施工段上能够连续作业，施工段之间没有空闲时间。

（2）流水施工工期的计算式中

$$T = (m + N - 1)K + \sum Z - \sum C$$

式中　K——流水步距，取各施工过程流水节拍的最大公约数；

　　　N——参加流水作业的专业工作队数，$N = b_1 + b_2 + b_3 + \cdots + b_j$。

　　　b_j 为每个施工过程组建的专业工作队数，可按下式计算：

$$b_j = t_j / K$$

式中　t_j——第 j 个施工过程的流水节拍。

其他符号同前。

2. 异步距异节奏流水施工

异步距异节奏流水施工是指每个施工过程成立一个专业工作队，由其完成各施工段任务的流水施工。

异步距异节奏流水施工工期的计算（补充内容）：

$$T = \sum K + \sum t_j + \sum Z - \sum C$$

若 $t_j \leqslant t_{j+1}$：$K_{j, j+1} = t_j$。

若 $t_j > t_{j+1}$：$K_{j, j+1} = m_{tj} - (m - 1)t_{j+1}$。

◆ 考法 1：计算题

【例题·2024 年真题·单选题】某分部工程有 4 个施工过程，划分为 3 个施工段组织加快的成倍节拍流水施工，流水节拍分别为 4d、6d、4d 和 2d，该分部工程需安排的专业工作队数是（　　）。

A. 8　　　　　　　　　　　　　　B. 3

C. 4　　　　　　　　　　　　　　D. 6

【答案】A

【解析】流水步距等于流水节拍的最大公约数，即：$K = [4, 6, 4, 2] = 2d$，专业工作队数 $= (4 + 6 + 4 + 2) / 2 = 8$。

◆ 考法 2：归类题

【例题·单选题】组织流水施工的基本方式有全等节拍流水施工、成倍节拍流水施工和分别流水施工。下列组织流水施工的特点中，只属于成倍节拍流水的是（　　）。

A. 相邻施工过程的流水步距相等

B. 专业工作队数大于施工过程数

C. 相同施工过程在不同施工段上流水节拍相同

D. 不同施工过程的流水节拍可以不等

【答案】B

【解析】选项 A、C 说的特点，全等节拍流水和成倍节拍流水（等步距异节奏流水）都有。选项 B 说的特点，仅成倍节拍流水（等步距异节奏流水）有。选项 D 说的特点，成倍节拍流水施工和分别流水施工都有。

◆ **考法 3：正误判断题**

【例题·单选题】 某工程横道图进度计划如下图所示，下列施工组织变更的方案中，对进度影响最大的是（　　　）。

施工过程	施工进度安排（周）											
	5	10	15	20	25	30	35	40	45	50	55	60
基础工程	①	②	③	④								
结构安装		①		②		③		④				
室内装修				①		②		③		④		
室外工程									①	②	③	④

图 4-2　某工程横道图进度计划

  A. 增加施工班组人数，使各班组流水节拍减少 20%
  B. 增加一个施工段，使各班组流水节拍减少 20%
  C. 增加结构安装和室内装修的班组，组织加快的成倍节拍流水施工
  D. 通过组织安排，使结构安装和室内装修搭接 3 周施工

【答案】 C

【解析】 同一施工过程的流水节拍，主要由所采用的施工方法、施工机械以及在工作面允许的前提下投入施工的工人数量、机械台数和采用的工作班次等因素确定，故选项A、B错误。为加快缩短工期，可增加专业工作队，组织加快的成本节拍流水施工。流水步距等于流水节拍的最大公约数，即 $K=[5，10，10，5]=5$ 周，专业工作队数目 $=5/5+10/5+10/5+5/5=6$，故该工程流水施工工期 $=(4+6-1)\times5=45$ 周，与图中60周工期相比，组织加快的成倍节拍流水施工可使总工期缩短15周，故选项C正确。使结构安装和室内装修搭接 3 周施工，不是对进度影响最大的，故选项 D 错误。

核心考点三　非节奏流水施工

非节奏流水施工是最为普遍的流水施工组织方式。

1. 基本特点

（1）各施工过程在各施工段上的流水节拍不全相等。
（2）相邻施工过程的流水步距不尽相等。
（3）专业工作队数等于施工过程数。
（4）各专业工作队能够在施工段上连续作业，但有的施工段之间可能有空闲时间。

2. 流水步距的确定

组织非节奏流水施工的关键是确定相邻专业工作队之间的流水步距，使其在开始时间上能够最大限度地进行搭接。

通常采用累加数列错位相减取大差法（又称潘特考夫斯基法）计算流水步距。

累加数列错位相减取大差法的基本步骤如下：

（1）依次累加每一施工过程在各施工段上的流水节拍，求得各施工过程流水节拍的累加数列。

（2）将相邻施工过程流水节拍累加数列中的后者错后一位，相减后求得一个差数列。

（3）在差数列中取最大值，即为相邻两个施工过程的流水步距。

3. 流水施工工期的计算。计算公式为：

$$T = \sum K + \sum t_n + \sum Z - \sum C$$

式中　$\sum K$——各施工过程（或专业工作队）之间流水步距之和；

　　　$\sum t_n$——最后一个施工过程（或专业工作队）在各施工段上的流水节拍之和。

其他符号同前。

◆ **考法 1：归类题**

【例题·2024年真题·多选题】建设工程组织固定节拍流水施工的特点有（　　）。

　　A. 相邻施工过程的流水步距相等

　　B. 专业工作队数等于施工过程数

　　C. 各施工段的流水节拍不全相等

　　D. 施工段之间可能有空闲时间

　　E. 各专业工作队能够连续作业

【答案】A、B、E

【解析】选项 C、D 属于非节奏流水施工的特点。

◆ **考法 2：计算题**

【例题·单选题】某工程有 3 个施工过程，分为 4 个施工段组织流水施工。流水节拍分别为 2d、3d、4d、3d；4d、2d、3d、5d；3d、2d、2d、4d，则流水施工工期为（　　）d。

　　A. 17　　　　　　　　　　　　　B. 19

　　C. 20　　　　　　　　　　　　　D. 21

【答案】D

【解析】首先，按照累加数列错位相减取大差的方法，先计算相邻施工过程流水步距：

第一个数列：2　5　9　12

第二个数列：　4　6　9　14

第三个数列：　3　5　7　11

第一、第二数列错位相减最大差 3，即为第一个过程和第二个过程流水步距；第二、第三数列错位相减最大差为 7，即为第二个过程和第三个过程流水步距。

其次，按照 $T = \sum K + \sum t_n + \sum Z - \sum C = 3 + 7 + 11 = 21d$。

4.3 工程网络计划技术

4.3.1　工程网络计划编制程序和方法 ┤ 1. 网络图绘图规则
　　　　　　　　　　　　　　　　　　　 2. 网络计划优化

4.3.2　时间参数计算方法 ┤ 1. 双代号网络计划时间参数的计算
　　　　　　　　　　　　　 2. 单代号网络计划时间参数的计算
　　　　　　　　　　　　　 3. 双代号时标网络计划中时间参数的判定

4.3.3　关键工作及关键线路确定方法

核心考点剖析

4.3.1　工程网络计划编制程序和方法

核心考点一　网络图绘图规则

1. 双代号网络图的绘图规则

（1）网络图必须按照已定逻辑关系绘制。

虚箭线不代表实际工作，称为虚工作。虚工作既不消耗时间，也不消耗资源。

虚工作主要用来表示相邻两项工作之间的逻辑关系。此外，为了避免两项同时开始、同时进行的工作具有相同的开始节点和完成节点，也需要用虚工作加以区分。

网络图中的节点都必须有编号，其编号严禁重复，并应使每一条箭线上箭尾节点编号小于箭头节点编号。

（2）网络图中严禁出现从一个节点出发，顺箭头方向又回到原出发点的循环回路。

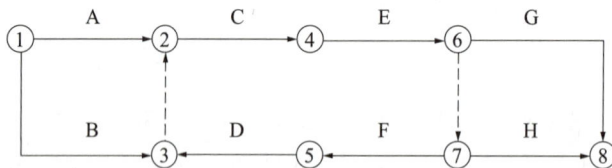

图 4-3　存在循环回路的错误网络图

（3）网络图中的箭线（包括虚箭线，以下同）应保持自左向右的方向，不应出现箭头指向左方的水平箭线和箭头偏向左方的斜向箭线（即逆向箭线）。

（4）网络图中严禁出现双向箭头和无箭头的连线。

图 4-4　错误的工作箭线画法

（5）网络图中严禁出现没有箭尾节点的箭线和没有箭头节点的箭线。

图 4-5　没有节点的工作箭线错误画法

（6）严禁在箭线上引入或引出箭线。

图 4-6　箭线上引入或引出箭线的错误画法

（7）应尽量避免网络图中工作箭线的交叉。当交叉不可避免时，可以采用过桥法或指向法处理。

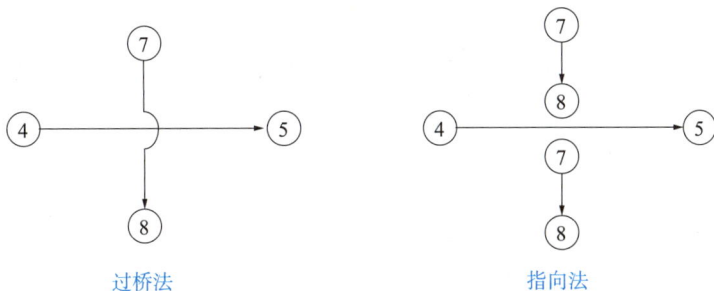

过桥法　　　　　　　　　　　　　　指向法

图 4-7　箭线交叉的表示方法

（8）网络图应只有一个起点节点和一个终点节点（任务中部分工作需要分期完成的网络计划除外）。

2. 单代号网络图的绘图规则

单代号网络图的绘图规则与双代号网络图的绘图规则基本相同，主要区别在于：

（1）当网络图中有多项开始工作时，应增设一项虚工作，作为该网络图的起点节点。

（2）当网络图中有多项结束工作时，应增设一项虚工作，作为该网络图的终点节点。

◆ 考法：正误判断题

【例题 1·2020 年真题·多选题】下列双代号网络图中，存在的绘图错误有（　　　）。

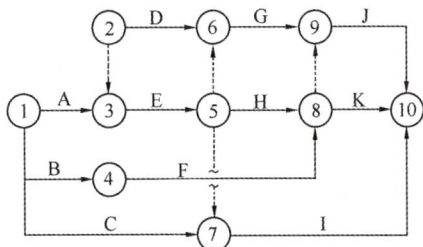

图 4-8　某双代号网络图

A. 存在多个起点节点   B. 存在多余的虚工作

C. 箭线交叉的方式错误   D. 存在相同节点编号的工作

E. 存在没有箭尾节点的箭线

【答案】A、B

【解析】第一个错误：有两个起点节点。①节点和②节点，都是只有外向箭线（由节点向外指的箭线），故①节点和②节点都是起点节点。第二个错误：虚工作②→③是多余的。假设该网络图中不存在②→③这项虚工作的话，可以发现，该虚工作周边的工作之间的逻辑关系没有发生任何改变，即该虚工作的存在没有意义（并不需要该虚工作来表达工作之间的逻辑关系）。

【例题2·2014年真题·多选题】某单代号网络图如下图所示，存在的错误有（   ）。

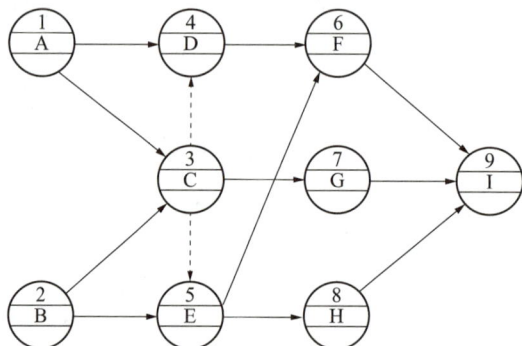

图4-9 某单代号网络图

A. 多个起点节点   B. 有多余虚箭线

C. 出现交叉箭线   D. 没有终点节点

E. 出现循环回路

【答案】A、B、C

【解析】工作节点①和②都是起点节点，故选项A正确。单代号网络图逻辑关系要用实箭线表达，不能用虚箭线表示，图中虚箭线③－④和③－⑤错误，故选项B正确。箭线⑤－⑥与箭线③－⑦直接交叉，故选项C正确。除此之外，图中不存在其他错误。注意，两个虚箭线没有错误，起表达逻辑关系的作用。

核心考点二 网络计划优化

1. 工期优化

所谓工期优化，是指网络计划的计算工期不满足要求工期时，通过压缩关键工作的持续时间以满足要求工期目标的过程。

选择缩短持续时间的关键工作应考虑下列因素：

（1）缩短持续时间对质量和安全影响不大的工作。

（2）有充足备用资源的工作。

（3）缩短持续时间所需增加费用最少的工作。

2. 费用优化

费用优化又称工期—成本优化，是指寻求工程总成本最低时的工期安排，或按要求工期寻求最低成本的计划安排的过程。

工程总费用由直接费和间接费组成。直接费会随着工期的缩短而增加。间接费会随着工期的缩短而减少。

费用优化的基本思路就是：不断地在网络计划中找出直接费用率（或组合直接费用率）最小的关键工作，缩短其持续时间，同时考虑间接费随工期缩短而减少的数值，最后求得工程总成本最低时的最优工期安排或按要求工期求得最低成本的计划安排。

3. 资源优化

网络计划的资源优化分为两种，即"资源有限，工期最短"的优化和"工期固定，资源均衡"的优化。

前者是通过调整计划安排，在满足资源限制条件下，使工期延长最少的过程；而后者是通过调整计划安排，在工期保持不变的条件下，使资源需用量尽可能均衡的过程。

◆ 考法：填空题

【例题·2024 年真题·多选题】工程网络计划工期优化过程中，为达到缩短工期的目的，应选择（　　）的关键工作缩短其持续时间。

  A. 有充足备用资源

  B. 单位时间所需资源最少

  C. 缩短持续时间对质量和安全影响不大

  D. 缩短持续时间所需增加费用最少

  E. 持续时间较长

【答案】A、C、D

【解析】选择缩短持续时间的关键工作应考虑下列因素：① 缩短持续时间对质量和安全影响不大的工作；② 有充足备用资源的工作；③ 缩短持续时间所需增加费用最少的工作。

4.3.2　时间参数计算方法

4.3.3　关键工作及关键线路确定方法

核心考点一　双代号网络计划时间参数的计算
1. 网络计划中工作的六个时间参数

表 4-1　网络计划中工作的六个时间参数

分类	时间参数	符号	概念
最早时间	最早开始时间	ES_{i-j}	指在其所有紧前工作全部完成后，本工作有可能开始的最早时刻
	最早完成时间	EF_{i-j}	指在其所有紧前工作全部完成后，本工作有可能完成的最早时刻

分类	时间参数	符号	概念
最迟时间	最迟开始时间	LS_{i-j}	指在不影响整个任务按期完成的前提下，本工作必须开始的最迟时刻
	最迟完成时间	LF_{i-j}	指在不影响整个任务按期完成的前提下，本工作必须完成的最迟时刻
时差	总时差	TF_{i-j}	指在不影响总工期的前提下，本工作可以利用的机动时间
	自由时差	FF_{i-j}	指在不影响其紧后工作最早开始时间的前提下，本工作可以利用的机动时间

2. 双代号网络计划时间参数的计算

表 4-2　双代号网络计划时间参数的计算

计算方向	时间参数	符号	计算条件	计算公式
一去（顺向）	最早开始时间	ES_{i-j}	以起点节点（$i=1$）为开始节点的工作	$ES_{i-j}=0\ (i=1)$
			紧前工作 $h-i$ 只有一项	$ES_{i-j}=EF_{h-i}$
			紧前工作 $h-i$ 有多项	$ES_{i-j}=\max\{EF_{h-i}\}$
	最早完成时间	EF_{i-j}	—	$EF_{i-j}=ES_{i-j}+D_{i-j}$
	计算工期	T_c	—	$T_c=\max\{EF_{i-n}\}$
一回（逆向）	最迟完成时间	LF_{i-j}	以终点节点（$j=n$）为完成节点的工作	$LF_{i-n}=T_p$
			紧后工作 $j-k$ 只有一项	$LF_{i-j}=LS_{j-k}$
			紧后工作 $j-k$ 有多项	$LF_{i-j}=\min\{LS_{j-k}\}$
	最迟开始时间	LS_{i-j}	—	$LS_{i-j}=LF_{i-j}-D_{i-j}$
一停留	总时差	TF_{i-j}	—	$TF_{i-j}=LS_{i-j}-ES_{i-j}$ $TF_{i-j}=LF_{i-j}-EF_{i-j}$
	自由时差	FF_{i-j}	紧后工作 $j-k$ 只有一项	$FF_{i-j}=ES_{j-k}-EF_{i-j}$
			紧后工作 $j-k$ 有多项	$FF_{i-j}=\min\{ES_{j-k}\}-EF_{i-j}$
			以终点节点（$j=n$）为完成节点的工作	$FF_{i-n}=T_p-EF_{i-n}$

为了简化计算，网络计划中工作的开始时间和完成时间都应以时间单位的终了时刻为标准，如：

第 3 天开始即是指第 3 天终了（下班）时刻开始，实际上是第 4 天上班时刻才开始。

第 5 天完成即是指第 5 天终了（下班）时刻完成。

3. 双代号网络计划中关键工作及关键线路的确定

1）利用总时差进行判定

在工程网络计划中，总时差最小的工作为关键工作。特别地，当计划工期等于计算工期时，总时差为零的工作就是关键工作。

找出关键工作之后，将这些关键工作首尾相连，便构成从起点节点到终点节点的通路，位于该通路上各项工作的持续时间总和最大，这条通路就是关键线路。在关键线路上可能有虚工作存在。

2）采用标号法进行判定

所谓标号法，是指利用按节点计算法的基本原理，对网络计划中的每一个节点按顺序进行标号，然后利用标号值确定网络计划的计算工期和关键线路。

（1）标号法计算过程

双代号网络计划标号法计算结果如下图所示。

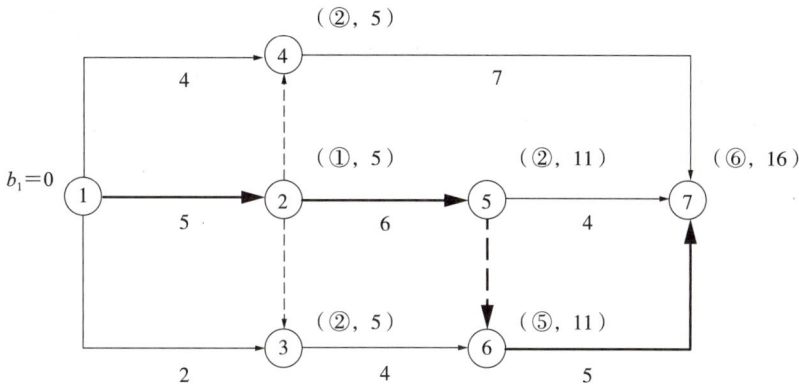

图 4-10　双代号网络计划标号法计算结果

① 网络计划起点节点的标号值为零。

$$b_1 = 0$$

② 其他节点的标号值应根据下面公式按节点编号从小到大的顺序逐个进行计算：

$$b_j = \max\{b_i + D_{i-j}\}$$

当计算出节点的标号值后，应用其标号值及其源节点对该节点进行双标号。

所谓源节点，就是用来确定本节点标号值的节点。如果源节点有多个，应将所有源节点标出。

③ 网络计划的计算工期就是网络计划终点节点的标号值。

④ 关键线路应从网络计划的终点节点开始，逆着箭线方向按源节点确定。

（2）关键节点与关键工作、关键线路的关系

在双代号网络计划中，关键线路上的节点称为关键节点。

关键工作两端的节点必为关键节点，但两端为关键节点的工作不一定是关键工作。

关键节点的最迟时间与最早时间的差值最小。

特别地，当计划工期等于计算工期时，关键节点的最早时间与最迟时间必然相等。

关键节点必然处在关键线路上，但由关键节点组成的线路不一定是关键线路。

当计划工期与计算工期相等时，双代号网络计划中的关键节点具有以下特性：

① 开始节点和完成节点均为关键节点的工作，不一定是关键工作。

② 以关键节点为完成节点的工作，其总时差和自由时差必然相等。

◆ **考法 1：计算题**

【**例题 1·2023 年真题·单选题**】某工程网络计划中，工作 M 持续时间 2d，自由时差 1d，工作 M 有 3 项紧后工作，紧后工作的最早开始时间分别为第 5 天、第 6 天和第 8 天，总时差分别为 3d、2d、1d，则工作 M 最迟开始时间是第（　　）天。

A. 3   B. 4

C. 6   D. 5

【**答案**】C

【**解析**】总时差＝最迟开始时间－最早开始时间。由题意可知，一项紧后工作最迟开始时间分别为各工作最早开始时间＋总时差，即 5＋3＝8，6＋2＝8，8＋1＝9，由此可知工作 M 最迟完成时间应为两者最小值，即第 8 天，则最迟开始时间＝最迟完成时间－持续时间＝8－2＝6。

【**例题 2·2022 年真题·单选题**】某工程网络计划中，工作 M 的持续时间是 1d，最早第 4 天开始。工作 M 的两个紧后工作的最迟开始时间分别为第 7 天和第 9 天。工作 M 的总时差是（　　）d。

A. 1   B. 2

C. 3   D. 5

【**答案**】B

【**解析**】工作 M 的最早完成时间 $EF_M = ES_M + D_M = 4 + 1 = 5$，工作 M 的最迟完成时间 $LF_M = \min\{7, 9\} = 7$，工作 M 的总时差 $TF_M = LF_M - EF_M = 7 - 5 = 2d$。

◆ **考法 2：正误判断题**

【**例题·2017 年真题·多选题**】某双代号网络计划如下图（图中粗实线为关键工作），若计划工期等于计算工期，则自由时差一定等于总时差且不为零的工作有（　　）。

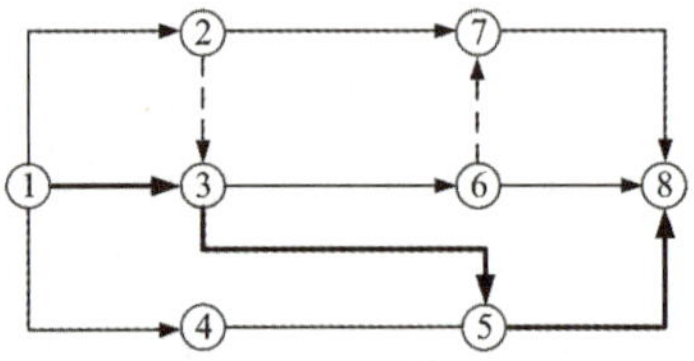

图 4-11　某双代号网络计划

A. ①－②   B. ③－⑤

C. ④－⑤   D. ⑥－⑧

E. ②－⑦

【**答案**】C、D

【**解析**】双代号网络图中，以关键节点为完成节点的工作，其总时差与自由时差相等。以非关键节点为完成节点的工作，其总时差与自由时差不相等。本题中，关键节点是①③⑤⑧。非关键节点是②④⑥⑦。所以，选项 A、E 对应的工作①－②和②－⑦，其总时差与自由时差不相等。选项 B 的③－⑤为关键工作，其总时差与自由时差相等，且都为零。选项 C、D 对应的工作④－⑤和⑥－⑧都是以关键节点为完成节点的非关键工作，其总时差与自由时差相等，且不为零。故选项 C、D 正确。

核心考点二 单代号网络计划时间参数的计算

1. 单代号网络计划时间参数的计算

表 4-3 单代号网络计划时间参数的计算

序号	时间参数	代号	计算条件	计算公式
1	最早开始时间	ES_i	起点节点（$i=1$）的工作	$ES_i = 0$（$i=1$）
			紧前工作 h 只有一项	$ES_i = EF_h$
			紧前工作 h 有多项	$ES_i = \max\{EF_h\}$
2	最早完成时间	EF_i	—	$EF_i = ES_i + D_i$
3	计算工期	T_c	—	$T_c = EF_n$
4	时间间隔	$LAG_{i,j}$	—	$LAG_{i,j} = ES_j - EF_i$
5	总时差	TF_i	终点节点 n 的工作	$TF_n = T_p - T_c$
			其他节点的工作	$TF_i = \min\{TF_j + LAG_{i,j}\}$
6	自由时差	FF_i	终点节点 n 的工作	$FF_n = T_p - EF_n$
			紧后工作 j 只有一项	$FF_i = ES_j - EF_i$
			紧后工作 j 有多项	$FF_i = \min\{ES_j\} - EF_i$
7	最迟开始时间	LS_i	—	$LS_i = ES_i + TF_i$
8	最迟完成时间	LF_i	—	$LF_i = EF_i + TF_i$

2. 单代号网络计划中关键工作及关键线路的确定

（1）利用工作总时差进行判定

总时差最小的工作为关键工作。将这些关键工作相连，并保证相邻两项关键工作之间的时间间隔为零而构成的线路就是关键线路。

（2）利用相邻两项工作之间的时间间隔进行判定

从网络计划的终点节点开始，逆着箭线方向依次找出相邻两项工作之间时间间隔全部为零的线路就是关键线路。

◆ 考法 1：计算题

【例题·2015 年真题·单选题】已知工程 F 有且仅有两项并行的紧后工作 G 和 H，工作 G 的最迟开始时间为第 12 天，最早开始时间为第 8 天；工作 H 的最迟完成时间为第 14 天，最早完成时间为第 12 天；工作 F 与 G、H 的时间间隔分别为 4d 和 5d，则工作 F 的总时差为（   ）d。

A. 0   B. 5

C. 7   D. 9

【答案】C

【解析】本题考的是单代号网络计划时间参数的计算。$TF_G = LS_G - ES_G = 12 - 8 = 4d$，

$TF_H = LF_H - EF_H = 14 - 12 = 2d$，$LAG_{F,G} = 4d$，$LAG_{F,H} = 5d$，则 $TF_F = \min\{(TF_G + LAG_{F,G}),(TF_H + LAG_{F,H})\} = \min\{(4+4=8),(2+5=7)\} = 7d$。

◆ **考法 2：正误判断题**

【例题·2022 年真题·多选题】工程网络计划中，关键线路是指（　　）的线路。

A. 双代号网络计划中无虚箭线

B. 双代号时标网络计划中无波形线

C. 单代号网络计划中关键工作之间时间间隔均为零

D. 双代号网络计划中由关键节点组成

E. 单代号网络计划中工作自由时差均为零

【答案】B、C

【解析】选项 A 说法错误，双代号网络计划的关键线路中可以有虚箭线。选项 D 说法错误，由关键节点组成的线路不一定是关键线路。选项 E 说法错误，单代号网络计划中关键线路是指从起点节点开始到终点节点均为关键工作，且所有工作的时间间隔为零的线路为关键线路。

核心考点三　双代号时标网络计划中时间参数的判定

1. 双代号时标网络计划绘制要点

以实箭线表示工作，实箭线的水平投影长度表示该工作的持续时间。

以虚箭线表示虚工作，由于虚工作的持续时间为零，故虚箭线只能垂直画。

以波形线表示工作与其紧后工作之间的时间间隔（以终点节点为完成节点的工作除外，当计划工期等于计算工期时，这些工作箭线中波形线的水平投影长度表示其自由时差）。

2. 双代号时标网络计划中重要时间参数的判定

（1）相邻两项工作之间时间间隔的判定

除以终点节点为完成节点的工作外，工作箭线中波形线的水平投影长度表示工作与其紧后工作之间的时间间隔。

（2）工作总时差的判定

工作总时差的判定应从网络计划的终点节点开始，逆着箭线方向依次进行。

① 以终点节点为完成节点的工作，其总时差应等于计划工期与本工作最早完成时间之差，即：

$$TF_{i-n} = T_p - EF_{i-n}$$

② 其他工作的总时差等于其紧后工作的总时差加本工作与该紧后工作之间的时间间隔所得之和的最小值，即：

$$TF_{i-j} = \min\{TF_{j-k} + LAG_{i-j,j-k}\}$$

（3）工作自由时差的判定

① 以终点节点为完成节点的工作，其自由时差应等于计划工期与本工作最早完成时间之差，即：

$$FF_{i-n} = T_p - EF_{i-n}$$

事实上，以终点节点为完成节点的工作，其自由时差与总时差必然相等。

②其他工作的自由时差就是该工作箭线中波形线的水平投影长度。但当工作之后只紧接虚工作时，则该工作箭线上一定不存在波形线，而其紧接的虚箭线中波形线水平投影长度的最短者为该工作的自由时差。

3. 双代号时标网络计划中中关键工作及关键线路的确定

时标网络计划中的关键线路可从网络计划的终点节点开始，逆着箭线方向进行判定。

凡自始至终不出现波形线的线路即为关键线路。

因为不出现波形线，就说明在这条线路上相邻两项工作之间的时间间隔全部为零，也就是在计算工期等于计划工期的前提下，这些工作的总时差和自由时差全部为零。

◆**考法 1：填空题**

【例题·2024 年真题·单选题】双代号时标网络计划中，某工作箭线中波形线的水平投影长度表示的是（　　）。

    A. 该工作的自由时差

    B. 该工作的总时差

    C. 该工作与其紧后工作之间的时间间隔

    D. 该工作与其紧后工作之间的时距

【答案】C

【解析】本题很多同学会错选 A。实际上双代号网络计划中工作的自由时差与其波形线的水平投影长度并不总是相等的，自由时差的确定要区分这三种情况：①以终点节点为完成节点的工作，其自由时差应等于计划工期与本工作最早完成时间之差，即：$FF_{i-n} = T_p - EF_{i-n}$；②其他工作的自由时差就是该工作箭线中波形线的水平投影长度；③当工作之后只紧接虚工作时，则该工作箭线上一定不存在波形线，而其紧接的虚箭线中波形线水平投影长度的最短者为该工作的自由时差。

◆**考法 2：计算题**

【例题·2024 年真题·多选题】某工程双代号时标网络计划如下图所示，图中显示的正确信息有（　　）。

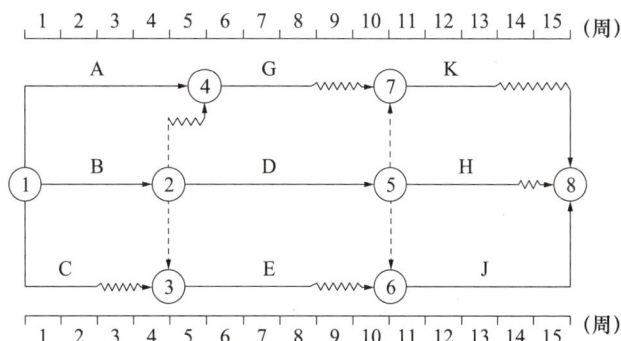

图 4-12　某工程双代号时标网络计划

    A. 工作 A 为非关键工作　　　　　　B. 工作 C 的自由时差为 2 周

C. 工作 G 的自由时差为 4 周　　　　D. 工作 E 的总时差为 2 周

E. 工作 D 的总时差为 1 周

【答案】A、B、D

【解析】关键工作为 B、D、H、J。工作 G 的自由时差为 2 周，故选项 C 错误。工作 D 的总时差为 0 周，故选项 E 错误。

4.4　施工进度控制

核心考点提纲

4.4.1　施工进度计划实施中的检查与分析—施工进度监测和调整的系统过程

4.4.2　实际进度与计划进度比较方法—实际进度与计划进度比较方法

4.4.3　施工进度计划调整方法及措施—施工进度计划调整方法及措施

核心考点剖析

4.4.1　施工进度计划实施中的检查与分析

核心考点　施工进度监测和调整的系统过程

施工进度监测和调整的系统过程如下图所示。

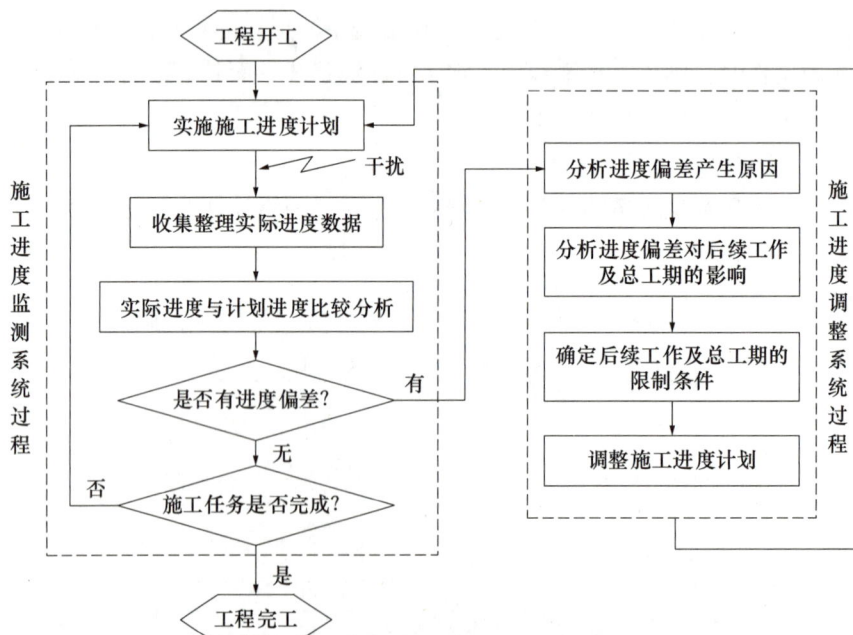

图 4-13　施工进度监测和调整的系统过程

分析进度偏差对后续工作及总工期的影响：

当工作实际进度拖后的时间（偏差）未超过该工作的自由时差时，则该工作实际进度偏差既不影响该工作后续工作的正常进行，也不会影响总工期。

当工作实际进度拖后的时间（偏差）超过该工作的自由时差，但未超过该工作的总时差时，则该工作实际进度偏差会影响该工作后续工作的正常进行，但不会影响总工期。

当工作实际进度拖后的时间（偏差）超过该工作的总时差时，则既影响该工作后续工作的正常进行，也会影响总工期。

◆ 考法 1：正误判断题

【例题·2024 年真题·单选题】某工程网络计划执行过程中，经检查发现仅有工作 D 的实际进度拖后 4d。该工作原计划总时差和自由时差分别为 5d 和 2d，则工作 D 实际进度拖后造成的影响是（   ）。

  A. 影响后续工作最迟开始时间，但不影响总工期

  B. 使紧后工作最早开始时间推迟 2d，但不影响总工期

  C. 使紧后工作最早开始时间推迟 1d，总工期延长 2d

  D. 不影响后续工作最早开始时间，但会影响总工期

【答案】B

【解析】本题考核的是实际进度拖后对后续工作及总工期的影响。由于总时差 5d ＞实际进度拖后 4d，因此不影响总工期；由于自由时差 2d ＜实际进度拖后 4d，因此会影响紧后工作的最早开始时间，影响的时间＝ 4－2 ＝ 2d，紧后工作推迟 2d。

◆ 考法 2：归类题

【例题·多选题】下列施工进度控制工作中，属于监测系统过程的有（   ）。

  A. 分析产生进度偏差的原因

  B. 调整施工进度计划

  C. 分析进度偏差对后续工作及总工期的影响

  D. 收集反映工程实际进度的有关数据

  E. 实际进度与计划进度比较分析

【答案】D、E

【解析】本题考核的是施工进度监测和调整的系统过程。选项 A、B、C 属于施工进度调整的系统过程。

4.4.2　实际进度与计划进度比较方法

核心考点　实际进度与计划进度比较方法

1. 横道图比较法

横道图比较法是最常用的实际进度与计划进度比较方法。

2. S 曲线比较法

采用 S 曲线比较法，可在同一坐标系中表示整个工程在不同时点计划累计任务量、实际累计完成任务量及其偏差情况。

某工程 S 曲线比较图如下图所示。

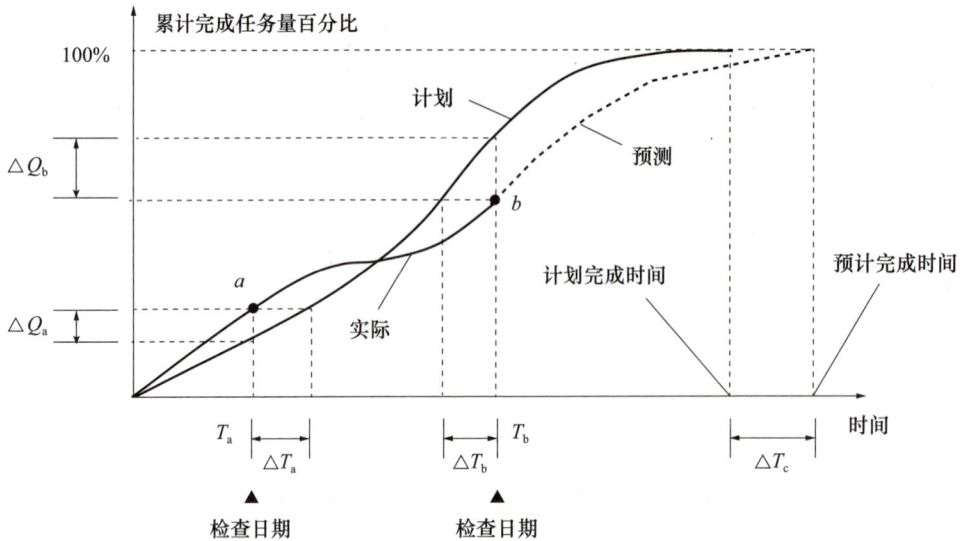

图 4-14　某工程 S 曲线比较图

利用 S 曲线比较法进行实际进度与计划进度比较，可以获得以下信息：

（1）工程实际进展状况

若工程实际进展点落在计划 S 曲线左侧（如图 4-14 中的 a 点），表明此时实际进度超前。

若工程实际进展点落在计划 S 曲线右侧（如图 4-14 中的 b 点），表明此时实际进度拖后。

若工程实际进展点正好落在计划 S 曲线上，则表示此时实际进度与计划进度一致。

（2）工程实际进度超前或拖后的时间

在 S 曲线比较图中可以直接读出实际进度超前或拖后的时间。

例如在图 4-14 中，$\triangle T_a$ 表示该工程在 T_a 时刻实际进度超前的时间；$\triangle T_b$ 表示该工程在 T_b 时刻实际进度拖后的时间。

（3）工程实际超额完成或拖欠的任务量

在 S 曲线比较图中也可直接读出实际超额完成或拖欠的任务量。

例如在图 4-14 中，$\triangle Q_a$ 表示该工程在 T_a 时刻超额完成的任务量；$\triangle Q_b$ 表示该工程在 T_b 时刻实际拖欠的任务量。

（4）后期工程进度预测

若后期工程仍按原计划速度进行，则可作出后期工程计划 S 曲线如图 4-14 中虚线所示，从而可依此预计工期拖延 $\triangle T_c$。

3. 前锋线比较法

实际进度前锋线是指在施工进度时标网络计划中，从实际进度检查时刻的时标点出发，用点划线依次将各项工作实际进展位置点连接而成的折线。

◆ 考法：正误判断题

【例题 1·单选题】某项工作计划最早第 15 天开始，持续时间为 25d，总时差为 2d，每天完成的工程量相同。第 20 天结束时，检查发现该工作仅完成 20%。关于该项工作进度计划检查与调整的说法，正确的是（   ）。

  A. 实际进度超前，可以适当减缓工作进度

  B. 实际进度和计划保持一致，各时间参数均未发生变化

  C. 实际进度滞后，但对总工期没有影响，加强关注即可

  D. 实际进度滞后，且影响总工期 1d，须采取措施赶工

【答案】C

【解析】本题考核的是工作进度计划检查与调整。每天完成的工程量相同，25d 完成 100% 的工作量，计划每天完成 25/100 ＝ 4% 工程量，注意第 15 天开始时，是指第 15 天上班时刻开始，第 20 天结束，即第 20 天下班时结束，实际工作 6d，实际完成 20%，实际进度滞后 1d，在总时差 2d 以内，对总工期没有影响，加强关注即可。

【例题 2 · 多选题】某工程 S 曲线比较图如下图所示，说法正确的有（   ）。

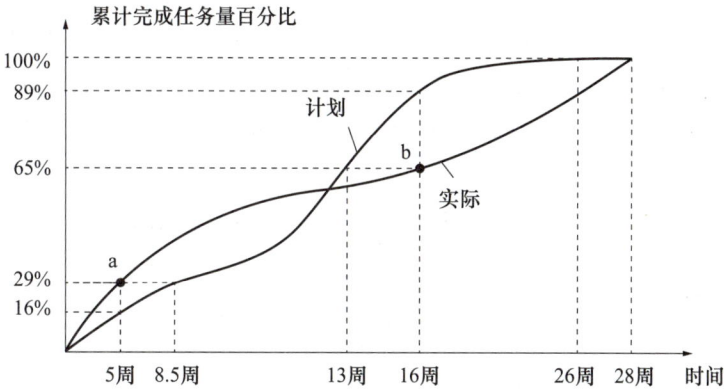

图 4-15　某工程 S 曲线比较图

  A. 该项工程实际进度比计划进度快 2 周

  B. 图中实际进度落在点 a 时，表明此时实际进度快于计划进度

  C. 图中实际进度落在点 b 时，表明此时实际进度快于计划进度

  D. 在第 5 周末，实际进度比计划进度快 3.5 周

  E. 在第 16 周末，实际进度比计划进度快 3 周

【答案】B、D

【解析】选项 A 说法错误，不是快 2 周而是慢 2 周。选项 C 说法错误，不是快于计划进度，而是慢于计划进度。选项 E 说法错误，不是快 3 周，而是慢 3 周。

【例题 3 · 多选题】某工程项目的双代号时标网络计划，当计划执行到第 4 周末及第 10 周末时，检查得出实际进度前锋线如下图所示，检查结果表明（   ）。

  A. 第 4 周末检查时工作 B 拖后 1 周，但不影响总工期

  B. 第 4 周末检查时工作 A 拖后 1 周，影响总工期 1 周

  C. 第 10 周末检查时工作 I 提前 1 周，可使总工期提前 1 周

  D. 第 10 周末检查时工作 G 拖后 1 周，但不影响总工期

E. 在第 5 周到第 10 周内，工作 F 和工作 I 的实际进度正常

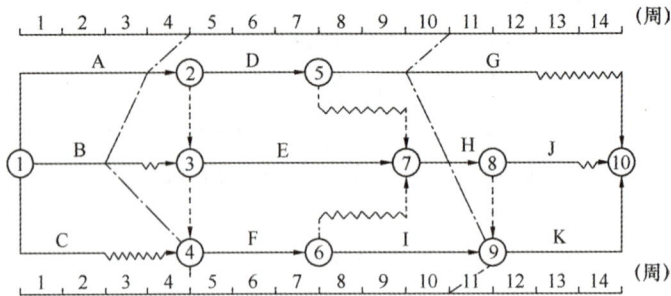

图 4-16　实际进度前锋线

【答案】B、D

【解析】2015 年的这道真题与 2012 年一道真题完全一样！当然，这道题很难！第 4 周末检查时工作 B 并非拖后 1 周，而是拖后 2 周，但工作 B 有 1 周的总时差，将会使得总工期拖后 1 周，而不是不影响总工期，因此选项 A 错误。工作 A 为关键工作，总时差为 0，第 4 周末检查时工作 A 拖后 1 周，将影响总工期 1 周，因此选项 B 正确。工作 I 为关键工作，总时差为 0，第 10 周末检查时时工作 I 提前 1 周，但不可使总工期提前 1 周，因为该网络计划有两条关键线路，工作 I 只是位于其中一条关键线路上，所以工作 I 提前 1 周，不可使总工期提前 1 周，因此选项 C 错误。工作 G 的总时差为 2 周，第 10 周末检查时工作 G 拖后 1 周，不影响总工期，因此选项 D 正确。在第 5 周到第 10 周内，工作 F 实际进度正常，工作 I 的实际进度提前 1 周，因此选项 E 错误。

4.4.3　施工进度计划调整方法及措施

核心考点　施工进度计划调整方法及措施

当工程实际进度偏差影响到后续工作、总工期而需要调整施工进度计划时，调整方法主要有两种：

一是通过压缩某些工作的持续时间来缩短工期。

二是通过改变某些工作的逻辑关系来缩短工期。

1. 压缩某些工作的持续时间

为压缩某些工作的持续时间，通常需要采取以下措施来达到目的：

（1）组织措施。如：

①增加工作面，组织更多施工队伍。

②增加每天施工时间，采用加班或多班制施工方式。

③增加劳动力和施工机械数量等。

（2）技术措施。如：

①改进施工工艺和施工技术，缩短工艺技术间歇时间。

②采用更先进的施工方式（如将现浇混凝土方案改为预制装配方案），减少施工过程数量。

③ 采用更先进的施工机械等。

（3）经济措施。如：

① 实行包干奖励。

② 提高奖金数额。

③ 对所采取的技术措施给予相应经济补偿等。

（4）其他配套措施。如：

① 改善外部配合条件。

② 改善施工作业环境。

③ 实施强有力的组织调度等。

2. 改变某些工作间的逻辑关系

这种调整方法的特点是不改变施工进度计划中工作的持续时间，通过改变某些工作的开始时间和完成时间，来达到加快施工进度、缩短工期的目的。

当施工进度计划中影响后续工作（后续工作的拖延有限制时）及总工期的工作之间逻辑关系允许改变时，可以通过改变其逻辑关系，将顺序作业的工作改为平行作业、搭接作业或分段组织流水作业等，均可有效缩短工期。

当然，无论组织平行作业、搭接作业或分段组织流水作业，单位时间内的资源需求量均会增加。

◆考法：归类题

【例题1·2024年真题·单选题】工程施工过程中，通过缩短关键工作的持续时间来调整施工进度计划时，可采取的技术措施是（　　）。

    A. 采用更先进的施工机械　　　　B. 改善施工作业环境

    C. 增加施工机械数量　　　　　　D. 组织更多施工队伍

【答案】A

【解析】选项B属于其他配套措施，选项C、D属于组织措施。

【例题2·单选题】下列建设工程项目进度控制措施中，属于其他配套措施的是（　　）。

    A. 增加工作面　　　　　　　　　B. 实行包干奖励

    C. 分析施工方案对工程进度的影响　　D. 对比分析工程物资采购模式

【答案】D

【解析】选项A属于组织措施，选项B属于经济措施，选项C属于技术措施。

本章模拟强化练习

4.1　工程进度影响因素与进度计划系统

1. 在工程建设过程中，影响实际进度的自然环境因素是（　　）。

    A. 材料供应时间不能满足实际工程的需求

    B. 施工场地的条件不得满足

  C. 复杂的工程地质条件

  D. 计划安排不周密，组织协调不力

2. 项目施工进度计划系统包括的计划有（ ）。

  A. 施工企业年度生产计划   B. 建设项目设计进度计划

  C. 单位工程施工进度计划   D. 项目季度施工计划

  E. 建设单位项目进度计划

4.2 流水施工进度计划

1. 流水施工的主要特点有（ ）。

  A. 按照工艺顺序进行施工   B. 工作队实现专业化施工

  C. 需要大量人力资源   D. 施工进度无法控制

  E. 能够充分利用工作面

2. 下列流水施工参数中，属于空间参数的有（ ）。

  A. 流水步距   B. 工作面

  C. 流水强度   D. 施工过程

  E. 施工段

3. 某工程有 3 个施工过程，组织全等节拍流水施工，流水节拍均为 2 周，如果要求流水施工工期是 12 周，则应划分的施工段个数是（ ）段。

  A. 4   B. 3

  C. 5   D. 6

4. 某等节奏流水施工，其中施工过程 $n = 3$，施工段 $m = 4$，流水节拍 $t = 2$，其中施工过程①和施工过程②间隔 1d，则该流水施工总工期为（ ）d。

  A. 10   B. 11

  C. 12   D. 13

5. 某分部工程有 3 个施工过程，划分为 4 个施工段组织加快的成倍节拍流水施工，流水节拍分别为 4d、6d 和 2d，则该分部工程需派出的专业工作队数是（ ）。

  A. 3   B. 4

  C. 5   D. 6

6. 某工程划分为 3 个施工过程、4 个施工段，组织加快的成倍节拍流水施工，流水节拍分别为 4d、2d 和 4d，则应派（ ）个专业工作队参与施工。

  A. 2   B. 3

  C. 4   D. 5

7. 关于非节奏流水施工的说法，正确的是（ ）。

  A. 专业工作队数和施工过程数不相等

  B. 专业工作队连续作业，施工段之间没有空闲时间

  C. 相邻施工过程的流水步距完全相同

  D. 相同施工过程的流水节拍可能不同

4.3 工程网络计划技术

1. 【2021年真题】某双代号网络计划如下图所示，存在的不妥之处是（   ）。

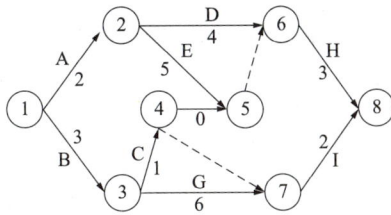

图 4-17　某双代号网络计划

  A. 有多个起点节点　　　　　　　　B. 工作表示方法不一致

  C. 节点编号不连续　　　　　　　　D. 有多余时间参数

2. 【2017年真题】某工作间逻辑关系如下图所示，正确的是（   ）。

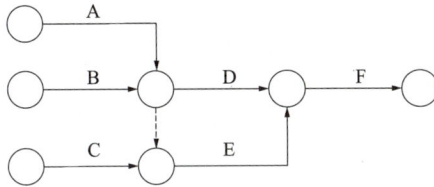

图 4-18　某工作间逻辑关系

  A. A、B 均完成后同时进行 C、D　　B. A、B、C 均完成后同时进行 D、E

  C. A、B 均完成后进行 D　　　　　　D. B、C 完成后进行 E

3. 【2014年真题】某双代号网络图如下图所示，存在的错误是（   ）。

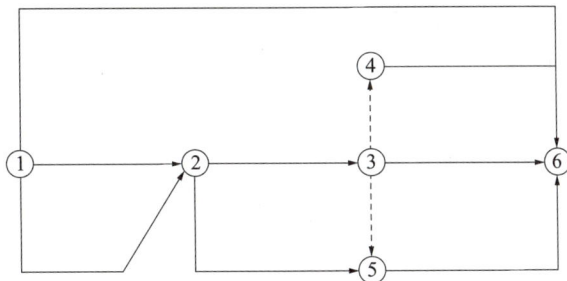

图 4-19　某双代号网络图

  A. 出现无箭头连线　　　　　　　　B. 出现无箭头节点箭线

  C. 出现多个起点节点　　　　　　　D. 工作代号相同

4. 关于单代号网络计划绘图规则的说法，正确的是（   ）。

  A. 可以有多个起点节点，但只能有一个终点节点

  B. 不允许出现循环回路

  C. 所有箭线不允许交叉

  D. 可以绘制没有箭尾节点的箭线

5. 关于单代号网络计划绘制要求的说法，正确的是（　　）。

    A. 所有时间参数都应标注在节点内

    B. 所有逻辑关系均用箭线表示

    C. 工作间的间隔时间用波形线表示

    D. 节点编号必须连续

6. 【2020 年真题】双代号网络计划中，某工作最早第 3 天开始，工作持续时间 2d，有且仅有 2 个紧后工作，紧后工作最早开始时间分别是第 5 天和第 6 天，对应总时差是 4d 和 2d。该工作的总时差和自由时差分别是（　　）。

    A. 0d，0d

    B. 4d，1d

    C. 2d，2d

    D. 3d，0d

7. 【2020 年真题】某双代号网络计划如下图所示，关于工作时间参数的说法，正确的有（　　）。

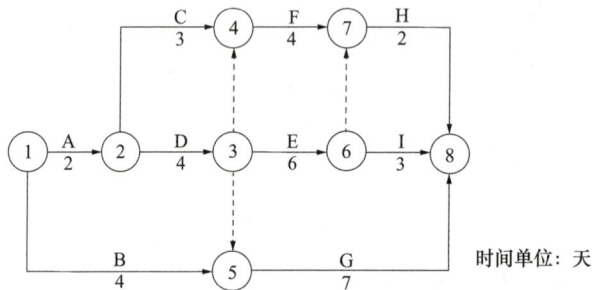

图 4-20　某双代号网络计划

    A. 工作 B 的最迟完成时间是第 8 天

    B. 工作 C 的最迟开始时间是第 7 天

    C. 工作 F 的自由时差是 1d

    D. 工作 G 的总时差是 2d

    E. 工作 H 的最早开始时间是第 13 天

8. 【2019 年真题】某工作持续时间 2d，有 2 项紧前工作和 3 项紧后工作，紧前工作的最早开始时间分别是第 3 天、第 6 天（计算坐标系），对应的持续时间分别是 5d、1d；紧后工作的最早开始时间分别是第 15 天、第 17 天、第 19 天，对应的总时差分别是 3d、2d、0d。该工作的总时差是（　　）d。

    A. 8

    B. 9

    C. 10

    D. 13

9. 【2022 年真题】某工程网络计划中，工作 N 的持续时间是 1d，最早第 14 天上班时刻开始，工作 N 的 3 个紧前工作 A、B、C 最早完成时间分别是第 9 天、第 11 天、第 13 天下班时刻，则工作 B 与工作 N 的时间间隔是（　　）d。

    A. 0

    B. 1

    C. 2

    D. 4

10. 某分部工程的单代号网络计划如下图所示（时间单位：d），正确的有（   ）。

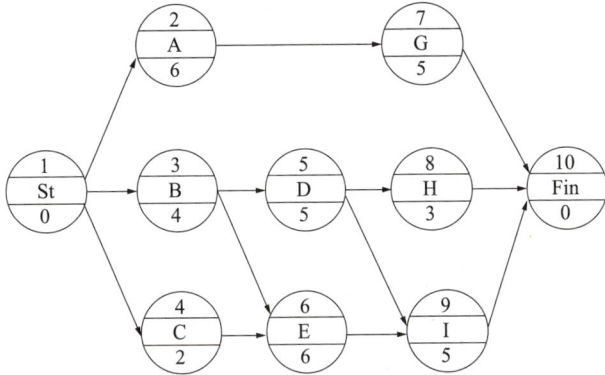

图 4-21　某分部工程的单代号网络计划

A. 有两条关键线路

B. 计算工期为 15d

C. 工作 G 的总时差和自由时差均为 4d

D. 工作 D 和 I 之间的时间间隔为 1d

E. 工作 H 的自由时差为 2d

11. 某项目分部工程双代号时标网络计划如下图所示，关于该网络计划的说法，正确的有（   ）。

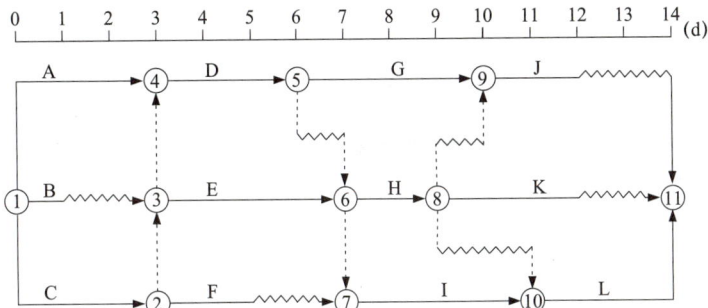

图 4-22　某项目分部工程双代号时标网络计划

A. 工作 A、C、H、L 是关键工作

B. 工作 C、E、I、L 组成关键线路

C. 工作 G 的总时差与自由时差相等

D. 工作 H 的总时差为 2d

E. 工作 D 的总时差为 1d

12. 某工程双代号时标网络计划如下图所示（时间：周），下列各项工作的总时差计算中，正确的有（   ）。

A. 工作 A 的总时差是 2 周　　　　B. 工作 B 的总时差是 3 周

C. 工作 C 的总时差是 0 周　　　　D. 工作 D 的总时差是 1 周

E. 工作 E 的总时差是 1 周

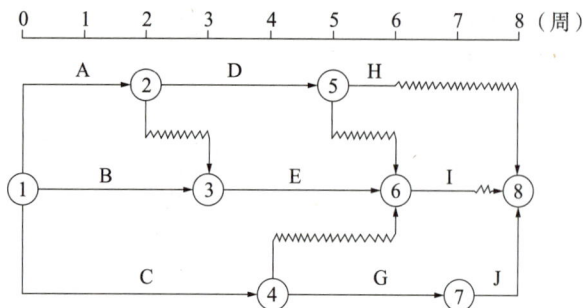

图 4-23　某工程双代号时标网络计划

4.4　施工进度控制

1.【2017 年真题】某工程网络计划中，工作 N 的自由时差为 5d，计划执行过程中检查发现，工作 N 的工作时间延长了 3d，其他工作均正常，此时（　　）。

A. 工作 N 的总时差不变，自由时差减少 3d

B. 总工期不会延长

C. 工作 N 的最迟完成时间推迟 3d

D. 工作 N 的总时差减少 3d

E. 工作 N 将会影响紧后工作

2. 某工作计划进度与实际进度如下图所示，可以得到的正确信息有（　　）。

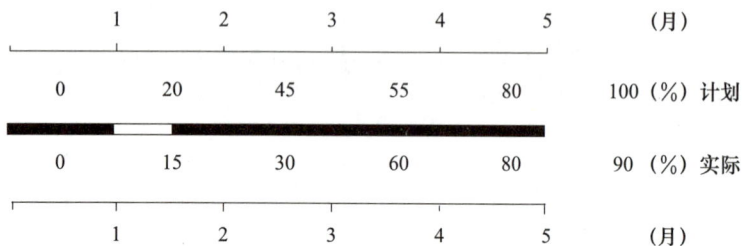

图 4-24　某工作计划进度与实际进度

A. 本工作已按计划完成

B. 在第 2 月前半月内没有进行本工作

C. 在第 3 月内本工作实际进度超前

D. 到第 4 月末，本工作拖欠 5% 的任务量

E. 在第 5 月内，本工作拖欠 10% 的任务量

3. 某工程所有工作匀速进展，完工时各工作的进展如下图所示（空心横道表示计划进度，实心横道表示实际进展），根据第 8 周的检查情况，下列说法正确的有（　　）。

A. 工作 A 已完成
B. 工作 B 的实际进度提前 2 周

C. 工作 C 的实际进度正常
D. 工作 D 尚未

E. 工作 E 的实际进度拖后 1 周

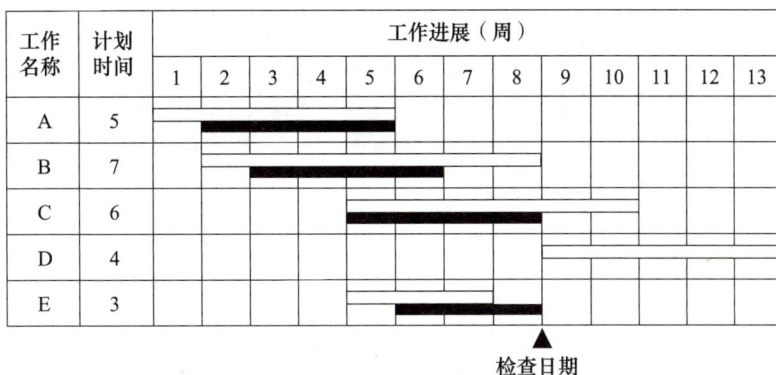

图 4-25　某工程完工时各工作的进展

4. 当利用 S 曲线比较实际进度与计划进度时，如果检查日期实际进展点落在计划 S 曲线的右侧，则该实际进展点与计划 S 曲线在横坐标方向的距离表示工程项目（　　）。

　　A. 实际进度超前的时间　　　　　B. 实际进度拖后的时间
　　C. 实际超额完成的任务量　　　　D. 实际拖欠的任务量

5.【2020 年真题】某项目时标网络计划第 2、4 周末实际进度前锋线如下图所示，关于该项目进度情况的说法，正确的有（　　）。

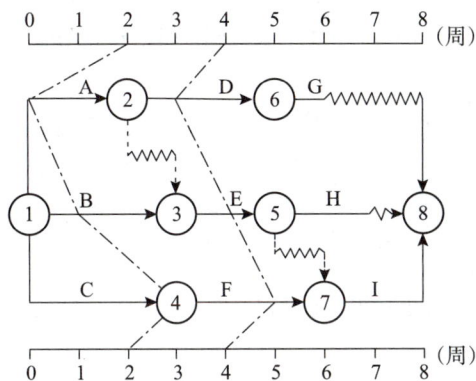

图 4-26　某项目时标网络计划

　　A. 第 2 周末，工作 A 拖后 2 周，但不影响工期
　　B. 第 2 周末，工作 B 拖后 1 周，但不影响工期
　　C. 第 2 周末，工作 C 提前 1 周，工期提前 1 周
　　D. 第 4 周末，工作 D 拖后 1 周，但不影响工期
　　E. 第 4 周末，工作 F 提前 1 周，工期提前 1 周

6.【2014 年真题】某工程双代号时标网络计划，在第 5 天末进行检查得到实际进度前锋线如下图所示，正确的有（　　）。

　　A. 工作 H 还剩 1d 机动时间　　　B. 总工期缩短 1d
　　C. 工作 H 影响总工期 1d　　　　D. 工作 E 提前 1d 完成
　　E. 工作 G 进度落后 1d

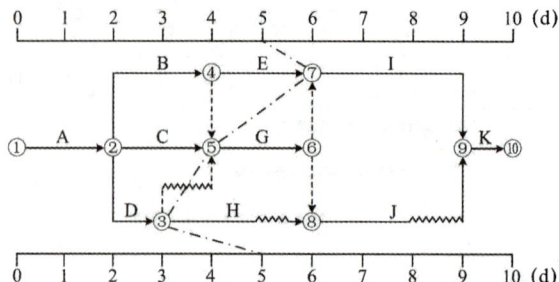

图 4-27 某工程双代号时标网络计划

7. 通生缩短关键工作的持续时间来调整建设工程施工进度计划时，可采用的技术措施是（   ）。

    A. 组织更多施工队伍   B. 采用更先进的施工方式

    C. 改善外部配合条件   D. 增加每天施工时间

8. 下列建设工程项目进度控制措施中，属于技术措施的有（   ）。

    A. 分析装配式混凝土结构和现浇混凝土结构对施工进度的影响

    B. 通过比较钢网架高空散装法和高空滑移法的优缺点选择施工方案

    C. 增加每天施工时间，采用多班制施工方式

    D. 对所采取的技术措施给予相应经济补偿

    E. 通过变更落地钢管脚手架为外爬式脚手架缩短工期

本章模拟强化练习答案及解析

4.1　工程进度影响因素与进度计划系统

1.【答案】C

【解析】选项 A 属于材料供应单位的原因。选项 B 属于建设单位的原因。选项 D 属于施工单位自身的组织管理因素。

2.【答案】C、D

【解析】选项 A 不属于施工进度计划，而属于施工企业生产计划。选项 B 属于设计单位进度计划。选项 C 属于按项目组成编制的施工进度计划。选项 D 属于按进展时间编制的施工进度计划。选项 E 属于建设单位进度计划。

4.2　流水施工进度计划

1.【答案】A、B、E

【解析】选项 C 需要大量人力资源是平行施工的特点，错误。选项 D 流水施工可以通过控制流水参数预测和控制进度，错误。

2.【答案】B、E

【解析】选项 A 属于时间参数，选项 C、D 属于工艺参数。

3.【答案】A

【解析】流水施工工期的计算公式为 $T = (m + n - 1)K$，将题目已知数据代入公式，

得出：$12 = (m + 3 - 1) \times 2$，所以 $m = 4$。

4. 【答案】D

【解析】流水施工总工期 $T = (m + n - 1)K + \sum Z - \sum C = (3 + 4 - 1) \times 2 + 1 = 13d$。

5. 【答案】D

【解析】① 计算流水步距。流水步距等于流水节拍的最大公约数，即：$K = [4, 6, 2] = 2d$。② 确定专业工作队数目。各施工过程的专业工作队数分别为：$4/2 + 6/2 + 2/2 = 2 + 3 + 1 = 6$。

6. 【答案】D

【解析】首先计算流水步距，即流水节拍的最大公约数 2d；其次计算专业队数，第一个过程 $4/2 = 2$ 个，第二个过程 $2/2 = 1$ 个，第三个过程 $4/2 = 2$ 个，因此专业队为 $2 + 1 + 2 = 5$ 个。所以选项 D 正确。

7. 【答案】D

【解析】非节奏流水施工具有以下特点：① 各施工过程在各施工段上的流水节拍不全相等；② 相邻施工过程的流水步距不尽相等；③ 专业工作队数等于施工过程数；④ 各专业工作队能够在施工段上连续作业，但有的施工段之间可能有空闲时间。

4.3 工程网络计划技术

1. 【答案】B

【解析】本题考核的是双代号网络图中虚工作的表示方法。本题在同一图中虚工作的表示方法有两种，不一致。且其中的工作④ – ⑤持续时间为零，应是虚工作。依据我国《工程网络计划技术规程》JGJ/T 121—2015，虚工作一般用虚箭线表示，但图中用实箭线和持续时间 "0" 来表示，不符合我国《工程网络计划技术规程》JGJ/T 121—2015 要求。所以本题正确选项应为 B。

2. 【答案】C

【解析】A、B、C 均完成后进行 D，故选项 A 错误。A、B、C 均完成后进行 E，故选项 B、D 错误。

3. 【答案】D

【解析】工作① – ②用两条箭线表示是错误的，在双代号网络图中每一项工作都必须用一条箭线和两个代号表示。

4. 【答案】B

【解析】选项 A 错误，网络图应只有一个起点节点和一个终点节点（任务中部分工作需要分期完成的网络计划除外）。选项 C 错误，应尽量避免网络图中工作箭线的交叉。当交叉不可避免时，可以采用过桥法或指向法处理。选项 D 错误，网络图中严禁出现没有箭尾节点的箭线和没有箭头节点的箭线。

5. 【答案】B

【解析】选项 A 说法错误，单代号网络计划中仅工作持续时间标注在节点内。选项 C 说法错误，仅在双代号时标网络计划中，工作间的间隔时间用波形线表示。选项 D 说法错误，节点的编号顺序应从小到大，可不连续，但不允许重复。选项 B 说法正确，单代号网络计划中，所有逻辑关系的确均用箭线表示。

6.【答案】D

【解析】工作的最早完成时间＝工作的最早开始时间＋工作的持续时间。根据题意，本工作的最早完成时间＝3＋2＝5。工作的自由时差＝min（紧后工作的最早开始时间－本工作的最早完成时间）＝min{(5－5)，(6－5)}＝0d。紧后工作的最迟开始时间＝紧后工作的最早开始时间＋总时差。根据题意，紧后工作的最迟开始时间分别是5＋4＝9，6＋2＝8。工作的总时差＝min（紧后工作的最迟开始时间－本工作的最早完成时间）＝min{(9－5)，(8－5)}＝3d。

7.【答案】A、D

【解析】本题考核的是双代号网络计划的时间参数计算，属于必考点。

工作B的最迟完成时间－工作B的最早完成时间＝工作B的总时差

工作B的最迟完成时间＝工作B的最早完成时间＋工作B的总时差＝（0＋4）＋（2＋2）＝8，故选项A正确。

工作C的最迟开始时间－工作C的最早开始时间＝工作C的总时差

工作C的最迟开始时间＝工作C的最早开始时间＋工作C的总时差＝2＋（1＋2＋1）＝6，故选项B错误。

工作F的自由时差＝紧后工作的最早开始时间－F工作的最早完成时间＝12－（6＋4）＝2d，故选项C错误。

工作G的总时差＝工作G的自由时差＝计算工期－G工作的最早完成时间＝15－（6＋7）＝2d，故选项D正确。

工作H的最早开始时间＝max{ES_F，ES_E}＝max{(6＋4)，(6＋6)}＝12，故选项E错误。

8.【答案】A

【解析】该工作有紧后工作，所以其总时差等于其最迟开始时间减去最早开始时间，或等于最迟完成时间减去最早完成时间。三项紧后工作中，最早开始时间为第15天的工作，其最迟开始时间为15＋3＝18；最早开始时间为第17天的工作，其最迟开始时间为17＋2＝19；最早开始时间为第19天的工作，其最迟开始时间为第19天。所以该工作的最迟完成时间为min{18，18，19}＝18，最早开始时间＝max{(3＋5)，(6＋1)}＝8，最早完成时间＝8＋2＝10。所以工作的总时差18－10＝8d。

9.【答案】C

【解析】根据题意，工作N的最早开始时间ES_N＝max{EF_A，EF_B，EF_C}＝max{9，11，13}＝13（注意工作N的最早开始时间不是第14天），则工作B与工作N的时间间隔$LAG_{B,N}$＝ES_N－EF_B＝13－11＝2d。

10.【答案】B、C、D

【解析】本题单代号网络图最长线路是①→③→⑥→⑨→⑩，时长为15d，所以计算工期是15d，所以选项A错误，选项B正确。工作G的总时差TF_G＝0＋15－11＝4d，工作G的自由时差FF_G＝15－11＝4d，所以选项C正确。工作D和I之间的时间间隔

$LAG_{D,I} = 10-9 = 1d$，所以选项 D 正确。工作 H 的自由时差 $FF_H = 15-12 = 3d$，所以选项 E 错误。

11.【答案】B、D、E

【解析】本题关键线路只有一条，为 C→E→I→L，所以 C、E、I、L 即为关键工作，故选项 A 错误，选项 B 正确。工作 G 的总时差与自由时差不相等，其自由时差为 0d，总时差为 2d，故选项 C 错误。工作 H 的最迟完成时间应该是工作 J、K、L 的最迟开始时间的最小值，即 11，所以工作 H 的总时差为 2d，故选项 D 正确。同理工作 D 的最迟完成时间为第 8 天，其总时差也为 2d，故选项 E 正确。

12.【答案】A、C、E

【解析】在双代号时标网络计划中，工作总时差的判定应从网络计划的终点节点开始，逆着箭线方向依次进行，终点节点⑧ 为关键节点，以关键节点为完成节点的工作，其总时差与自由时差相等，故 $TF_H = 2$ 周，$TF_I = 1$ 周，$TF_J = 0$ 周。其他工作的总时差按公式 $TF_{i-j} = \min\{TF_{j-k} + LAG_{i-j,j-k}\}$ 进行计算。由此算得 $TF_D = 2$ 周，$TF_E = 1$ 周，$TF_C = 0$ 周，$TF_A = 2$ 周，$TF_B = 1$ 周。所以正确选项是 A、C、E。

4.4 施工进度控制

1.【答案】B、D

【解析】工作 N 自由时差 5d，其总时差是大于等于自由时差 5d 的，所以，工作 N 拖延 3d，并不影响总工期，故选项 B 说法正确。工作 N 的总时差等于其自由时差加上紧后工作总时差的最小值，自由时差减少了 3d，所以总时差减少了 3d，故选项 A 说法错误，选项 D 说法正确。工作 N 拖延 3d 完成，即未超出自由时差，更未超出总时差，所以，既不会造成本工作最迟完成时间推迟，也不会影响其紧后工作的最早开始时间，故选项 B、E 说法错误。

2.【答案】B、C、E

【解析】选项 A，本工作未按计划完成，还差 10%。选项 D，到第 4 月末，本工作实际进度和计划进度一致，没有拖欠任务量。

3.【答案】C、D、E

【解析】根据横道图上的线条所示，工作 A 只完成了 4/5 就停止了，工作 B 也只是完成了 4/7 就停止了，工作 C 跟计划的进度相同，工作 D 尚未开始，工作 E 已经完成了，但是比计划进度拖后了 1 周。因此，正确选项是 C、D、E。

4.【答案】B

【解析】若工程实际进展点落在计划 S 曲线右侧，表明此时实际进度拖后，则该实际进展点与计划 S 曲线在横坐标方向的距离表示工程项目则该实际进展点与计划 S 曲线在横坐标方向的距离表示工程项目。

5.【答案】A、B、D、E

【解析】本题考核的是实际进度前锋线。注意：有第 2 周末和第 4 周末两个检查日期，应分别考虑。

第 2 周末检查时，工作 C 确实提前 1 周，但并不会使工期提前 1 周。因为要同时考虑在第2周末检查时涉及的另外两项工作，工作A拖延2周，工作A有2周的总时差，所以对总工期没有影响（总工期8周）；工作B拖延1周，工作B有1周的总时差，所以对总工期没有影响（总工期8周）；所以即使工作C提前1周，也不会使总工期提前，总工期还是8周（工作A和工作B已经变成关键工作）。故选项C错误。

第4周末检查时，工作D拖后1周，工作D有2周的总时差，还剩下1周的机动时间（总工期7周）；工作E进度正常，工作E本身有1周的总时差（总工期7周）；而工作F提前1周；综合考虑在第4周末检查时涉及的D、E、F三项工作，可使总工期提前1周，为7周。故选项E正确。

6.【答案】D、E

【解析】工作H拖延2d，工作H有2d的总时差，所以，工作H没有机动时间了，也不影响总工期，故选项A、C说法错误。工作E提前1d完成，虽然工作E是关键工作，但只是位于3条关键线路中其中1条，所以工作E工作提前1d完成，并不能总工期缩短1d，故选项B错误，选项D正确。工作G进度落后1d，故选项E说法正确。

7.【答案】B

【解析】选项A、D属于组织措施，选项C属于其他配套措施。

8.【答案】A、B、E

【解析】选项C属于组织措施，选项D属于经济措施。

第 5 章　建设工程质量管理

本章考情分析

2024 年本章节次及条目分值分布

本章节次	本章条目	2024 年	
		单选	多选
5.1　工程质量影响因素及管理体系	5.1.1　工程质量形成过程及影响因素	1	
	5.1.2　全面质量管理		
	5.1.3　工程质量管理体系	1	2
5.2　施工质量抽样检验和统计分析方法	5.2.1　施工质量抽样检验方法	2	2
	5.2.2　施工质量统计分析方法		2
5.3　施工质量控制	5.3.1　施工准备质量控制	1	
	5.3.2　施工过程质量控制	1	2
	5.3.3　施工质量检查验收	1	
5.4　施工质量事故预防与调查处理	5.4.1　施工质量事故分类	1	
	5.4.2　施工质量事故预防		
	5.4.3　施工质量事故调查处理		
合计		8 分	8 分
		16 分	

本章核心考点分析

5.1　工程质量影响因素及管理体系

核 心 考 点 提 纲

5.1.1　工程质量形成过程及影响因素
- 1. 工程质量的固有特性
- 2. 工程质量形成过程
- 3. 工程质量影响因素

5.1.3　工程质量管理体系—工程质量管理体系的特点和结构

5.1.1 工程质量形成过程及影响因素

核心考点一 工程质量的固有特性

工程质量指建设工程固有特性满足相关标准规定和合同约定要求的程度。

建设工程固有特性包括了实用性、安全性、可靠性、经济性、美观性和环境协调性。

表 5-1 工程质量的固有特性

序号	固有特性	特性描述
1	实用性	（1）平面、空间布置合理以利生产，方便生活。 （2）采光、通风、隔声、隔热等良好。 （3）工艺流程合理、技术先进
2	安全性	（1）满足强度、刚度、稳定性要求。 （2）防灾、抗灾能力强。 （3）安全防范、预警效果好
3	可靠性	（1）使用有效性。 （2）使用耐久性。 （3）维修方便
4	经济性	（1）节约用地，节约资源。 （2）使用费用、维护费用、管理费用少。 （3）建设周期短，经济效益显著
5	美观性	（1）造型新颖，具有时代特色、民族风格。 （2）装饰艺术水平高
6	环境协调性	生产环境协调、生活环境协调、社会环境协调、生态环境协调

◆ **考法：归类题**

【**例题·多选题**】建设工程必须满足使用有效性、使用耐久性且维修方便，造型新颖，满足强度、刚度和稳定性的要求。可用于描述这些要求的建设工程固有特性的有（　　）。

　　A. 美观性 　　　　　　　　　　B. 实用性

　　C. 可靠性 　　　　　　　　　　D. 经济性

　　E. 安全性

【**答案**】A、C、E

【**解析**】使用有效性、使用耐久性且维修方便描述的是可靠性，造型新颖描述的是美观性，满足强度、刚度和稳定性的要求描述的是安全性。

核心考点二 工程质量形成过程

1. 投资决策

（1）投资决策阶段主要是确定建设工程应达到的质量目标及水平（通过可行性研究和多方案论证来确定）。

（2）投资决策阶段是影响工程质量的关键阶段，要充分反映业主对质量的要求和意愿。

2. 勘察设计

（1）根据投资决策阶段已确定的质量目标和水平，通过工程勘察、设计使其具体化。

（2）勘察设计阶段是影响工程质量的决定性阶段。

3. 施工

（1）施工阶段是根据合同约定、设计文件和图纸要求，通过施工形成工程实体。

（2）这一阶段直接影响工程的最终质量。因此，施工阶段是工程质量控制的关键阶段。

4. 竣工验收

竣工验收是工程建设向生产使用转移的必要环节，影响工程能否最终形成生产能力，体现了工程质量水平的最终结果。

5. 保修

工程质量保修制度对于促进工程建设各方加强质量管理，保护用户及消费者的合法权益起到重要的保障作用。

◆ 考法：填空题

【例题·2024年真题·单选题】建设工程投资决策和建设实施的不同阶段对工程质量有着不同程度的影响。其中对工程质量有着决定性影响的是（　　）。

　　A. 工程投资决策　　　　　　　　B. 工程勘察设计

　　C. 工程施工　　　　　　　　　　D. 工程竣工验收

【答案】B

【解析】选项A，投资决策阶段是影响工程质量的关键阶段。选项B，工程勘察设计阶段是影响工程质量的决定性阶段。选项C，工程施工阶段是工程质量控制的关键阶段。选项D，工程竣工验收阶段体现了工程质量水平的最终结果。

核心考点三　工程质量影响因素

1. 人因影响

（1）人包括工程建设的决策者、管理者、操作者。

（2）人因影响是工程质量影响因素中可变性最大的因素。

（3）在工程质量管理中，人的因素起着决定性作用。工程质量管理，应以控制人的因素为基本出发点。

（4）我国实行的执业资格制度及作业人员持证上岗制度，以及培育建筑产业工人队伍，从本质上讲，就是对从事施工活动的人员素质和能力进行必要的控制。

2. 工程材料影响

（1）工程材料是指构成工程实体的原材料、半成品、成品、构配件等。

（2）加强材料质量控制，是控制工程质量的重要基础。

3. 机械设备影响

机械设备可分为两类：

（1）构成工程实体及配套的工艺设备和各类机具，如用于生产产品的设备、电梯、智能控制及暖通设备等。

（2）施工机具，即施工过程中使用的各类机械设备，如垂直运输设备，各类操作工具、测量仪器和计量器具，各种施工安全设施等。

4. 方法或工艺影响

方法或工艺是指施工方法、施工工艺、施工方案和技术措施等。

5. 环境影响

环境因素主要指自然环境、技术环境和管理环境。

（1）自然环境：包括地质、水文、气象条件和周边建筑、地下障碍物及其他不可抗力等因素。

（2）技术环境：包括施工所依据的规范、规程、设计图纸、质量评价标准等因素。

（3）管理环境：包括质量检验、监控制度、质量管理制度等。

◆考法：归类题

【例题·多选题】影响工程质量的因素可归纳为人、材料、机械、方法及环境等五大方面，属于方法或工艺影响因素的有（　　　　）。

A. 质量评价标准　　　　　　　　B. 施工方案

C. 质量检验措施　　　　　　　　D. 技术措施

E. 施工方法

【答案】B、D、E

【解析】选项 A 属于技术环境因素，选项 C 属于管理环境因素。

5.1.3 工程质量管理体系

核心考点　工程质量管理体系的特点和结构

1. 特点对比

表 5-2　特点对比

序号	特点	工程质量管理体系	企业质量管理体系
1	建立目的	只用于特定的项目质量控制	用于建筑企业或组织的质量管理
2	服务范围	所有的质量责任主体	针对某一企业或组织机构
3	控制目标	项目的质量目标	某一企业或组织的质量管理目标
4	作用时效	一次性的质量工作体系	永久性的质量管理体系
5	评价方式	自我评价与诊断	进行第三方认证

2. 多层次的结构形态

表 5-3　多层次的结构形态

层次	说明
第一层次	（1）建设单位的工程项目管理机构。 （2）受托项目管理机构。 （3）工程总承包企业项目管理机构
第二层次	设计总负责单位、施工总承包单位等
第三层次	各承包单位的现场质量自控体系

◆ 考法 1：归类题

【例题·2024 年真题·单选题】建设工程项目质量管理体系通常是一个多层次结构体系，其中，由施工总承包单位建立的质量管理体系应属于质量管理体系的第（　　）层次。

A. 一   B. 三
C. 二   D. 四

【答案】C

【解析】第一层次的质量管理体系应由建设单位的工程项目管理机构负责建立；在委托项目管理或实行交钥匙式工程总承包的情况下，应由相应的项目管理机构、工程总承包企业项目管理机构负责建立，故选项 A 错误。第二层次的质量管理体系，是指分别由项目的设计总负责单位、施工总承包单位等建立的相应管理范围内的质量管理体系，故选项 C 正确。第三层次及以下，是承担工程设计、施工安装、材料设备供应等各承包单位的现场质量自控体系，或称各自的施工质量保证体系，故选项 B、D 错误。

◆ 考法 2：正误判断题

【例题·2018 年真题·单选题】关于工程项目质量控制体系的说法，正确的是（　　）。

A. 涉及工程项目实施中所有的质量责任主体

B. 目的是用于建筑业企业的质量管理

C. 其控制目标是建筑业企业的质量管理目标

D. 体系有效性需进行第三方审核认证

【答案】A

【解析】选项 B、C、D 都是企业质量管理体系的特点。

5.2　施工质量抽样检验和统计分析方法

核 心 考 点 提 纲

5.2.1　施工质量抽样检验方法
{
1. 检验批质量衡量方法
2. 随机抽样方法
3. 一次、二次抽样检验
4. 施工质量检验方法
}

5.2.2　施工质量统计分析方法
{
1. 因果分析图法
2. 排列图法
3. 相关图法
4. 直方图法
5. 控制图法
}

核心考点剖析

5.2.1 施工质量抽样检验方法

核心考点一 检验批质量衡量方法

1. 计数方法。计数方法有两种：

（1）以批不合格品率为质量指标，也称为计件。

（2）以批中每百单位产品的平均不合格数为质量指标，不合格数应为不合格品（个）数×不合格项数（每个产品有多项质量检验指标），也称为计点。

计算公式分别如下：

批不合格品率＝（批中不合格个数／批量）×100%

每百单位产品平均不合格数＝（批中不合格数／批量）×100

例如：有一个 200 件的检验批，其中 185 件是合格品，其余 15 件中，有 10 件每件有 1 个不合格项，有 4 件每件有 2 个不合格项，有 1 件有 3 个不合格项。

批不合格品率＝（批中不合格个数／批量）×100%

$$＝（15/200）×100\% ＝ 7.5\%$$

每百单位产品平均不合格数＝（批中不合格数／批量）×100

$$＝（21/200）×100 ＝ 10.5$$

2. 计量方法

（1）以批中单位产品某个质量特性的平均值为质量指标。

（2）以批中单位产品某个质量特性的标准差为质量指标等。

◆**考法：归类题**

【例题·多选题】 衡量一批产品质量的方法主要有计数方法和计量方法。下列计量方法中，属于检验批质量衡量计量方法的有（　　　）。

  A. 以批中不合格品个数和批量的比值为质量指标

  B. 以批中每百单位产品的平均不合格数为质量指标

  C. 以批中单位产品某个质量特性的平均值为质量指标

  D. 以批不合格品率为质量指标

  E. 以批中单位产品某个质量特性的标准差为质量指标等

【答案】 C、E

【解析】 选项 A、B、D 属于计数方法。

核心考点二 随机抽样方法

1. 简单随机抽样

简单随机抽样是按以下方式逐个抽取样本单元的方法：第一个样本单元从总体中所有 N 个抽样单元中随机抽取；第二个样本单元从剩下的（$N-1$）个抽样单元中随机抽取；……；依此类推，直至抽取 n 个样本单元为止。

这种抽样方法广泛用于原材料、构配件进货检验和分项工程、分部工程、单位工程完工后检验。

2. 系统随机抽样

系统随机抽样是指将总体中的抽样单元按某种次序排列，在规定范围内随机抽取一个或一组初始单元，然后按一套规则确定其他样本单元的抽样方法。

如每隔一定时间或空间抽取一个样本，其第一个样本是随机的，所以又称为机械随机抽样。

这种方法主要用于工序质量检验。

3. 分层随机抽样

分层随机抽样是指将总体分割成互不重叠的子总体（层），在每层中独立地按给定的样本量进行简单随机抽样。

例如，由不同班组生产的同一种产品组成一个批，将整批产品按不同班组分成若干层，在各层内再分别抽取样本。

4. 分级随机抽样

分级随机抽样是指第一级抽样从总体中抽取初级抽样单元，以后每一级抽样是在上一级抽样单元中抽取次一级的抽样单元。

分级随机抽样一般用于总体很大的情况下，例如对批量很大的砖的抽样，就可以按二次抽样来进行。

5. 整群随机抽样

整群随机抽样是指将总体分成若干互不重叠的群，每个群由若干个体组成。总体中随机抽取若干个群，抽出的群中所有个体便组成样本。

◆ **考法：归类题**

【**例题·2024年真题·单选题**】工程施工中进行工序质量检验时，宜采用的随机抽样方法是（　　）。

A. 简单随机抽样　　　　　　　　B. 分级随机抽样

C. 系统随机抽样　　　　　　　　D. 分层随机抽样

【**答案**】C

【**解析**】系统随机抽样是指将总体中的抽样单元按某种次序排列，在规定范围内随机抽取一个或一组初始单元，然后按一套规则确定其他样本单元的抽样方法。这种方法主要用于工序质量检验。

核心考点三　一次、二次抽样检验

1. 一次抽样检验

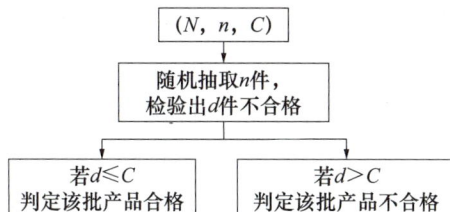

图 5-1　一次抽样检验

2. 二次抽样检验

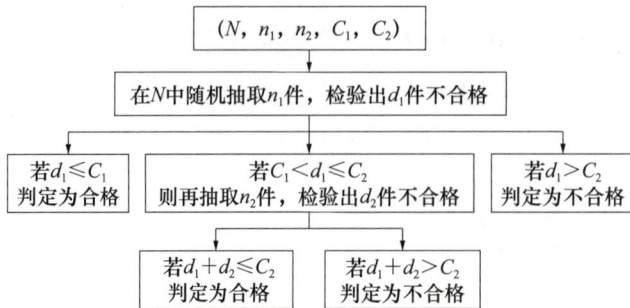

图 5-2　二次抽样检验

◆ **考法：计算题**

【**例题·单选题**】某一批量为 450 的螺栓。第一次抽样的合格判定数为 11 个，第二次抽样的合格判定数为 17 个。第一次随机抽取 40 个螺栓进行检验，发现 13 个不合格品。第二次随机抽取 60 个螺栓进行检验，发现（　　）个不合格品，可判定该批产品合格，予以接收。

A. 4
B. 6
C. 15
D. 28

【**答案**】A

【**解析**】在检验批量为 N 的一批产品中，随机抽取 n_1 件产品进行检验。发现 n_1 中的不合格数为 d_1：若 $d_1 \leqslant C_1$，则判定该批产品合格，予以接收；若 $d_1 > C_2$，判定批产品不合格，予以拒收。若 $C_1 < d_1 \leqslant C_2$，则不能判断，在同批产品中继续随机抽取第二个样本 n_2 件产品进行检验。若发现 n_2 中有 d_2 件不合格品，则根据（$d_1 + d_2$）与 C_2 的比较作出如下判断：若 $d_1 + d_2 \leqslant C_2$，判定该批产品合格，予以接收；若 $d_1 + d_2 > C_2$，则判定该批产品不合格，予以拒收。

核心考点四　施工质量检验方法

施工质量检验可采用感观检验法、物理检验法、化学检验法和现场试验法等。

1. 感观检验法

利用人体的视觉器官、听觉器官和触觉器官来检验施工质量。

"看"：例如结构表面是否有裂缝、混凝土振捣是否符合要求等。

"摸"：通过手感触摸进行检查鉴别。

"敲"：运用敲击方法进行音感检查，根据声音虚实、脆闷判断有无质量问题。

"照"：通过人工光源或反射光照射，仔细检查难以看清的部位。

2. 物理检验法

借助各种检测工具和仪器设备进行检验，包括度量检测、电性能检测、机械性能检测和无损检测等。

（1）度量检测法

度量检测法是指利用工具和设备通过检测材料、构件、工程等的长度、质量、体积、密度等来判定工程质量情况。

（2）电性能检测法

这种方法常被用来检验电气安装工程中各种电器设备和材料的绝缘电阻值、避雷接地和保护接地的电阻值、电器设备的运转电流及电压值等。

（3）机械性能检测法

机械性能检测法是指利用物理力学专用仪器对工程材料、构件等机械性能进行检测的方法。

机械性能检测项目一般是指钢材的抗拉、抗弯、抗剪和焊接性能；混凝土的抗压、抗渗性；水泥沙浆的抗压性能；机砖的抗压、抗拉、抗剪性能等。

（4）无损检测法

常用的无损检测方法是射线探伤法、超声波探伤法等。

超声和射线照相方法：主要用于探测被检物的内部缺陷，例如检测混凝土内部质量（如桩基）和钢材焊接质量。

渗透方法：仅用于探测被检物表面开口的缺陷。

磁粉和电磁（涡流）方法：用于探测被检物的表面和近表面缺陷。

3. 化学检验法

这种方法常用来检测水泥、钢材的化学成分。

4. 现场试验法

常见的试验有：桩基的静载试验、小应变试验；给水工程、供暖工程中的压力试验；设备安装工程中的设备试运行；电器安装工程中的电器设备动作试验等。

◆ 考法：归类题

【例题1·2024年真题·单选题】下列施工质量的物理检验方法中，属于无损检测的是（   ）。

　　A. 钢材焊接质量的超声波探伤检测　　B. 钢材抗拉、抗弯性能检测

　　C. 桩基静载试验检测　　D. 给水管道的压力检测

【答案】A

【解析】选项A属于无损检测法，选项B属于机械性能检测法，选项C、D属于现场试验法。

【例题2·单选题】通过人工光源或反射光照射，仔细检查难以看清的部位。该方法属于施工质量检验方法中的（   ）法。

　　A. 感观检验　　B. 物理检验

　　C. 化学检验　　D. 直接观察

【答案】A

【解析】通过人工光源或反射光照射，仔细检查难以看清的部位，属于感观检验法中的"照"。

5.2.2 施工质量统计分析方法

核心考点一 因果分析图法

因果分析图又称为质量特性因果图、鱼刺图或树枝图，是一种反映质量特性与质量缺陷产生原因之间关系的图形工具，可用来分析、追溯质量缺陷产生的最根本原因。图 5-3 为混凝土强度不合格的因果分析图。

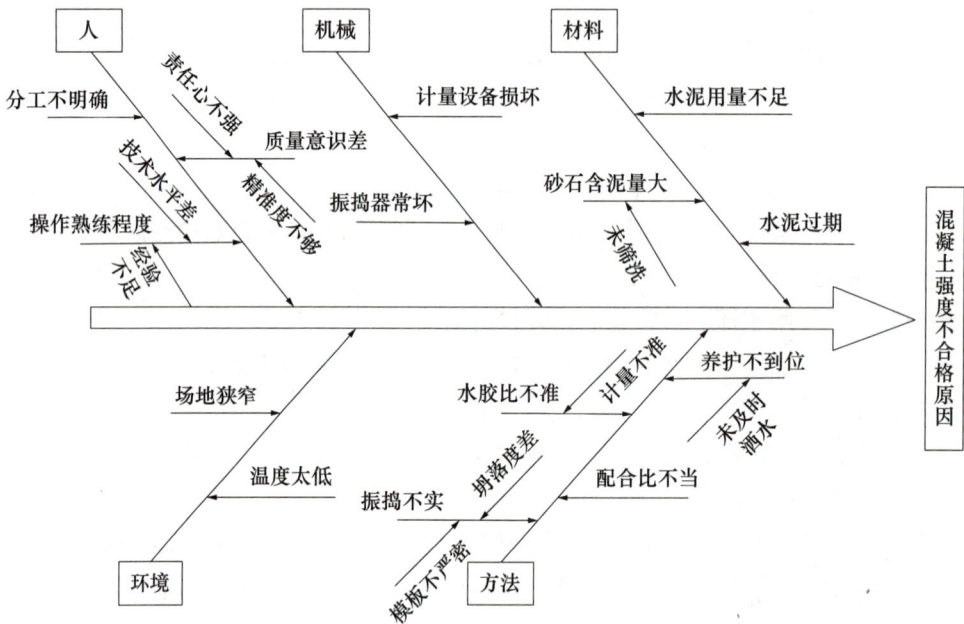

图 5-3 混凝土强度不合格的因果分析图

应用因果分析图法进行质量特性因果分析时，应注意以下几点：

（1）一个质量特性或一个质量问题使用一张图分析。

（2）通常采用 QC 小组活动的方式进行，集思广益，共同分析。

（3）必要时可邀请 QC 小组以外的有关人员参与，广泛听取意见。

（4）分析时要充分发表意见，层层深入，排除所有可能的原因。

（5）在充分分析的基础上，由各参与人员采用投票或其他方式，从中选择 1～5 项多数人达成共识的最主要原因。

◆**考法：正误判断题**

【例题·2022 年真题·单选题】关于因果分析图法的说法，正确的是（　　）。

    A. 因果分析图可以反映质量数据的分布特征

    B. 通常采用 QC 小组活动的方式进行因果分析

    C. 可以定量分析影响质量的主次因素

    D. 一张因果分析图可以分析多个质量问题

【答案】B

【解析】选项 A、C、D 说法错误。其中选项 A 说的不是因果分析图而是直方图的作用，选项 C 是定性分析影响质量的最主要因素，选项 D 是一个质量问题使用一张图分析。

核心考点二　排列图法

排列图法又称为主次因素分析法或帕累托图法，是用来分析影响质量主次因素的有效方法，如图 5-4 所示。

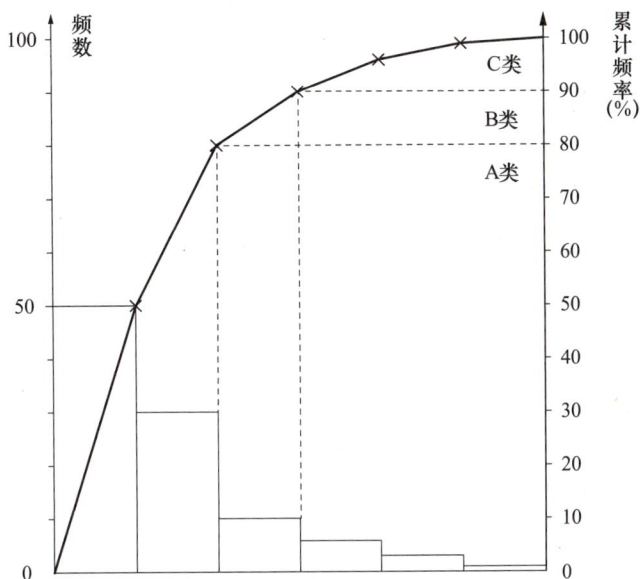

图 5-4　排列图

0～80%：A 类因素，即主要因素，需加强控制、重点管理。

80%～90%：B 类因素，即次要因素，可按常规管理。

90%～100%：C 类因素，即一般因素，可放宽管理。

◆ 考法：归类题

【例题·2021 年真题·多选题】对某模板工程进行抽样检查，发现在表面平整度、截面尺寸、平面水平度、垂直度和标高等方面存在质量问题。按照排列图法进行统计分析，上述质量问题累计频率依次为 41%、79%、89%、98% 和 100%，需要进行重点管理的 A 类问题有（　　）。

    A. 平面水平度   B. 垂直度

    C. 表面平整度   D. 标高

    E. 截面尺寸

【答案】C、E

【解析】在 ABC 分类管理法中，将累计频率 0～80% 定为 A 类问题，即主要问题，进行重点管理；将累计频率在 80%～90% 区间的问题定为 B 类问题，即次要问题，作为次重点管理；将其余累计频率在 90%～100% 区间的问题定为 C 类问题，即一般问题，按照常规适当加强管理。本题中累计频率在 0～80% 的有表面平整度和截面尺寸，故选 C、E。

核心考点三　相关图法

相关图又称为散布图，是用来观察分析两种质量数据之间相关关系的图形方法。

相关图中点的集合，反映了两种数据之间的散布状况。几种典型的相关图如图 5-5 所示。

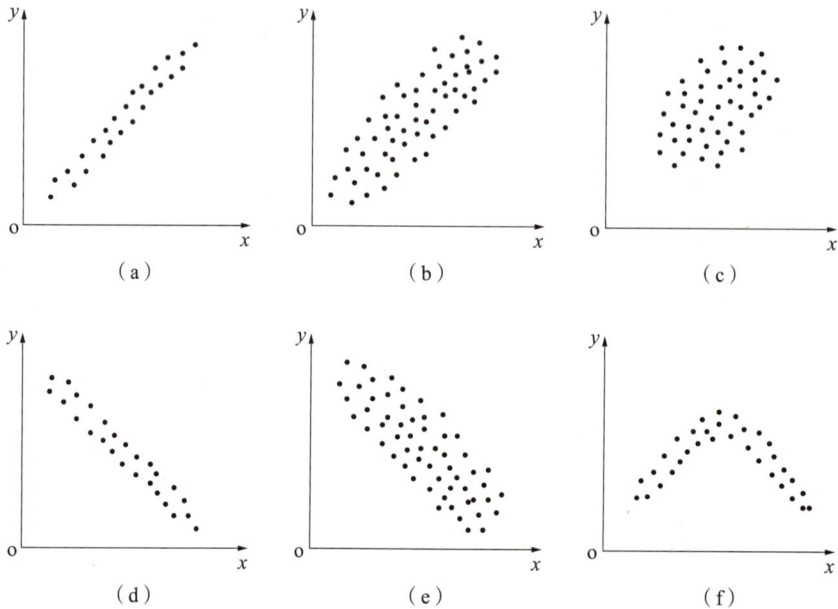

图 5-5　几种典型的相关图
（a）正相关；（b）弱正相关；（c）不相关；（d）负相关；（e）弱负相关；（f）非线性相关

（1）正相关。如图 5-5（a）所示，散布点基本形成由左至右向上变化的一条直线带，即随 x 增加，y 值也相应增加，说明 x 与 y 有较强的制约关系。此时，可通过控制 x 而有效地控制 y 的变化。

（2）弱正相关。如图 5-5（b）所示，散布点形成向上较分散的直线带。随 x 值的增加，y 值也有增加趋势，但 x、y 的关系不像正相关那么明确。说明 y 除受 x 影响外，还受其他更重要的因素影响。需要进一步利用因果分析图法分析其他影响因素。

（3）不相关。如图 5-5（c）所示，散布点形成一团或平行于 x 轴的直线带。说明 x 变化不会引起 y 的变化或其变化无规律，分析质量原因时可排除 x 因素。

（4）负相关。如图 5-5（d）所示，散布点形成由左向右向下的一条直线带，说明 x 对 y 的影响与正相关恰恰相反。

（5）弱负相关。如图 5-5（e）所示，散布点形成由左至右向下分布的较分散的直线带。说明 x 与 y 的相关关系较弱，且变化趋势相反，应考虑寻找影响 y 的其他更重要的因素。

（6）非线性相关。如图 5-5（f）所示，散布点呈一曲线带，即在一定范围内 x 增加，y 也增加；超过这个范围后，x 增加，y 则有下降趋势，或改变变动的斜率呈曲线形态。

◆考法：填空题

【例题·单选题】某相关图如下图所示，该图反映了数据之间的（　　　）关系。

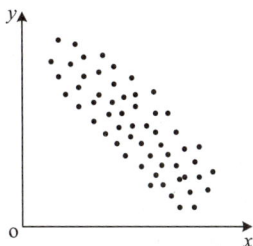

图 5-6　某相关图

A. 正相关   B. 弱正相关

C. 负相关   D. 弱负相关

【答案】D

【解析】散布点形成由左至右向下分布的较分散的直线带。说明 x 与 y 的相关关系较弱，且变化趋势相反，呈弱负相关。

核心考点四　直方图法

1. 直方图概念

直方图又称频数分布直方图，是用来反映产品质量数据分布状态和波动规律的统计分析方法。

直方图的主要用途：

（1）判断工序的稳定性。

（2）推断工序质量规格标准的满足程度。

（3）分析不同因素对质量的影响。

（4）计算工序能力等。

2. 直方图绘制步骤

（1）收集整理数据。

（2）计算极差 R。极差 R 是质量数据中最大值与最小值之差：$R = x_{max} - x_{min}$

（3）对数据分组，确定组距和组界：

① 确定组数 k

组数过少，会掩盖数据分布规律；组数过多，数据分布过于零乱，不能显示出总体分布状况。

数据分组参考值见下表。

表 5-4　数据分组参考值

数据总数 n	分组数 k
＜ 50	5～7
50～100	6～10
100～250	7～12
＞ 250	10～20

② 确定组距 h

组距是组与组之间的间隔，也即一个组的范围。各组距应相等。$h = R/k$

③ 确定组界

第一组下界限值＝ $x_{min} - h/2$。

第一组上界限值＝第一组下界限值＋ h。

第二组下界限值＝第一组上界限值。

第二组上界限值＝第二组下界限值＋ h。

依此类推，分组结果覆盖全部数据。

（4）编制数据频数统计表。

（5）绘制频数分布直方图。

3. 直方图观察分析

（1）观察直方图形状，判断产品质量状况。

将直方图分布状态与正态分布图进行对比，可分析判断产品质量状况。常见的直方图形状如图 5-7 所示。

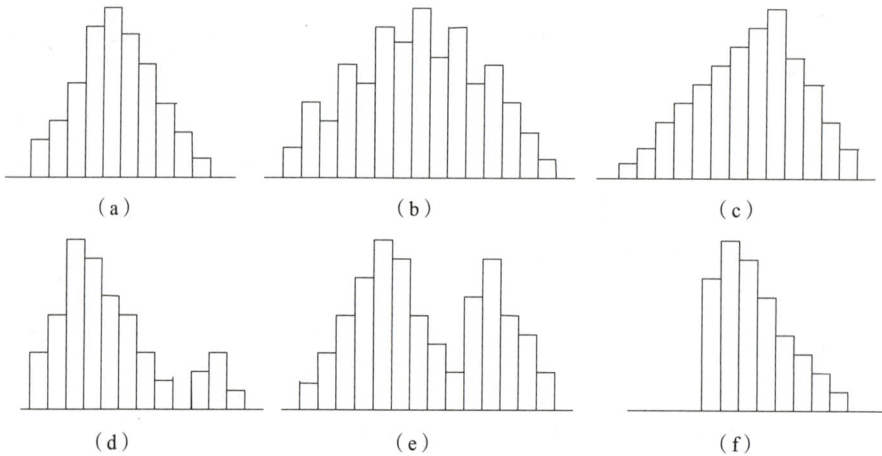

图 5-7　常见的直方图形状

（a）正常型；（b）折齿型；（c）左（或右）缓坡型；（d）孤岛型；（e）双峰型；（f）峭壁型

① 正常型。如图 5-7（a）所示，正常型直方图基本符合正态分布规律，其形状特征为中间高、两侧低，左右接近对称。表示工序处于稳定状态，只存在随机误差。

除图 5-7（a）外，其他几种直方图都是非正态分布，表示工艺过程中有异常原因，工序处于失控状态。

② 折齿型。如图 5-7（b）所示，折齿型直方图是由于分组不当或组距确定不当而造成的。

③ 左（或右）缓坡型。如图 5-7（c）所示，左（或右）缓坡型直方图主要是由于操作中对上限（或下限）控制太严造成的。

④ 孤岛型。如图 5-7（d）所示，孤岛型直方图是因原材料发生变化，或短时间内工人操作不熟练造成的。

⑤ 双峰型。如图 5-7（e）所示，双峰型直方图往往是因取样时混批所致，如将两台设备、两种不同施工方法的产品混在一起或在两个不同批量中取样等。

⑥ 峭壁型。如图 5-7（f）所示，峭壁型直方图通常是因数据收集不正常，可能有意识地去掉下限以下的数据，或是在检测过程中某种人为因素造成的。

（2）将直方图与质量标准比较，判断实际生产能力。

在观察分析直方图整体形状的同时，还可将直方图与质量标准对比，借以判断工序对标准的适应能力和改善余地。

直方图分布范围与质量标准的比较如图 5-8 所示。

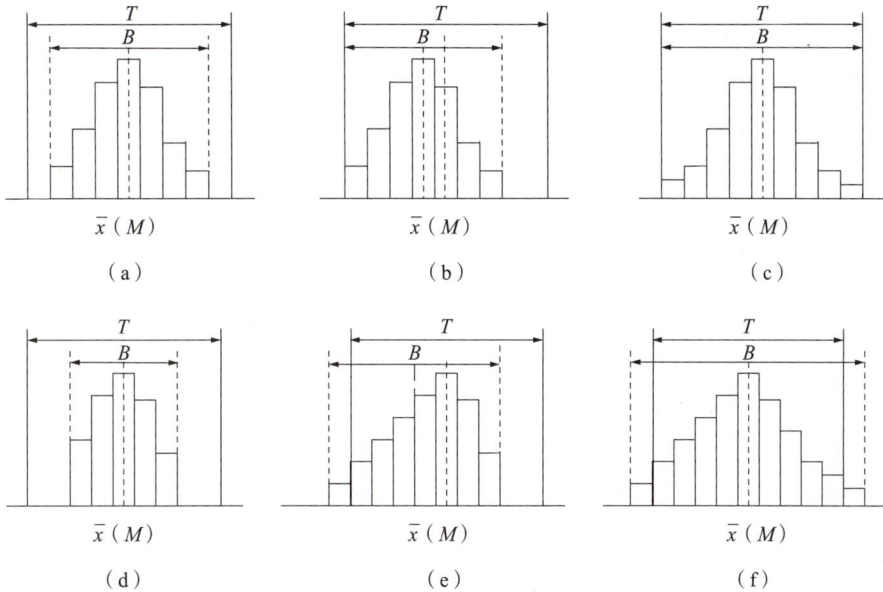

图 5-8　直方图分布范围与质量标准的比较
B—质量特性（如混凝土强度、尺寸）的实际分布范围；T—质量标准的范围

① 在图 5-8（a）中，B 在 T 中间，质量分布中心与质量标准中心 M 正好重合，两侧还有一定余地，表明工序质量稳定，不会出废品。

② 在图 5-8（b）中，B 虽在 T 内，但质量分布中心与质量标准中心 M 不重合，偏向一侧。如果生产状态一旦发生变化，就可能超出质量标准下限而出现不合格品。出现这种情况时，应及时采取措施，使直方图移到中间来。

③ 在图 5-8（c）中，B 在 T 中间，且 B 的范围与质量标准的范围重合，没有余地。生产过程一旦发生小的变化，产品的质量特性值就可能超出质量标准。出现这种情况时，必须立即采取措施，以缩小质量特性的分布范围。

④ 在图 5-8（d）中，B 在 T 中间，质量分布中心与质量标准中心 M 正好重合，但两侧余地太大。表明工序稳定，但工序能力过于宽裕，经济性差。在这种情况下，可以对原材料、设备、工艺、操作等方面的控制要求适当放宽，降低成本或缩小公差范围。

⑤ 在图 5-8（e）中，B 的中心与 T 的中心偏离较大，表示实际质量分布过于偏离质量标准中心，已经单边超限，出现不合格品。

⑥ 在图 5-8（f）中，质量分布范围已超出质量标准的上、下界限，表明工序能力太小，必然出现不合格品。此时，应提高工序能力，使工序质量符合标准要求。

◆ **考法 1：归类题**

【例题·2024 年真题·多选题】 采用直方图法分析混凝土预制构件质量时，出现孤岛型直方图的原因是（　　　）。

A. 数据分组不当　　　　　　　B. 原材料发生变化

C. 短时间内工人操作不熟练　　D. 组距确定不当

E. 施工操作中控制过严

【答案】 B、C

【解析】 孤岛型直方图是因原材料发生变化，或短时间内工人操作不熟练造成的，故选项 B、C 正确。选项 A、D 属于折齿型直方图产生的原因，选项 E 属于左（或右）缓坡型直方图产生的原因。

◆ **考法 2：正误判断题**

【例题·2021 年真题·单选题】 下列直方图中，表明施工生产过程处于正常、稳定状态的是（　　　）。

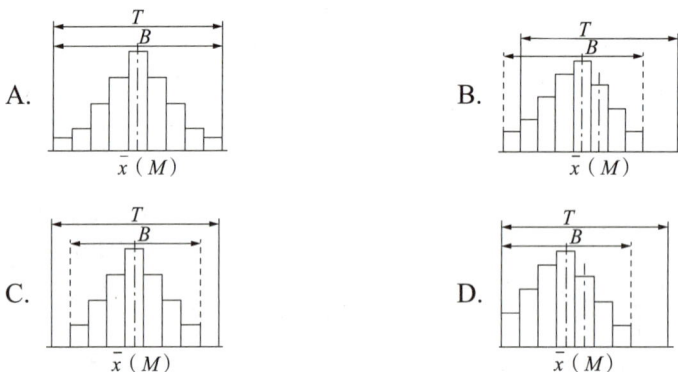

【答案】 C

【解析】 图中 T 的范围，代表质量标准的上下界限（即计划值的范围）；而图中 B 的范围，代表质量特性数据的上下界限（即实际值的范围）。选项 A 表示质量特性数据的分布宽度边界达到质量标准的上下界限，其质量能力处于临界状态，易出现不合格。选项 B 表示质量特性数据分布已出现超出质量标准的下限，说明生产过程存在质量不合格，需要分析原因，采取措施进行纠偏。选项 D 表示质量特性数据分布偏下限，易出现不合格。

核心考点五　控制图法

利用控制图分析质量波动原因，判明生产过程是否处于稳定状态的方法，称为控制图法。

1. 控制图基本形式

控制图基本形式如图 5-9 所示。控制图一般有三条线：上面一条虚线为上控制线（UCL），下面一条虚线为下控制线（LCL），中间一条实线为中心线（CL）。上下控制界限标志着质量特性值允许波动范围。

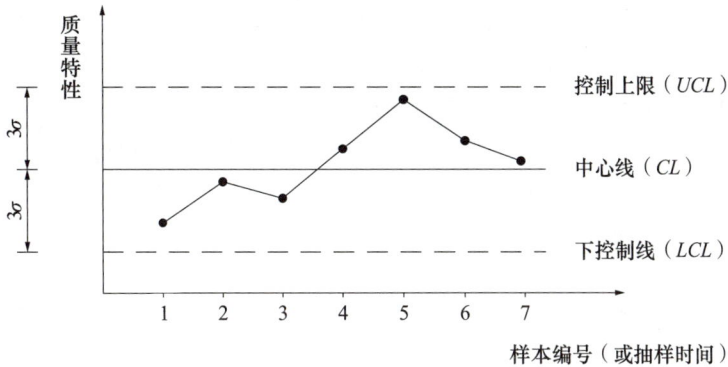

图 5-9 控制图基本形式

如果点子随机落在上、下控制界限内，则表明生产过程正常并处于稳定状态，不会产生不合格品。

如果点子超出控制界限，或点子排列有缺陷，则表明生产状况有异常，生产过程处于失控状态。

2. 控制图种类

（1）按控制图的用途分类，控制图可分为：分析用控制图和管理（控制）用控制图。

① 分析用控制图：用来调查分析生产过程是否处于控制状态。绘制分析用控制图时，一般需连续抽取 20～25 组样本数据，计算控制界限。

② 管理（控制）用控制图：用来控制生产过程，使之经常保持在稳定状态。

如果生产过程处于稳定状态，则把分析用控制图转为管理用控制图。

分析用控制图是静态的，而管理用控制图是动态的。

（2）按质量数据特点分类，控制图可分为：计量值控制图和计数值控制图。

① 计量值控制图：适用于质量特性属于计量值的控制，如时间、长度、重量、强度、成分等连续型变量。计量值性质的质量特性值服从正态分布规律。

② 计数值控制图：通常用于控制质量数据中的计数值，如不合格品数、疵点数、单位面积上的疵点数等离散型变量。

3. 控制图的观察分析

分析用控制图中的点子同时满足以下两个条件时，可以认为生产过程基本上处于稳定状态：

（1）连续 25 点中没有一点在界限外或连续 35 点中最多一点在界限外或连续 100 点中最多 2 点在界限外。

（2）控制界限内的点子随机排列且没有缺陷。

如果控制图中的点子分布不满足上述条件时，说明生产过程发生了异常变化。

有异常现象的点子分布如图 5-10 所示。属于生产过程有异常情形的有：

（1）连续 7 点或更多点在中心线同一侧，如图 5-10（a）所示。

（2）连续 7 点或更多点呈上升或下降趋势，如图 5-10（b）所示。

（3）连续 11 点中至少有 10 点在中心线同一侧，如图 5-10（c）所示。

（4）连续 14 点中至少有 12 点在中心线同一侧。

（5）连续 17 点中至少有 14 点在中心线同一侧。

（6）连续 20 点中至少有 16 点在中心线同一侧。

（7）连续 3 点中至少有 2 点和连续 7 点中至少有 3 点落在二倍标准差与三倍标准差控制界限之间，如图 5-10（d）所示。

（8）点子呈周期性变化，如图 5-11 所示。

（a）

（b）

（c）

（d）

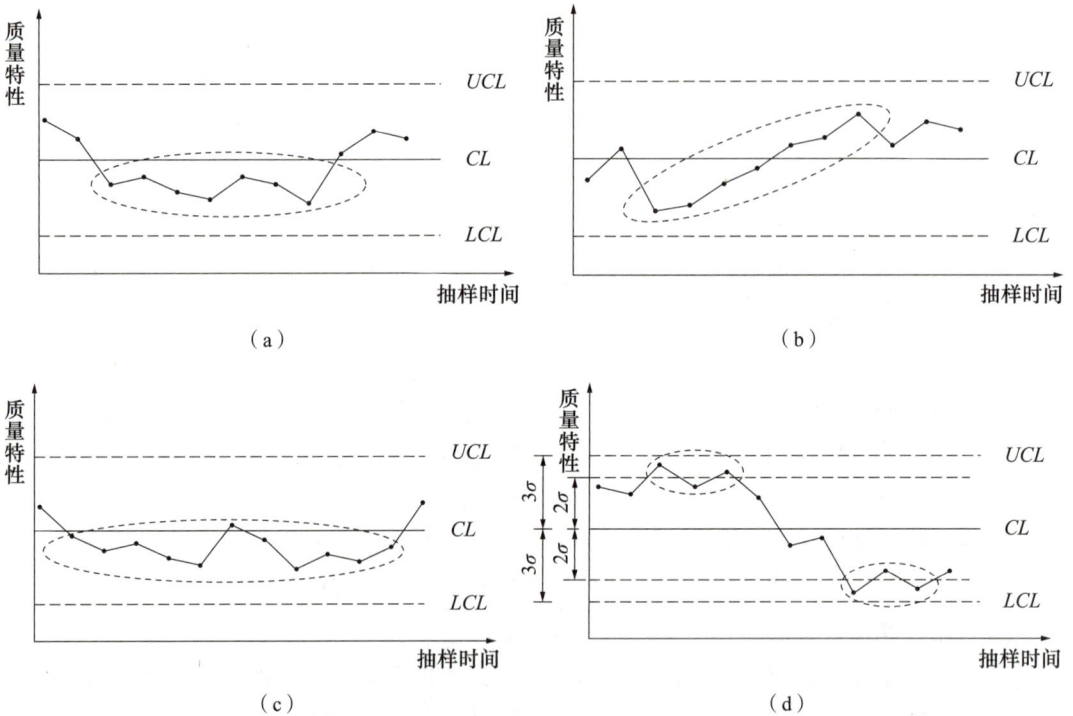

图 5-10　有异常现象的点子分布
（a）连续 7 点在同一侧；（b）7 点连续上升；
（c）连续 11 点中有 10 点在同一侧；（d）连续 3 点中有 2 点接近控制界限

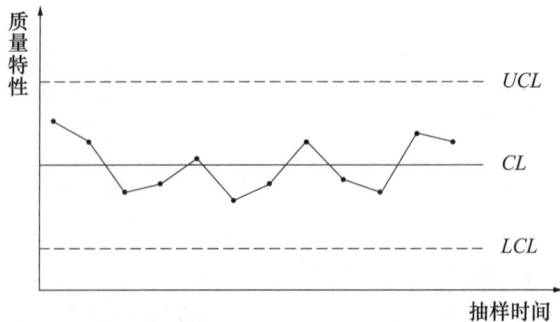

图 5-11　点子呈周期性变化

◆考法：归类题

【例题 1·单选题】在施工质量控制过程中，生产处于稳定状态的控制图中点子分布状态是（　　）。

A. 连续 7 点或更多点在中心线同一侧

B. 呈现周期性变化

C. 连续 7 点或更多点呈上升趋势

D. 随机落在上、下控制界限内

【答案】D

【解析】分析用控制图中的点子同时满足以下两个条件时，可以认为生产过程基本上处于稳定状态：① 连续 25 点中没有一点在界限外或连续 35 点中最多一点在界限外或连续 100 点中最多 2 点在界限外；② 控制界限内的点子随机排列且没有缺陷。

【例题 2·多选题】下列控制图样本统计量状态的说法中，可认为生产过程基本处于稳定状态的有（   ）。

A. 点子随机落在上、下控制界限内   B. 点子分布出现链

C. 控制界限内的点子排列没有缺陷   D. 点子多次同侧

E. 点子有趋势或倾向

【答案】A、C

【解析】如果点子随机落在上、下控制界限内，则表明生产过程正常并处于稳定状态，不会产生不合格品；如果点子超出控制界限，或点子排列有缺陷（选项 B 点子分布出现链、选项 D 点子多次同侧、选项 E 点子有趋势或倾向），则表明生产状况有异常，生产过程处于失控状态。

5.3 施工质量控制

核心考点提纲

5.3.1　施工准备质量控制—施工准备质量控制

5.3.2　施工过程质量控制
  1. 作业技术准备状态的控制
  2. 作业技术活动过程质量控制
  3. 作业技术活动结果控制

5.3.3　施工质量检查验收
  1. 施工质量验收对象划分
  2. 施工质量验收要求
  3. 施工质量验收组织

核心考点剖析

5.3.1　施工准备质量控制

核心考点　施工准备质量控制

1. 施工技术准备

（1）熟悉与会审图纸

施工图会审会议由建设单位主持，设计单位和施工单位、工程监理单位参加。

（2）编制和报审施工组织设计

施工单位在完成施工组织设计的编制及内部审批工作后，报请项目监理机构审查，由总监理工程师审核签认。

项目监理机构审查批准的施工组织设计应报送建设单位。

施工单位应按审查批准的施工组织设计文件组织施工。

2. 施工现场准备

（1）测量控制网的控制

① 按照工程总平面图及给定的永久性经纬坐标控制网和水准控制基桩，进行施工测量，设置永久性经纬坐标桩、水准基桩和建立场区工程测量控制网。

② 在测量放线时，应校验校正全站仪、经纬仪、水准仪、钢尺等测量仪器；编制切实可行的测量方案，包括平面控制、标高控制、沉降观测和竣工测量等工作。

③ 工程定位放线，一般通过设计图中平面控制轴线来确定工程（建筑物）位置，测定并经自检合格后提交有关部门和建设单位或监理人员验线，以保证定位的准确性。

（2）施工平面布置的控制

科学合理地使用施工场地，正确布置施工机械设备和其他临时设施，维护现场施工道路畅通，合理控制材料的进场与堆放，保证充足的水电供应，保持良好的防洪排涝能力。

◆ **考法：归类题**

【例题·单选题】下列质量控制工作中，属于施工技术准备工作的是（　　　　）。

A. 编制测量方案
B. 正确布置施工机械设备
C. 报审施工组织设计
D. 建立场区工程测量控制网

【答案】C

【解析】选项 A、B、D 属于施工现场准备。

5.3.2 施工过程质量控制

核心考点一　作业技术准备状态的控制

1. 质量控制点的设置

质量控制点是指为保证作业过程质量而确定的重点控制对象、关键部位或薄弱环节。

质量控制点的设置原则：

（1）施工过程中的关键工序或环节及隐蔽工程，例如预应力结构的张拉工序、钢筋混凝土结构中的钢筋架立等。

（2）施工中的薄弱环节或质量不稳定的工序、部位或对象，例如地下防水层施工等。

（3）对后续工程施工或对后续工序质量或安全有重大影响的工序、部位或对象，例如预应力结构中的预应力钢筋质量、模板的支撑与固定等。

（4）采用新技术、新工艺、新材料的部位或环节。

（5）施工无足够把握、施工条件困难或技术难度大的工序或环节，例如复杂曲线模板的放样等。

是否设置为质量控制点，主要是视其对质量特性影响的大小、可能造成的危害程度及质量保证难度大小而定。

2. 作业技术交底控制

每一分项工程开始实施前均要进行交底。

由项目技术人员编制技术交底书，并经项目技术负责人批准。

技术交底书的内容主要包括：施工方法、质量要求和验收标准、施工过程中需注意的问题、可能出现意外情况的应急方案等。

关键部位，或技术难度大、施工复杂的检验批，在分项工程施工前，施工单位的技术交底书（或作业指导书）要报项目监理机构。

没有做好技术交底的工序或分项工程，不得进入正式实施。

3. 进场材料、构配件质量控制

（1）凡运到施工现场的原材料、半成品或构配件，必须附有产品出厂合格证及技术说明书。施工单位按规定要求进行检验的检验或试验报告，经项目监理机构审查并确认其质量合格后，方准进场。

（2）进口材料设备的检查、验收，应会同国家商检部门进行。

4. 作业环境状态控制

（1）施工作业环境控制

作业环境条件主要是指水电供应、施工照明、安全防护设备、施工场地空间条件和通道、交通运输和道路条件等。

（2）施工质量管理环境控制

① 施工单位的质量管理体系和质量控制自检系统是否处于良好状态。

② 项目管理组织结构、管理制度、检测制度、检测标准、人员配备等方面是否完善和明确。

③ 质量责任制是否落实。

（3）现场自然环境条件控制

① 对严寒季节的防冻。

② 夏季的防高温。

③ 高地下水位情况下基坑施工的排水或细砂地基防止流砂。

④ 施工场地的防洪与排水。

⑤ 风浪对水上打桩或沉箱施工质量影响的防范等。

5. 进场施工机械设备性能及工作状态控制

6. 施工测量及计量器具性能、精度的控制

7. 施工现场劳动组织及作业人员上岗资格的控制

◆ 考法：归类题

【例题 1 · 2024 年真题 · 多选题】施工单位编制的分项工程技术交底书应包括的内容有（　　）。

　　A. 施工方法　　　　　　　　　　B. 进度安排

C. 质量要求　　　　　　　　　　D. 成本控制措施

E. 验收标准

【答案】 A、C、E

【解析】 技术交底书的内容主要包括：施工方法、质量要求和验收标准、施工过程中需注意的问题、可能出现意外情况的应急方案等。

【例题2·多选题】 施工过程质量控制中，作业技术活动结果控制的主要内容包括（　　　）。

A. 工序质量检验　　　　　　　　B. 工程变更控制

C. 单位工程验收　　　　　　　　D. 隐蔽工程验收

E. 工序交接验收

【答案】 A、D、E

【解析】 选项B属于作业技术活动过程质量控制，选项C不属于施工过程质量控制，应属于竣工质量验收。

核心考点二　作业技术活动过程质量控制

1. 施工单位"三检"制度

"三检制度"：作业活动结束后，作业者必须自检；不同工序交接，相关人员必须进行交接检查；施工单位专职质检员的专检。

项目监理机构的质量检查与验收，是对施工单位作业活动质量的复核与确认；项目监理机构的检查决不能代替施工单位的自检。

项目监理机构的检查必须是在施工单位自检并确认合格的基础上进行的。专职质检员未检查或检查不合格不能报项目监理机构。

2. 技术复核工作

技术复核是施工单位应履行的技术工作责任，其复核结果应报送项目监理机构复验确认后，才能进行后续相关工序施工。

3. 见证取样、送检

施工单位在对工程施工中使用的材料、半成品、构配件进行现场取样、工序活动效果检查时，由监理人员进行全程见证。

4. 工程变更控制

（1）技术修改

施工单位应向项目监理机构提交《工程变更单》，说明要求修改的内容及原因或理由，并附图纸和有关文件。

技术修改问题通常可由专业监理工程师组织，施工单位和现场设计代表参加，经各方同意后签字并形成纪要，作为工程变更单附件，经总监理工程师批准后实施。

（2）工程变更

施工单位就要求变更的问题填写《工程变更单》，送交项目监理机构。

总监理工程师根据施工单位的申请，经与设计、建设、施工单位研究并作出变更决定后，签发《工程变更单》，并附设计单位提出的变更设计图纸。

施工单位签收后按变更后的图纸施工。

如果工程变更涉及结构主体及安全，该工程变更还要按有关规定报送施工图原审查单位进行审查，否则变更不能实施。

5. 质量记录资料

质量记录资料不仅在工程施工期间对工程质量控制有重要作用，而且在工程竣工和投入运行后，对于查询和了解工程建设质量情况及工程维修和管理也能提供大量有用的资料和信息。

◆ **考法：归类题**

【例题·多选题】施工单位是施工质量的直接实施者和责任者。施工单位必须有整套的制度及工作程序，即"三检制度"，属于"三检制度"的有（   ）。

A. 作业活动结束后，作业者必须自检

B. 作业活动结束后，相关人员必须进行交叉检查

C. 不同工序交接，相关人员必须进行交接检查

D. 施工单位专职质检员的专检

E. 不同工序交接，下道工序和上道工序的作业者必须进行交互检查

【答案】A、C、D

【解析】"三检制度"：作业活动结束后，作业者必须自检；不同工序交接，相关人员必须进行交接检查；施工单位专职质检员的专检。

核心考点三　作业技术活动结果控制

1. 工序质量检验

工序质量检验也是对工序活动效果进行评价。

2. 隐蔽工程验收

隐蔽工程施工完毕，施工单位按有关技术规程、规范、施工图纸进行自检。自检合格后，填写《隐蔽工程报验申请表》，并附隐蔽工程检查记录及有关证明材料，报送项目监理机构。

项目监理机构收到报验申请后，对质量证明资料进行审查，并在合同规定的时间内到现场检查（检测或核查），施工单位的专职质检员及相关施工人员随同。

经项目监理机构现场检查确认质量符合隐蔽要求，在《隐蔽工程报验申请表》上签字确认，准予施工单位隐蔽、覆盖，进入下一道工序施工。

如经现场检查发现隐蔽工程质量不合格，项目监理机构签发"不合格项目通知"，指令施工单位整改，整改后自检合格再报项目监理机构复查。

3. 工序交接验收

工序交接验收是指作业活动中一种必要的技术停顿、作业方式转换及作业活动效果的中间确认。

◆ **考法：填空题**

【例题·2024年真题·单选题】隐蔽工程施工完毕，施工单位自检合格后应报请（   ）现场检查确认符合质量要求后方可隐蔽、覆盖。

A. 建设单位项目负责人　　　　B. 质量监督机构

C. 设计单位项目负责人　　　　D. 项目监理机构

【答案】D

【解析】隐蔽工程施工完毕，施工单位按有关技术规程、规范、施工图纸进行自检。自检合格后，填写《隐蔽工程报验申请表》，并附隐蔽工程检查记录及有关证明材料，报送项目监理机构。

5.3.3　施工质量检查验收

核心考点一　施工质量验收对象划分

施工质量验收应包括单位工程、分部工程、分项工程和检验批施工质量验收，并应符合下列规定：

（1）检验批：应根据施工组织、质量控制和专业验收需要，按工程量、楼层、施工段划分。

（2）分项工程：应根据工种、材料、施工工艺、设备类别划分。

（3）分部工程：应根据专业性质、工程部位划分。

（4）单位工程：应为具备独立使用功能的建筑物或构筑物。

工程施工前，应由施工单位制定单位工程、分部工程、分项工程和检验批的划分方案，并应由项目监理机构审核、建设单位确认后实施。

◆ 考法：正误判断题

【例题·2024年真题·单选题】为了验收施工质量，制定、审核和确认分部工程划分方案的做法，正确的是（　　）。

A. 由项目监理机构制定，建设单位确认

B. 由施工单位制定，项目监理机构审核

C. 由建设单位组织各方制定，工程质量监督机构确认

D. 由项目监理机构组织备案制定，建设单位审核

【答案】B

【解析】工程施工前，应由施工单位制定单位工程、分部工程、分项工程和检验批的划分方案，并应由项目监理机构审核、建设单位确认后实施。

核心考点二　施工质量验收要求

（1）检验批质量应按主控项目和一般项目验收，并应符合下列规定：

① 主控项目和一般项目的确定应符合国家现行强制性工程建设标准和现行相关标准的规定。

② 主控项目的质量经抽样检验应全部合格。

③ 一般项目的质量应符合国家现行相关标准的规定。

④ 应具有完整的施工操作依据和质量验收记录。

（2）分项工程质量验收合格应符合下列规定：

① 所含检验批的质量应验收合格。

②所含检验批的质量验收记录应完整、真实。

（3）分部工程质量验收合格应符合下列规定：

①所含分项工程的质量应验收合格。

②质量控制资料应完整、真实。

③有关安全、节能、环境保护和主要使用功能的抽样检验结果应符合要求。

④观感质量应符合要求。

（4）单位工程质量验收合格应符合下列规定：

①所含分部工程的质量应全部验收合格。

②质量控制资料应完整、真实。

③所含分部工程中有关安全、节能、环境保护和主要使用功能的检验资料应完整。

④主要使用功能的抽查结果应符合国家现行强制性工程建设标准规定。

⑤观感质量应符合要求。

◆考法：正误判断题

【例题·多选题】检验批质量应按主控项目和一般项目验收，检验批质量验收应符合的规定的有（　　　）。

    A. 主控项目和一般项目的确定应符合国家现行强制性工程建设标准和现行相关标准的规定

    B. 主控项目的质量经抽样检验应全部合格

    C. 一般项目的质量应符合国家现行相关标准的规定

    D. 应具有完整的施工操作依据和质量验收记录

    E. 主控项目的质量经全数检验应全部合格

【答案】A、B、C、D

【解析】选项 E 说法错误，主控项目的质量经抽样检验应全部合格，而不是全数检验。

核心考点三　施工质量验收组织

（1）检验批：专业监理工程师组织施工单位项目专业质量检查员、专业工长等进行验收。

（2）分项工程：专业监理工程师组织施工单位项目专业技术负责人进行验收。

（3）分部工程：总监理工程师组织，施工单位项目负责人和项目技术负责人参加。

★地基与基础分部工程验收参加人：

①勘察单位项目负责人。

②设计单位项目负责人。

③施工单位技术部门负责人。

④施工单位质量部门负责人。

★主体结构、节能分部工程验收参加人：

①设计单位项目负责人。

②施工单位技术部门负责人。

③施工单位质量部门负责人。

（4）单位工程完工后，各相关单位应按下列要求进行工程竣工验收：

① 勘察单位应编制勘察工程质量检查报告，按规定程序审批后向建设单位提交。

② 设计单位应对设计文件及施工过程的设计变更进行检查，并应编制设计工程质量检查报告，按规定程序审批后向建设单位提交。

③ 施工单位应自检合格，并应编制工程竣工报告，按规定程序审批后向建设单位提交。

④ 项目监理机构应在施工单位自检合格后组织工程竣工预验收，预验收合格后应编制工程质量评估报告，按规定程序审批后向建设单位提交。

⑤ 建设单位应在竣工预验收合格后组织监理、施工、设计、勘察单位等相关单位项目负责人进行工程竣工验收。

◆ 考法 1：归类题

【例题·多选题】下列分部工程中，需要设计单位项目负责人参加施工质量验收的有（　　　）。

    A. 电梯分部工程　　　　　　　B. 地基与基础分部工程

    C. 主体结构工程　　　　　　　D. 节能分部工程

    E. 屋面分部工程

【答案】B、C、D

【解析】本题考核的是分部工程质量验收组织。勘察、设计单位项目负责人和施工单位技术、质量部门负责人应参加地基与基础分部工程的验收，设计单位项目负责人和施工单位技术、质量部门负责人应参加主体结构、节能分部工程的验收。

◆ 考法 2：填空题

【例题·2019 年真题·单选题】施工过程质量验收中，分项工程质量验收的组织者是（　　　）。

    A. 专业监理工程师　　　　　　B. 施工单位项目负责人

    C. 建设单位项目负责人　　　　D. 总监理工程师

【答案】A

【解析】分项工程应由专业监理工程师组织施工单位项目专业技术负责人等进行验收。

5.4　施工质量事故预防与调查处理

核心考点提纲

```
                        ┌ 1. 按事故责任分类
         5.4.1  施工质量事故分类 ┤ 2. 按事故产生原因分类
                        └ 3. 按事故严重程度分类

         5.4.2  施工质量事故预防—施工质量事故预防措施

         5.4.3  施工质量事故调查处理—质量事故调查处理程序
```

核心考点剖析

5.4.1 施工质量事故分类

核心考点一 按事故责任分类

1. 指导责任事故

工程负责人不按规范规程组织施工、盲目赶工、强令他人违章作业、降低工程质量标准等造成的质量事故。

2. 操作责任事故

（1）土方工程中不按规定的填土含水率和碾压遍数施工。

（2）浇筑混凝土时随意加水。

（3）工序操作中不按操作规程进行操作等原因造成的质量事故。

◆ 考法：归类题

【例题·2021年真题·单选题】某工程混凝土浇筑过程中，因工人直接浇筑高度超出施工方案要求造成质量事故，该事故按照事故责任分类属于（　　）。

    A. 指导责任事故   B. 技术责任事故

    C. 管理责任事故   D. 操作责任事故

【答案】D

【解析】工程质量事故按事故责任分为指导责任事故、操作责任事故。本题只能在选项 A 和 D 中选择。操作责任事故是指由于实施操作者不按规程和标准实施操作而造成的质量事故。本题的关键词是"工人"。

核心考点二 按事故产生原因分类

1. 技术原因

（1）结构设计计算错误。

（2）地质情况估计错误。

（3）盲目采用技术上未成熟、实际应用中未得到充分实践检验验证其可靠的新技术。

（4）采用不适宜的施工方法或工艺等引发的质量事故。

2. 管理原因

（1）施工单位的质量管理体系不完善。

（2）质量检验制度不严密，质量控制不严。

（3）质量管理措施落实不力。

（4）检测仪器设备管理不善而失准。

（5）进料检验不严格等引发的质量事故。

3. 社会、经济原因

由于社会、经济因素及社会上存在的弊端和不良风气引起建设中的错误行为，导致出现质量事故。

◆**考法：归类题**

【**例题·2021 年真题·单选题**】下列工程质量事故中，属于技术原因引发的质量事故是（　　）。

    A. 采用了不适宜的施工工艺引发的质量事故

    B. 检测仪器设备管理不善而失准引起的质量事故

    C. 质量管理措施落实不力引起的质量事故

    D. 设备事故导致连带发生的质量事故

【**答案**】A

【**解析**】选项 B、C 属于管理原因引发的质量事故，选项 D 属于其他原因引发的质量事故。

核心考点三　按事故严重程度分类

表 5-5　按事故严重程度分类

事故等级	死亡人数	重伤人数	直接经济损失
特别重大事故	$[30, \infty)$	$[100, \infty)$	$[1 亿元, \infty)$
重大事故	$[10, 30)$	$[50, 100)$	$[5000 万元, 1 亿元)$
较大事故	$[3, 10)$	$[10, 50)$	$[1000 万元, 5000 万元)$
一般事故	$[0, 3)$	$[0, 10)$	$[100 万元, 1000 万元)$
助记	3-1-3	1-5-1	1-5-1

◆**考法：归类题**

【**例题·2024 年真题·单选题**】某工程施工过程中，发生混凝土结构坍塌事故，造成 8 人重伤和 5000 万元直接经济损失。该施工质量事故的等级是（　　）。

    A. 一般事故　　　　　　　　　　B. 较大事故

    C. 重大事故　　　　　　　　　　D. 特大事故

【**答案**】C

【**解析**】重大事故，是指造成 10 人及以上 30 人以下死亡，或者 50 人及以上 100 人以下重伤，或者 5000 万元及以上 1 亿元以下直接经济损失的事故。"以上"包括本数，"以下"不包括本数。

5.4.2　施工质量事故预防

核心考点　施工质量事故预防措施

（1）坚持按工程建设程序办事。

（2）做好必要的技术复核、技术核定工作。

① 技术复核。对工程实施全过程中的关键过程、关键工序和特殊过程及容易发生质量问题的部位进行技术复核，是保证工程质量满足设计要求和合同规定的重要手段。如图纸会审或设计交底，工程定位引测点的复测，钢筋混凝土结构中钢筋的安装位置、规格、

数量、连接及锚固情况的复核等，都属于技术复核的工作内容。

②技术核定。技术核定是指在工程施工过程中对于涉及技术方面的更改，如方案修改、实物量变动、位置变化等，由施工单位提出施工方案、方法、工艺、措施等后，经建设单位和有关单位共同进行核定的过程。

（3）严格把好建筑材料及制品的质量关。

（4）加强质量培训教育，提高全员质量意识。

（5）加强施工过程组织管理。

（6）做好应对不利施工条件和各种灾害的预案。

（7）加强施工安全与环境管理。

◆**考法：归类题**

【**例题·单选题**】为保证工程质量满足设计需求和合同约定是需要进行必要的技术复核工作。下列工作内容中属于技术复核工作的是（　　　）。

A. 施工方案论证　　　　　　　B. 施工设备验收

C. 施工图纸会审　　　　　　　D. 建筑材料检测

【**答案**】C

【**解析**】对工程实施全过程中的关键过程、关键工序和特殊过程及容易发生质量问题的部位，进行技术复核是保证工程质量、满足设计和合同规定的重要手段。如图纸会审或设计交底，工程定位引测点的复测，钢筋混凝土结构中钢筋的安装位置、规格、数量、连接及锚固情况的复核等，都属于技术复核的工作内容。

5.4.3 施工质量事故调查处理

核心考点　质量事故调查处理程序

1. 事故报告

（1）工程质量事故发生后，事故现场有关人员应当立即向本单位负责人报告；单位负责人接到报告后，应于1h内向事故发生地县级以上人民政府住房和城乡建设主管部门及有关部门报告。

（2）住房和城乡建设主管部门接到事故报告后，应当依照下列规定上报事故情况，并同时通知公安、监察机关等有关部门：

①较大、重大及特别重大事故逐级上报至国务院住房和城乡建设主管部门，一般事故逐级上报至省级人民政府住房和城乡建设主管部门，必要时可以越级上报事故情况。

②住房和城乡建设主管部门上报事故情况，应当同时报告本级人民政府。

③住房和城乡建设主管部门逐级上报事故情况时，每级上报时间不得超过2h。

④事故报告后出现新情况，以及事故发生之日起30日内伤亡人数发生变化的，应当及时补报。

（3）事故报告的内容。

①事故发生单位概况。

②事故发生的时间、地点以及事故现场情况。

③ 事故的简要经过。

④ 事故已经造成或者可能造成的伤亡人数（包括下落不明的人数）和初步估计的直接经济损失。

⑤ 已经采取的措施。

⑥ 其他应当报告的情况。

2. 事故调查

（1）事故调查组及其职责

特别重大事故由国务院或国务院授权有关部门组织事故调查组进行调查。

重大事故、较大事故、一般事故分别由事故发生地省级人民政府、设区的市级人民政府、县级人民政府负责调查。

省级人民政府、设区的市级人民政府、县级人民政府可以直接组织事故调查组进行调查，也可以授权或委托有关部门组织事故调查组进行调查。

未造成人员伤亡的一般事故，县级人民政府也可以委托事故发生单位组织事故调查组进行调查。

事故调查组履行下列职责：

① 查明事故发生的经过、原因、人员伤亡情况及直接经济损失。

② 认定事故的性质和事故责任。

③ 提出对事故责任者的处理建议。

④ 总结事故教训，提出防范和整改措施。

⑤ 提交事故调查报告。

（2）事故调查报告和事故处理报告的内容

表 5-6　事故调查报告和事故处理报告

序号	事故调查报告的内容	事故处理报告的内容
1	事故发生单位概况	事故调查报告
2	事故发生经过和事故救援情况	事故原因分析
3	事故造成的人员伤亡和直接经济损失	事故处理依据
4	事故发生的原因和事故性质	事故处理方案、方法及技术措施
5	事故责任的认定和事故责任者的处理建议	处理过程中的各种原始记录资料
6	事故防范和整改措施	检查验收记录
7	—	事故处理结论等

3. 事故处理

（1）返修处理

① 混凝土结构表面出现蜂窝、麻面，修补处理。

② 对混凝土结构出现的裂缝，经分析研究后如果不影响结构的安全和使用时，也可采取返修处理。

表 5-7 返修处理

序号	裂缝情况	裂缝尺寸	返修办法
1	裂缝宽度	≤ 0.2mm	表面密封
2		> 0.3mm	嵌缝密闭
3	裂缝深度	较深	灌浆修补
4	表面干缩微裂		不做处理

（2）返工处理

表 5-8 返工处理

序号	工程项目	质量问题	处理办法
1	防洪堤坝	（1）压实土的干密度未达到规定值； （2）不满足抗渗能力的要求	返工处理
2	公路桥梁	预应力按规定张拉系数为 1.3，而实际仅为 0.8	返工处理
3	工厂设备基础	（1）混凝土坍落度大于 180mm； （2）浇筑后 5d 仍然不凝固硬化； （3）28d 的混凝土实际强度不到规定强度的 32%	返工处理

（3）限制使用

当工程质量缺陷按返修方法处理后无法保证达到规定的使用要求和安全要求，而又无法返工处理的情况下，不得已时可做出诸如结构卸荷或减荷以及限制使用的决定。

（4）不作处理

表 5-9 不作处理

序号	质量缺陷	质量缺陷说明	处理办法
1	混凝土表面裂缝	（1）属于表面养护不够的干缩微裂； （2）不影响使用和外观	不作处理
2	混凝土现浇楼面的平整度偏差达到 10mm	后续垫层和面层的施工可以弥补	不作处理
3	某检验批混凝土试块强度值不满足规范要求	经法定检测单位对混凝土实体强度进行实际检测后，其实际强度达到规范允许和设计要求值	不作处理
4	某结构构件截面尺寸不足，或材料强度不足，影响结构承载力	按实际情况进行复核验算后仍能满足设计要求的承载力	不作处理

4. 事故处理的鉴定验收

质量事故的处理是否达到预期目的，是否仍留有隐患，应通过检查鉴定和验收作出确认。

5. 提交处理报告

事故处理报告，其内容包括：事故调查报告，事故原因分析，事故处理依据，事故处理方案、方法及技术措施，处理过程中的各种原始记录资料，检查验收记录，事故处理结论等。

◆**考法：归类题**

【例题 1·2021 年真题·单选题】下列建设工程安全事故中，县级人民政府可以委托事故发生单位组织事故调查组进行调查的是（　　　）。

    A. 2 人轻伤，总损失 1000 万元

    B. 1 人重伤，直接经济损失 200 万元

    C. 无伤亡，直接经济损失 1000 万元以下

    D. 1 人轻伤，无其他损失

【答案】C

【解析】未造成人员伤亡的一般事故，县级人民政府可以委托事故发生单位组织事故调查组进行调查。选项 A、B、D 均存在人员伤亡。注意：1000 万元以下的直接经济损失属于一般事故，而如果刚好是 1000 万元的直接经济损失，则属于较大事故。

【例题 2·2020 年真题·多选题】施工质量事故调查报告的主要内容包括（　　　）。

    A. 工程项目和参建单位概况   B. 事故处理结论

    C. 事故基本情况   D. 事故处理方案

    E. 事故发生后采取的应急防护措施

【答案】A、C、E

【解析】选项 B、D 属于事故处理报告内容。

本章模拟强化练习

5.1　工程质量影响因素及管理体系

1. 工程建设活动中，形成工程实体质量的关键性阶段是（　　　）。

    A. 工程决策阶段   B. 工程设计阶段

    C. 工程施工阶段   D. 工程竣工验收阶段

2. 工程质量的形成过程是循序渐进的，直接影响工程最终质量的阶段是（　　　）。

    A. 投资决策阶段   B. 勘察设计阶段

    C. 施工阶段   D. 竣工验收阶段

3. 下列影响施工质量的因素中，属于材料因素的有（　　　）。

    A. 计量器具   B. 建筑构配件

    C. 工程设备   D. 新型模板

    E. 安全防护设施

4. **【2024 年真题】**与建筑企业建立的质量管理体系相比，建设工程项目层面的质量管理体系的差异有（　　　）。

    A. 管理原则不同   B. 过程方法不同

    C. 服务范围不同   D. 评价方式不同

    E. 作用时效不同

5.2 施工质量抽样检验和统计分析方法

1. 流水作业每生产 100 件产品抽出一件产品做样品，直至抽出 n 件组成样本，这种获取样本的方法称为（　　）。

    A. 简单随机抽样   B. 整群随机抽样

    C. 分层随机抽样   D. 机械随机抽样

2. 计数标准型一次抽样方案为 (N, n, C)，其中 N 为送检批的大小，n 为抽检样本大小，C 为合格判定数。当从 n 中查出有 d 个不合格品时，若（　　），应判该送检批合格。

    A. $d > C + 1$ B. $d = C + 1$

    C. $d \leqslant C$ D. $d > C$

3. 无损检测法是指在不损坏被检物的前提下，对被检物内部或表面缺陷、性质、状态和结构进行检验的方法。下列常用的无损检测方法为（　　）。

    A. 超声波探伤   B. 电性能检测法

    C. 超微量分析   D. 振动试验

    E. X 射线应力测试法

4. 【2015 年真题】在应用因果分析图确定质量问题的原因时，正确做法是（　　）。

    A. 不同类型质量问题可以共同使用一张图分析

    B. 通常选出 1～5 项作为最主要原因

    C. 为避免干扰，只能由 QC 小组成员独立进行分析

    D. 由 QC 小组组长最终确定分析结果

5. 最能形象、直观、定量反映影响质量主次因素的施工质量统计分析的方法是（　　）。

    A. 相关图法   B. 直方图法

    C. 控制图法   D. 排列图法

6. 双峰型直方图的产生原因是（　　）。

    A. 分组不当或组距确定不当而造成的

    B. 原材料发生变化，或短时间内工人操作不熟练造成的

    C. 取样时混批所致，如将两台设备、两种不同施工方法的产品混在一起或在两个不同批量中取样等

    D. 数据收集不正常，可能有意识地去掉下限以下的数据，或是在检测过程中某种人为因素造成的

7. 在施工质量控制中，直方图可用于（　　）。

    A. 分析产生质量问题的原因   B. 分析影响质量主次因素

    C. 判断工序的稳定性   D. 分析生产过程是否稳定

    E. 推断工序质量规格标准的满足程度

8. 采用控制图法分析工程质量状况时为了计算上下控制界限，通常需连续抽取（　　）组样本数据。

A. 20~25　　　　　　　　　　　B. 5~10

C. 10~15　　　　　　　　　　　D. 15~20

9. 下列施工质量统计分析方法中，属于动态分析法的是（　　）。

A. 直方图法　　　　　　　　　　B. 排列图法

C. 调查表法　　　　　　　　　　D. 管理用控制图法

5.3　施工质量控制

1. 【2024 年真题】施工单位在完成施工组织设计的编制及内部审批工作后，应由（　　）审核签认并报送建设单位。

A. 总监理工程师　　　　　　　　B. 专业监理工程师

C. 项目技术负责人　　　　　　　D. 监理单位技术负责人

2. 分项工程施工前的技术交底书应由（　　）编制，并经项目技术负责人批准。

A. 专业监理工程师　　　　　　　B. 总监理工程师

C. 项目技术人员　　　　　　　　D. 项目施工班组工长

3. 质量控制点是指为保证作业过程质量而确定的重点控制对象、关键部位或薄弱环节，属于施工过程质量控制点的有（　　）。

A. 地下防水层施工　　　　　　　B. 采用新材料的环节

C. 材料构配件的选择与采购　　　D. 预应力结构的张拉工序

E. 预应力结构中的预应力钢筋质量

4. 【2024 年真题】工程施工过程中，施工单位对施工质量的"三检制度"指的是（　　）。

A. 事前检—事中检—事后检　　　B. 自检—监理检—业主检

C. 自检—交接检—专检　　　　　D. 施工检—设计检—监理检

5. 施工单位提出的技术修改工程变更，经（　　）批准后实施。

A. 建设单位　　　　　　　　　　B. 当地建设行政主管部门

C. 总监理工程师　　　　　　　　D. 专业监理工程师

6. 建设工程组成中，分部工程的划分依据是（　　）。

A. 工程量、施工段　　　　　　　B. 材料、施工工艺

C. 专业性质、工程部位　　　　　D. 工种、设备类别

7. 根据《建筑工程施工质量验收统一标准》GB 50300—2013，对涉及结构安全、节能、环境保护和使用功能的重要分部工程，应在验收前按规定进行（　　）。

A. 抽样检验　　　　　　　　　　B. 见证检验

C. 破坏性试验　　　　　　　　　D. 专家论证

8. 在工程预验收合格后，组织相关单位项目负责人进行工程竣工验收的单位应为（　　）。

A. 建设单位　　　　　　　　　　B. 监理单位

C. 设计单位　　　　　　　　　　D. 施工单位

9. 【2017 年真题】工程质量验收时，设计单位项目负责人应参加验收的分部工程

有（   ）。

  A. 装饰装修   B. 环境保护

  C. 地基与基础   D. 主体结构

  E. 节能工程

5.4 施工质量事故预防与调查处理

1. 由于工程负责人不按规范指导施工、随意压缩工期造成的质量事故，按事故责任分类，属于（   ）。

  A. 指导责任事故   B. 操作责任事故

  C. 自然灾害事故   D. 技术责任事故

2. 【2022 年真题】下列导致工程质量事故的原因中，属于技术原因的有（   ）。

  A. 地质勘察水文地质情况判断错误   B. 结构设计方案不合理

  C. 质量管理措施落实不力   D. 检测仪器设备管理不善而失准

  E. 采用不合适的施工方法或施工工艺

3. 根据工程质量事故造成损失的程度分级，属于重大事故的有（   ）。

  A. 50 人以上 100 人以下重伤

  B. 3 人以上 10 人以下死亡

  C. 1 亿元以上直接经济损失

  D. 1000 万元以上 5000 万元以下直接经济损失

  E. 5000 万元以上 1 亿元以下直接经济损失

4. 下列措施中，属于施工质量事故预防措施的有（   ）。

  A. 坚持按工程建设程序办事

  B. 做好必要的技术复核和技术核定工作

  C. 及时做好质量事故的处理工作

  D. 加强施工安全与环境管理

  E. 加强质量培训教育，提高全员质量意识

5. 【2016 年真题】下列工程质量问题中，可不做专门处理的是（   ）。

  A. 某高层住宅施工中，底部二层的混凝土结构误用安定性不合格的水泥

  B. 某防洪堤坝填筑压实后，压实土的干密度未达到规定值

  C. 某检验批混凝土试块强度不满足规范要求，但混凝土实体强度检测后满足设计要求

  D. 某工程主体结构混凝土表面裂缝大于 0.5mm

本章模拟强化练习答案及解析

5.1 工程质量影响因素及管理体系

1.【答案】C

【解析】工程施工阶段是根据合同约定、设计文件和图纸要求，通过施工形成工程

实体。这一阶段直接影响工程的最终质量。因此，工程施工阶段是工程质量控制的关键阶段。

2.【答案】C

【解析】选项 A，投资决策阶段是影响工程质量的关键阶段。选项 B，勘察设计阶段是影响工程质量的决定性阶段。选项 C，施工阶段是工程质量控制的关键阶段。选项 D，竣工验收阶段体现了工程质量水平的最终结果。

3.【答案】B、D

【解析】选项 A、C、E 属于机械设备因素。

4.【答案】C、D、E

【解析】建设工程项目质量管理系统是面向项目对象而建立的质量控制工作体系，与建筑企业或其他组织机构按照 GB/T 19000 族标准建立的质量管理体系相比较，有如下不同：① 目的不同；② 服务范围不同；③ 目标不同；④ 作用时效不同；⑤ 评价的方式不同。

5.2 施工质量抽样检验和统计分析方法

1.【答案】D

【解析】系统随机抽样，也称为机械随机抽样，是指将总体中的抽样单元按某种次序排列，在规定范围内随机抽取一个或一组初始单元，然后按一套规则确定其他样本单元的抽样方法。

2.【答案】C

【解析】一次抽样检验通常用（N，n，C）表示，即：从批量为 N 的交验产品中随机抽取 n 件进行检验，并预先规定一个合格判定数 C，如果发现 n 件中有 d 件不合格品，当 $d \leqslant C$ 时，则判定该批产品合格，予以接收；当 $d > C$ 时，则判定该批产品不合格，予以拒收。

3.【答案】A、E

【解析】选项 B 电性能检测法和无损检测方法属于物理检验法的并列分类，两者不存在隶属关系。选项 C 属于化学检验法。选项 D 属于现场试验法。

4.【答案】B

【解析】选项 A 的正确表述为：一个质量特性或一个质量问题使用一张图分析。选项 C 的正确表述为：必要时可以邀请小组以外的有关人员参与，广泛听取意见。选项 D 的正确表述为：由各参与人员采用投票或其他方式，从中选择 1～5 项多数人达成共识的最主要原因。

5.【答案】D

【解析】本题考核的是施工质量统计分析方法。排列图法又称为主次因素分析法或帕累托图法，是用来分析影响质量主次因素的有效方法。

6.【答案】C

【解析】选项 A 说的是折齿型产生的原因，选项 B 说的是孤岛型产生的原因，选项 D 说的是峭壁型产生的原因。

7.【答案】C、D、E

【解析】选项 A 说的是分层法、调查表法、因果分析图法的作用，选项 B 说的是排列图法的作用。

8.【答案】A

【解析】绘制分析用控制图时，一般需连续抽取 20~25 组样本数据，计算控制界限。

9.【答案】D

【解析】分析用控制图是静态的，而管理用控制图是动态的。

5.3 施工质量控制

1.【答案】A

【解析】施工单位在完成施工组织设计的编制及内部审批工作后，报请项目监理机构审查，由总监理工程师审核签认。

2.【答案】C

【解析】技术交底书由项目技术人员编制，经项目技术负责人批准。

3.【答案】A、B、D、E

【解析】质量控制点是指为保证作业过程质量而确定的重点控制对象、关键部位或薄弱环节。选项 C 不属于作业过程。

4.【答案】C

【解析】施工单位对施工质量的"三检制度"：作业活动结束后，作业者必须自检；不同工序交接，相关人员必须进行交接检查；施工单位专职质检员的专检。要具有相应的试验设备及检测仪器，配备数量满足需要的专职质检人员及试验检测人员。

5.【答案】C

【解析】技术修改问题通常可由专业监理工程师组织，施工单位和现场设计代表参加，经各方同意后签字并形成纪要，作为工程变更单附件，经总监理工程师批准后实施。

6.【答案】C

【解析】选项 A 是检验批划分的依据，选项 B、D 是分项工程划分的依据，选项 C 是分部工程划分的依据。

7.【答案】A

【解析】分部工程质量验收合格应符合下列规定：① 所含分项工程的质量应验收合格；② 质量控制资料应完整、真实；③ 有关安全、节能、环境保护和主要使用功能的抽样检验结果应符合要求。

8.【答案】A

【解析】建设单位应在竣工预验收合格后组织监理、施工、设计、勘察单位等相关单位项目负责人进行工程竣工验收。

9.【答案】C、D、E

【解析】设计单位项目负责人和施工单位技术、质量部门负责人应参加主体结构、节能分部工程和地基与基础分部工程的验收。

5.4 施工质量事故预防与调查处理

1.【答案】A

【解析】指导责任事故：由于工程指导或领导失误而造成的质量事故，例如，由于工程负责人不按规范指导施工，强令他人违章作业，或片面追求施工进度等。

2.【答案】A、B、E

【解析】选项C、D属于管理原因。

3.【答案】A、E

【解析】选项B、D属于较大事故，选项C属于特别重大事故。

4.【答案】A、B、D、E

【解析】本题考核的是施工质量事故预防措施。施工质量事故预防措施：① 坚持按工程建设程序办事；② 做好必要的技术复核和技术核定工作；③ 严格把好建筑材料及制品的质量关；④ 加强质量培训教育，提高全员质量意识；⑤ 加强施工过程组织管理；⑥ 做好应对不利施工条件和各种灾害的预案；⑦ 加强施工安全与环境管理。

5.【答案】C

【解析】选项A、B应采用返工处理，选项D应采用返修处理。

第6章　建设工程成本管理

本章考情分析

2024 年本章节次及条目分值分布

本章节次	本章条目	2024 年	
		单选	多选
6.1　工程成本影响因素及管理流程	6.1.1　工程成本分类及影响因素	1	2
	6.1.2　工程成本管理流程		
6.2　施工成本计划	6.2.1　施工责任成本构成	1	
	6.2.2　施工成本计划编制	1	
6.3　施工成本控制	6.3.1　施工成本控制过程		
	6.3.2　施工成本控制方法	1	
6.4　施工成本分析与管理绩效考核	6.4.1　施工成本分析	1	
	6.4.2　施工成本管理绩效考核	1	2
合计		6 分	4 分
		10 分	

本章核心考点分析

6.1　工程成本影响因素及管理流程

核 心 考 点 提 纲

$\begin{cases} 6.1.1 & 工程成本分类及影响因素—工程成本分类 \\ 6.1.2 & 工程成本管理流程—工程成本管理 \end{cases}$

6.1.1　工程成本分类及影响因素

核心考点　工程成本分类

1. 按生产费用计入工程成本的方法分类

（1）直接成本：包括人工费、材料费、施工机具使用费和其他直接费。

（2）间接成本：包括勘察设计费、采购成本、现场管理人员的人工费、资产使用费、工具用具使用费、保险费、检验试验费、工程保修费以及其他费用等。

2. 按工程成本与工程量的关系分类

固定成本：如办公设施的折旧费、管理人员工资等。

变动成本：如材料费、计件工资等。

3. 按成本形成的时间划分

（1）预算成本

预算成本是建设单位和工程承包单位通过招标投标签订的工程建设合同中确定的工程成本。

该成本是工程承包单位根据建设单位招标文件要求以及自身管理水平确定的完成全部合同工程消耗的费用总和。

（2）计划成本

计划成本是工程承包单位根据工程合同要求，完成相应的设计、采购、施工等工作，结合项目实际及本单位的管理水平和生产力水平而计算确定的工程项目最低费用总和。

该计划成本是工程项目成本控制和考核的基本依据。

（3）实际成本

实际成本是工程承包单位在项目实施期内实际发生的各项费用的总和，包括设计成本、采购成本、施工成本等。

4. 按工程成本的可控性分类

（1）可控成本：例如，对于施工过程中发生的材料成本，工程部门能够控制材料的消耗量，按照特定价格（如计划价格）及其消耗量计算材料成本，属于工程部门的可控成本。

（2）不可控成本：由于工程部门无法控制材料价格，因价格变动引起的材料成本的变动，则属于工程部门的不可控成本。

5. 按工程成本要素构成划分

1）工期成本

所谓工期成本，是指随着工期缩短或延长而变化的施工成本。

一般情况下，直接成本会随着工期缩短而增加，间接成本会随着工期缩短而减少。

2）质量成本

质量成本可分为控制成本和损失成本两部分。

（1）控制成本

控制成本又可分为预防成本和鉴定成本。

① 预防成本：指为防止工程质量缺陷和偏差出现，保证工程质量达到质量标准所采取的各项预防措施所支出的费用，包括质量规划费、工序控制费、新工艺鉴定费、质量培训费、质量信息费等。

② 鉴定成本：指为保证工程质量而对工程本身及材料、构配件、设备等进行质量鉴定所支出的费用，包括施工图纸审查费，施工文件审查费，原材料、外购件检验试验费，工序检验费，工程质量验收费等。

（2）损失成本

损失成本又分为内部损失成本和外部损失成本。

① 内部损失成本：指在工程施工过程中因指挥决策失误、违反标准及操作规程、成品保护及机具设备保养不善等引起工程质量缺陷而造成的损失，以及为处理工程质量缺陷而发生的费用。包括返工损失、返修损失、停工损失、质量事故处理费用等。

② 外部损失成本：指工程移交后，在使用过程中发现工程质量缺陷而需支付的费用总和，包括工程保修费、损失赔偿费等。

3）安全成本

安全成本可分为安全生产保障成本和安全事故损失成本两部分。

（1）安全生产保障成本：包括安全防护工程费用、安全防护措施费用、安全教育培训费用等。

（2）安全事故损失成本：包括企业内部损失成本和企业外部损失成本。

4）绿色成本

绿色成本是指按照绿色低碳发展要求，在绿色建筑及绿色建造方面所花费的成本，以及因绿色建造不善造成的损失费用之和。

绿色成本可分为绿色建造成本和事故损失成本两部分。

◆考法：归类题

【例题1·2024年真题·多选题】根据工程特点和成本管理要求不同，工程成本可分为不同类别。构成工程实体的材料费可归入的工程成本类别有（   ）。

A. 变动成本　　　　　　　　　B. 直接成本

C. 采购成本　　　　　　　　　D. 措施成本

E. 质量成本

【答案】A、B

【解析】变动成本是随着工程量的增减变化而成正比例变化的各项成本，如材料费、计件工资等。直接成本是指在工程项目实施过程中直接耗费的构成工程实体或有助于工程形成的各项支出，包括人工费、材料费、机械使用费和其他直接费。

【例题2·多选题】下列为实现工程质量目标产生的费用中，属于质量控制成本的有（   ）。

A. 外购件检验试验费　　　　　B. 质量事故处理费用

C. 工程质量验收费　　　　　　D. 工程保修费用

E. 质量培训费

【答案】A、C、E

【解析】本题考查的是质量成本中控制成本和损失成本的区分。选项 A、C 属于质量控制成本中的鉴定成本，选项 E 属于质量控制成本中的预防成本，选项 B 属于损失成本中的内部损失成本，选项 D 属于损失成本中的外部损失成本。

6.1.2　工程成本管理流程

核心考点　工程成本管理

工程成本管理是指项目管理机构以责任成本为主线，对工程成本进行计划、控制、分析，并进行工程成本管理绩效考核的过程。

工程成本控制也不再单纯考虑建造成本，而是综合考虑建造成本、工期成本、质量成本、安全成本和绿色成本的全要素成本控制。

（1）成本计划：是开展成本控制和分析的基础，也是成本控制的主要依据。

（2）成本控制：能对成本计划的实施进行监督，保证成本计划的实现。

（3）成本分析：是对成本计划是否实现进行的检查，并为成本管理绩效考核提供依据。

（4）成本管理绩效考核：是实现责任成本目标的保证和手段。

◆考法：填空题

【例题·单选题】施工成本控制的主要依据是（　　　）。

    A. 成本预测　　　　　　　　　　B. 成本核算

    C. 成本分析　　　　　　　　　　D. 成本计划

【答案】D

【解析】本题考核的是施工成本控制的主要依据。成本计划是开展成本控制和分析的基础，也是成本控制的主要依据。

6.2　施工成本计划

核心考点提纲

$$
\begin{cases}
6.2.1 & 施工责任成本构成 \begin{cases} 1. 施工责任成本 \\ 2. 施工责任成本的部门测算 \end{cases} \\
6.2.2 & 施工成本计划编制 \begin{cases} 1. 施工成本计划的类型 \\ 2. 施工成本计划编制方法 \end{cases}
\end{cases}
$$

核心考点剖析

6.2.1　施工责任成本构成

核心考点一　施工责任成本

施工责任成本是以履行施工合同为前提，依据施工项目预算成本，经过施工单位和项目管理机构协商确定的由项目管理机构控制的成本总额。

施工责任成本是以责任中心为对象来进行归集的可控成本，将企业成本管理中的经济责任进行明确划分，体现出"分级控制"与"责权利一体"的现代企业管理理念。

通常而言，责任成本具有四个条件：

（1）可考核性，责任中心能够实时考核责任成本的执行过程及结果。

（2）可预计性，责任中心能够知晓责任成本的发生与发展。

（3）可计量性，责任中心能够计量责任成本的大小。

（4）可控制性，责任中心能够有效调节、控制责任成本。

◆考法：填空题

【例题·单选题】以履行施工合同为前提，经过施工单位和项目管理机构协商确定的由项目管理机构控制的成本总额是（　　　）。

A. 预算成本　　　　　　　　B. 施工责任成本

C. 竞争性成本　　　　　　　D. 项目实际成本

【答案】B

【解析】施工责任成本是以履行施工合同为前提，依据施工项目预算成本，经过施工单位和项目管理机构协商确定的由项目管理机构控制的成本总额。

核心考点二　施工责任成本的部门测算

施工责任成本应按照一定方法从中标价（合同价）中分离出来。

中标后，投标负责人组织对编制、审核标价分离相关人员进行投标交底。

商务部门：组织进行标价分离，完成施工成本测算，协调相关部门编制施工成本降低率。

技术部门：配合完成施工方案、周转工具用量、机械设备配置的合理化及费用测算。

工程部门：配合完成工期优化效益测算。

物资采购部门：配合完成材料费、周转工具费及采购效益测算。

安全管理部门：配合完成安全文明施工费测算。

人力资源部门：配合完成项目管理人员配置及岗位薪酬标准测算。

财务部门：配合完成项目管理费、规费及各项费用标准测算。项目商务经理、技术负责人配合参与编制。

标价分离完成后，根据项目综合情况，施工单位管理部门与施工项目经理共同确认标价分离、成本降低率，商务部门完成施工责任成本分解。

◆考法：正误判断题

【例题·多选题】施工责任成本分解过程中，关于各部门工作内容的说法，正确的有（　　　）。

A. 财务部门配合完成材料费、周转工具费及采购效益核算

B. 商务部门组织进行标价分离，完成施工成本测算

C. 技术部门配合完成施工方案及相关费用测算

D. 安全管理部门配合完成安全文明施工费测算

E. 人力资源部门配合完成项目管理人员配置及岗位薪酬标准测算

【答案】 B、C、D、E

【解析】 选项 A，配合完成材料费、周转工具费及采购效益核算的不是财务部门，而是物资采购部门。

6.2.2 施工成本计划编制

核心考点一 施工成本计划的类型

1. 竞争性成本计划

竞争性成本计划是指在施工投标及签订合同阶段的估算成本计划。

2. 指导性成本计划

指导性成本计划是指在选派项目经理阶段的预算成本计划，是项目经理的责任成本目标。

指导性成本计划是以合同价为依据，按照企业定额标准制定的施工成本计划，用以确定施工责任成本。

3. 实施性成本计划

实施性成本计划是指在工程项目施工准备阶段，以项目实施方案为依据，以落实项目经理责任目标为出发点，根据企业施工定额编制的施工成本计划。

◆ **考法：正误判断题**

【例题·单选题】 关于施工企业实施性成本计划的说法，正确的是（　　　）。

    A. 以落实项目经理责任目标为出发点，根据企业施工定额编制

    B. 在工程项目投标及签订合同阶段进行编制

    C. 是选派项目经理时的预算成本计划

    D. 以合同价为依据，是战略性成本计划的深化

【答案】 A

【解析】 本题考核的是施工成本计划的类型。实施性成本计划是指在工程项目施工准备阶段，以项目实施方案为依据，以落实项目经理责任目标为出发点，根据企业施工定额编制的施工成本计划。选项 B 错误，竞争性成本计划是指在施工投标及签订合同阶段的估算成本计划。选项 C 错误，指导性成本计划是指在选派项目经理阶段的预算成本计划。选项 D 错误，指导性成本计划以合同价为依据。指导性成本计划和实施性成本计划，都是战略性成本计划的进一步开展和深化，是对战略性成本计划的战术安排。

核心考点二 施工成本计划编制方法

1. 按成本组成编制施工成本计划的方法

按成本构成分解，施工成本可分为人工费、材料费、施工机具使用费和企业管理费等。

2. 按项目结构编制施工成本计划的方法

施工总成本分解次序：单项工程→单位工程→分部工程→分项工程。

3. 按工程实施阶段编制施工成本计划的方法

按实施进度编制施工成本计划，通常可在施工进度网络计划的基础上进一步扩充

得到。

通过将施工成本目标按时间进行分解，在网络计划基础上，可获得施工进度计划图，并在此基础上编制成本计划。

按工程实施阶段编制施工成本计划的步骤如下：

（1）编制工程项目施工进度时标网络计划。

（2）根据施工进度计划中每项工作在单位时间内完成的实物工程量或投入的人力、物力和财力，计算单位时间（月或旬）施工成本，并在时标网络计划中按时间（月或旬）编制成本支出计划，如图 6-1 所示。

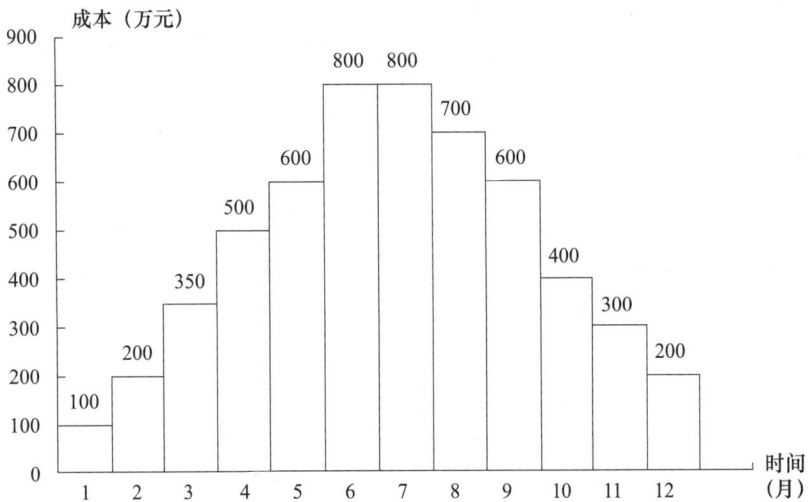

图 6-1　根据时标网络计划按月编制施工成本计划

（3）计算规定时间 t 计划累计支出的成本额。

（4）按各规定时间的 Q_t 值，即可绘制 S 曲线，如图 6-2 所示。

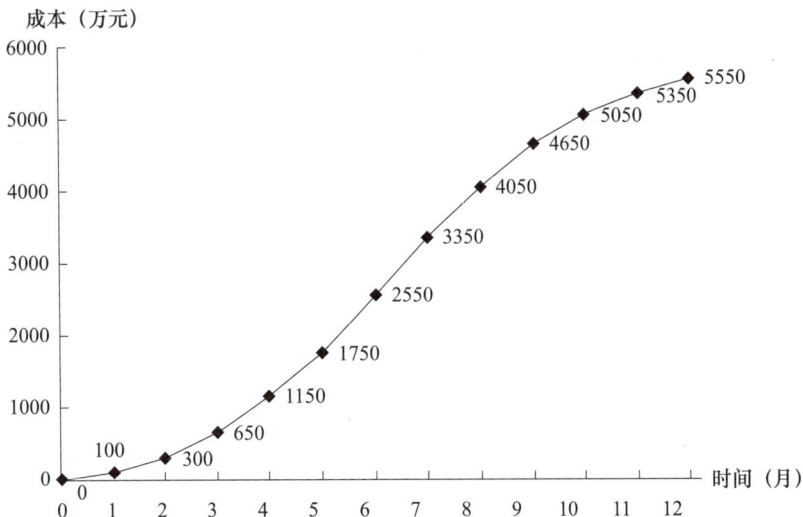

图 6-2　时间—成本累积曲线（S 曲线）

每一条 S 曲线都对应某一特定工程的施工进度计划。由于在施工进度网络计划的非关键路线中，会存在若干有时差的工作，因而会使 S 曲线必然被包络在由全部工作均按最早开始时间开始和全部工作均按最迟开始时间开始的两条 S 曲线所组成的"香蕉图"内。

对施工单位而言，施工进度网络计划中的所有工作均按最早开始时间开始、按最早完成时间完成，可以尽早获得工程进度款支付，同时也能提高工程按期竣工的保证率，但同时也会占用建设单位大量资金。

◆考法 1：填空题

【例题·2024 年真题·单选题】施工单位按实施进度编制施工成本计划时，将施工进度网络计划中的所有工作均按最早开始时间和最早完成时间安排的优点是（   ）。

A. 可增加非关键工作的总时差　　　B. 可使积累工程量曲线更平缓

C. 可提高工程按期竣工保证率　　　D. 可使工程资源投入更均衡

【答案】C

【解析】对施工单位而言，施工进度网络计划中的所有工作均按最早开始时间开始、按最早完成时间完成，可以尽早获得工程进度款支付，同时也能提高工程按期竣工的保证率，但同时也会占用建设单位大量资金。

◆考法 2：排序题

【例题·2017 年真题·单选题】绘制时间—成本累积曲线的环节有：① 计算单位时间成本；② 确定工程项目进度计划；③ 计算计划累计支出的成本额；④ 绘制 S 曲线。正确的绘制步骤是（   ）。

A. ② - ① - ③ - ④　　　　　　　B. ① - ② - ③ - ④

C. ① - ③ - ② - ④　　　　　　　D. ② - ③ - ④ - ①

【答案】A

【解析】时间—成本累积曲线的绘制步骤如下：① 确定工程项目进度计划，编制进度计划的横道图；② 根据每单位时间内完成的实物工程量或投入的人力、物力和财力，计算单位时间（月或旬）的成本，在时标网络图上按时间编制成本支出计划；③ 计算规定时间 t 计划累计支出的成本额；④ 按各规定时间的 Q_t 值，绘制 S 曲线。

6.3　施工成本控制

核 心 考 点 提 纲

6.3.1　施工成本控制过程—成本控制过程

6.3.2　施工成本控制方法
- 1. 挣值法
- 2. 施工成本偏差的表达方法
- 3. 施工成本纠偏措施

核心考点剖析

6.3.1 施工成本控制过程

核心考点 成本控制过程

施工成本控制过程可分为两类：一是管理行为控制过程；二是指标控制过程。

（1）管理行为控制是对施工成本全过程控制的基础。

（2）指标控制则是成本控制的重点。

两个过程既相对独立又相互联系，既相互补充又相互制约。

1. 管理行为控制过程

（1）建立项目成本管理体系的评审组织和评审程序。

质量管理体系由社会有关组织进行评审和认证。

成本管理体系无社会组织来评审和认证。

（2）建立项目成本管理体系运行的评审组织和评审程序。

（3）目标考核，定期检查。

（4）制定对策，纠正偏差。

2. 指标控制过程

（1）确定成本管理分层次目标。

（2）采集成本数据，监测成本形成过程。

（3）找出偏差，分析原因。

（4）制定对策，纠正偏差。

（5）调整改进成本管理方法。

◆**考法：正误判断题**

【例题·2017年真题·单选题】关于建设工程项目施工成本控制的说法，正确的是（　　）。

    A. 施工成本管理体系由社会有关组织进行评审和认证

    B. 施工成本控制可分为事先控制、过程控制和事后控制

    C. 管理行为控制程序是进行成本过程控制的重点

    D. 管理行为控制程序和指标控制程序是相互独立的

【答案】B

【解析】选项A、C、D说法错误。其中，选项A，成本管理体系的建立是企业自身生存发展的需要，没有社会组织来评审和认证。选项C，管理行为控制程序是对成本全过程控制的基础，指标控制程序则是成本进行过程控制的重点。选项D，管理行为控制程序和指标控制程序既相对独立又相互联系，既相互补充又相互制约。

6.3.2 施工成本控制方法

核心考点一 挣值法

1. 三个基本参数

表 6-1 三个基本参数

基本参数	代号	计算式
已完工程预算费用	$BCWP$	$\sum$(已完工程量 × 预算单价)
拟完工程预算费用	$BCWS$	$\sum$(计划工程量 × 预算单价)
已完工程实际费用	$ACWP$	$\sum$(已完成工程量 × 实际单价)

2. 四个评价指标

（1）费用偏差（CV）= 已完工程预算费用（$BCWP$）－ 已完工程实际费用（$ACWP$）

当费用偏差 CV 为负值时，表明实际费用超支；当费用偏差 CV 为正值时，表明实际费用节约；$CV = 0$ 时，表明实际费用按预算支出。

（2）进度偏差（SV）= 已完工程预算费用（$BCWP$）－ 拟完工程预算费用（$BCWS$）

当进度偏差 SV 为负值时，表明实际进度拖后；当进度偏差 SV 为正值时，表明实际进度提前；$SV = 0$ 时，表明实际进度正常。

（3）费用绩效指数（CPI）= 已完工程预算费用（$BCWP$）/ 已完工程实际费用（$ACWP$）

当费用绩效指数（CPI）< 1 时，表明实际费用超支；当费用绩效指数（CPI）> 1 时，表明实际费用节约；$CPI = 1$ 时，表明实际费用按预算支出。

（4）进度绩效指数（SPI）= 已完工程预算费用（$BCWP$）/ 拟完工程预算费用（$BCWS$）

当进度绩效指数（SPI）< 1 时，表明实际进度拖后；当进度绩效指数（SPI）> 1 时，表明实际进度提前；$SPI = 1$ 时，表明实际进度正常。

费用（进度）偏差反映的是绝对偏差，仅适合于对同一项目进行偏差分析。

费用（进度）绩效指数反映的是相对偏差，它不受项目层次的限制，也不受项目实施时间的限制，因而在同一项目和不同项目比较中均可采用。

在项目费用、进度综合控制中引入挣值法，可以克服以往进度、费用分开控制的缺点。而引入挣值法即可定量地判断进度、费用的执行效果。

◆考法：计算题

【例题·2024年真题·单选题】某工程开工后至第 4 月末，累计已完工程实际费用 300 万元，已完工程预算费用 350 万元，拟完工程预算费用 330 万元，则该工程第 4 月末实际进展和费用支出状况，正确的是（ ）。

　　A. 费用绩效指数为 0.86，实际费用超支

　　B. 进度偏差为 20 万元，实际进度拖后

　　C. 费用偏差为 -50 万元，实际费用节约

　　D. 进度绩效指数为 1.06，实际进度超前

【答案】D

【解析】本题考核的是工程实际进展和费用支出状况。费用绩效指数（CPI）＝已完工程预算费用（$BCWP$）/已完工程实际费用（$ACWP$）＝350/300＝1.17＞1，表示费用节约，故选项 A 错误。

进度偏差（SV）＝已完工程预算费（$BCWP$）－拟完工程预算费用（$BCWS$）＝350－330＝20 万元＞0，表示进度提前，故选项 B 错误。

费用偏差（CV）＝已完工程预算费（$BCWP$）－已完工程实际费用（$ACWP$）＝350－300＝50 万元＞0，表示费用节约，故选项 C 错误。

进度绩效指数（SPI）＝已完工程预算费用（$BCWP$）/拟完工程预算费用（$BCWS$）＝350/330＝1.06＞1，表明实际进度提前，故选项 D 正确。

核心考点二　施工成本偏差的表达方法

施工成本偏差可采用不同的表达方法，常用的有横道图法、表格法和曲线法。

1. 横道图法

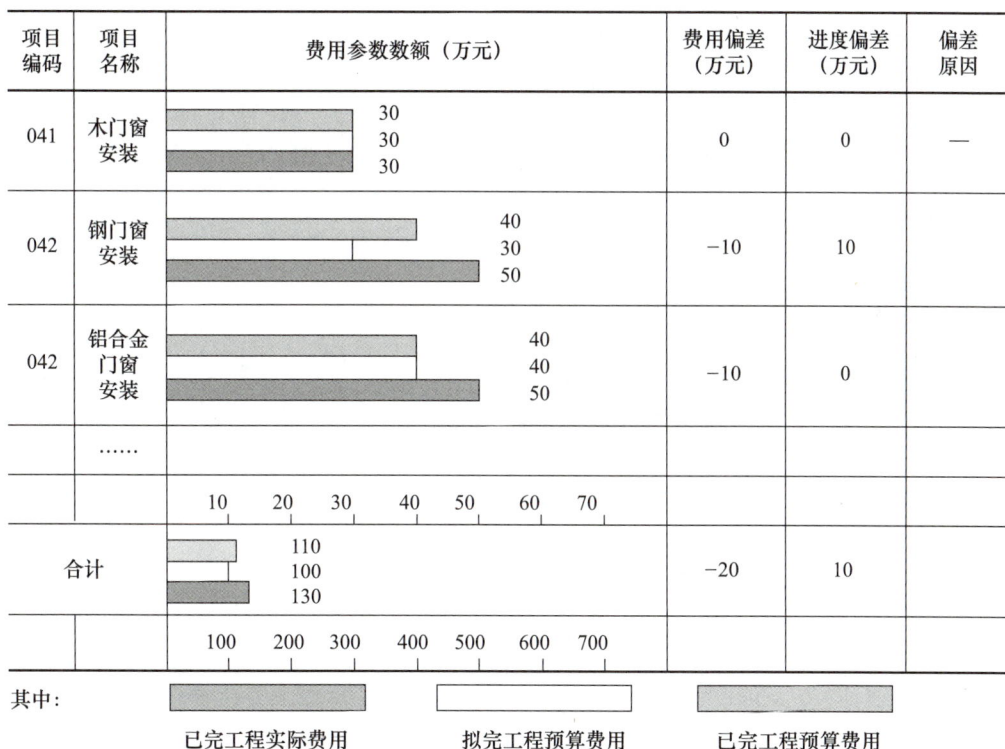

图 6-3　横道图法

横道图法能够形象、直观、准确地表达费用的绝对偏差，而且能直观地表明费用偏差的严重性。

但这种方法反映的信息量少，一般在项目较高管理层应用。

2. 表格法

表格法是指将项目编号、名称、各费用参数及费用偏差数综合归纳在一张表格中，直接在表格中进行费用偏差分析，见下表。

表 6-2　表格法

项目编码	（1）	041	042	043
项目名称	（2）	木门窗安装	钢门窗安装	铝合金门窗安装
单位	（3）			
预算（计划）单价	（4）			
计划工程量	（5）			
拟完工程预算费用（BCWS）	（6）＝（5）×（4）	30	30	40
已完成工程量	（7）			
已完工程预算费用（BCWP）	（8）＝（7）×（4）	30	40	40
实际单价	（9）			
其他款项	（10）			
已完工程实际费用（ACWP）	（11）＝（7）×（9）＋（10）	30	50	50
费用局部偏差	（12）＝（8）－（11）	0	−10	−10
费用绩效指数（CPI）	（13）＝（8）÷（11）	1	0.8	0.8
费用累计偏差	（14）＝∑（12）		−20	
进度局部偏差	（15）＝（8）－（6）	0	10	0
进度绩效指数（SPI）	（16）＝（8）÷（6）	1	1.33	1
进度累计偏差	（17）＝∑（15）	10		

3. 曲线法

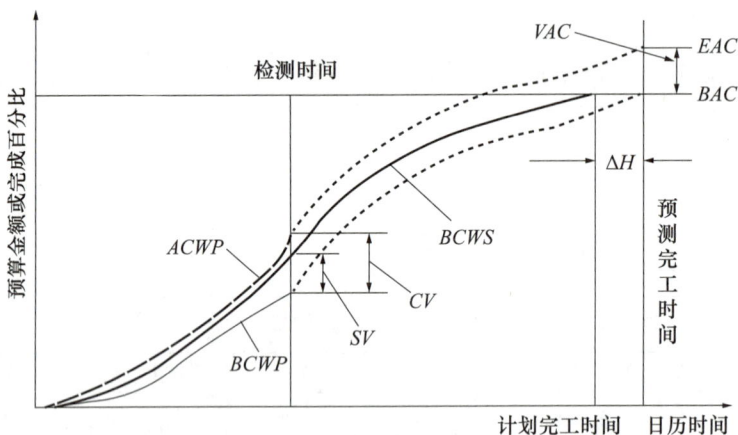

图 6-4　曲线法

在施工项目实施过程中，最理想的状态是已完工程实际费用（ACWP）、拟完工程预算费用（BCWS）、已完工程预算费用（BCWP）三条曲线靠得很近、平稳上升，表明施工项目按预定计划进行。如果三条曲线离散度不断增加，则可能出现较大的费用偏差。

◆ 考法 1：正误判断题

【例题·2011 年真题·多选题】关于项目费用偏差分析方法的说法，正确的有（　　）。

A. 横道图法是最常用的一种方法

224

B. 横道图法形象，直观

C. 曲线法能够直接用于定量分析

D. 表格法反映信息量大

E. 表格法具有灵活，适用性强的特点

【答案】B、D、E

【解析】选项 A、C 错误。其中，选项 A：表格法是进行偏差分析最常用的一种方法，而非横道图法，所以选项 A 错误。选项 C：曲线法能够直接用于定性分析，不能够直接用于定量分析，要进行定量分析，需要先进行进一步的数据计算，所以选项 C 错误。

◆ **考法 2：计算题**

【例题·2020 年真题·单选题】某混凝土工程施工情况如下图所示，清单综合单价为 1000 元 $/m^3$，按月结算。根据赢得值法，该工程 6 月末进度偏差（SV）是（   ）万元。

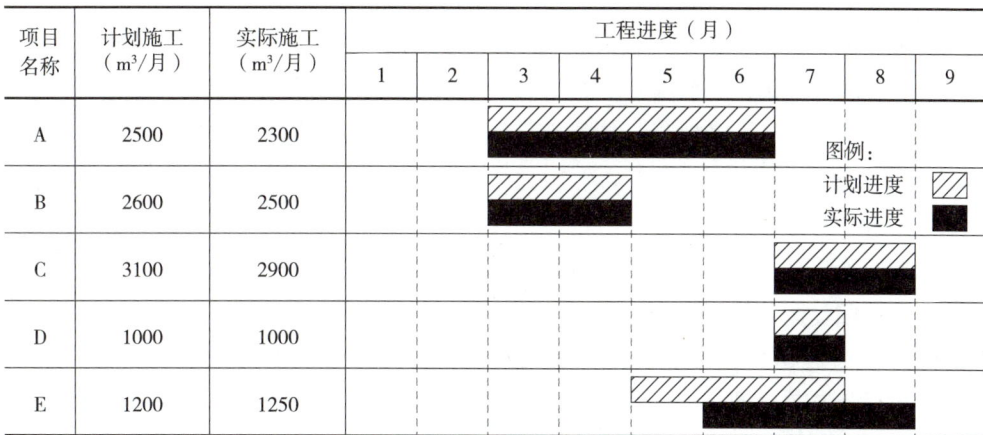

项目名称	计划施工（m³/月）	实际施工（m³/月）	工程进度（月）								
			1	2	3	4	5	6	7	8	9
A	2500	2300									
B	2600	2500							图例：		
C	3100	2900							计划进度		
D	1000	1000							实际进度		
E	1200	1250									

图 6-5　某混凝土工程施工情况

A. −215

B. −200

C. −125

D. −60

【答案】A

【解析】由图6-5可知，该工程6月末的计划工作量＝（2500×4）＋（2600×2）＋（1200×2）＝17600m³。

该工程 6 月末的实际完成工作量＝（2300×4）＋（2500×2）＋（1250×1）＝15450m³。

该工程 6 月末的进度偏差（SV）＝已完工作预算费用（$BCWP$）－计划工作预算费用（$BCWS$）＝15450×1000－17600×1000＝−215万元。

核心考点三　施工成本纠偏措施

施工成本纠偏措施通常可归纳为组织措施、技术措施、经济措施和合同措施。

1. 组织措施

如实行项目经理责任制，落实成本管理的组织机构和人员，明确各级成本管理人员的任务和职能分工、权利和责任。成本管理不仅是专业成本管理人员的工作，各级项目管理人员都负有成本控制责任。

组织措施的另一方面是编制成本管理工作计划、确定合理详细的工作流程。要做好施工采购计划，通过生产要素的优化配置、合理使用、动态管理，有效控制实际成本。组织措施是其他各类措施的前提和保障。

2. 技术措施

（1）进行技术经济分析，确定最佳的施工方案。

（2）结合施工方法，进行材料使用的比选，在满足功能要求的前提下，通过代用、改变配合比、使用外加剂等方法降低材料消耗的费用。

（3）确定合适的施工机械、设备使用方案。

（4）结合项目的施工组织设计及自然地理条件，降低材料的库存成本和运输成本。

（5）应用先进的施工技术，运用新材料，使用先进的机械设备等。

3. 经济措施

（1）对成本管理目标进行风险分析，并制定防范性对策。

（2）对各种支出，应做好资金的使用计划，并在施工中严格控制各项开支。

（3）及时准确地记录、收集、整理、核算实际支出的费用。

（4）对各种变更，应及时做好增减账、落实业主签证并结算工程款。

4. 合同措施

（1）寻求合同索赔的机会。

（2）密切关注己方履行合同的情况，以防被对方索赔。

◆ 考法：归类题

【例题 1·多选题】下列施工成本的纠偏措施中，属于经济措施的有（　　　　）。

    A. 编制成本管理工作计划并确定合理的工作流程

    B. 进行技术经济分析，确定最佳施工方案

    C. 做好各项支出的使用计划并在施工中严格控制

    D. 分析合同条款，关注业主合同执行情况，寻求索赔机会

    E. 对各种变更及时做好增减账，落实业主签证并结算工程款

【答案】C、E

【解析】选项 A 属于组织措施，选项 B 属于技术措施，选项 D 属于合同措施。

【例题 2·单选题】建设工程施工成本纠偏时，可采取的组织措施是（　　　　）。

    A. 编制成管理工作计划，确定合理的工作流程

    B. 结合施工方法，进行建筑材料比选

    C. 分析成本管理目标风险，并制造防范对策

    D. 分析施工合同条款，寻求索赔机会

【答案】A

【解析】选项 B 属于技术措施，选项 C 属于经济措施，选项 D 属于合同措施。

6.4 施工成本分析与管理绩效考核

核心考点提纲

```
          ┌ 6.4.1  施工成本分析 ┬ 1.施工成本分析的依据
          │                    ├ 2.施工成本分析的基本方法
          │                    └ 3.综合成本分析方法
          │
          └ 6.4.2  施工成本管理绩效考核 ┬ 1.施工成本管理绩效考核的内容
                                       ├ 2.施工成本管理绩效考核指标
                                       └ 3.施工成本管理绩效考核方法
```

核心考点剖析

6.4.1 施工成本分析

核心考点一 施工成本分析的依据

成本分析的主要依据是会计核算、业务核算和统计核算所提供的资料。

1. 会计核算

会计核算主要是价值核算。

2. 业务核算

（1）业务核算的范围比会计核算、统计核算要广。

（2）会计核算和统计核算一般是对已经发生的经济活动进行核算，而业务核算不但可以核算已经完成的项目是否达到原定的目的、取得预期的效果，而且可以对尚未发生或正在发生的经济活动进行核算。

（3）业务核算的特点是对个别的经济业务进行单项核算。

（4）业务核算的目的在于迅速取得资料，以便在经济活动中及时采取措施进行调整。

3. 统计核算

（1）统计核算的计量尺度比会计核算宽，可以用货币计算，也可以用实物或劳动量计量。

（2）统计核算不仅能提供绝对数指标，还能提供相对数和平均数指标，可以计算当前的实际水平，还可以确定变动速度以预测发展的趋势。

◆ 考法：正误判断题

【例题·2017年真题·单选题】关于施工成本分析依据的说法，正确的是（   ）。

    A. 业务核算主要是价值核算

    B. 统计核算的计量尺度比会计核算窄

    C. 会计核算可以对尚未发生的经济活动进行核算

    D. 统计核算可以用货币计算

【答案】D

【解析】选项 A、B、C 说法错误。其中，选项 A，会计核算主要是价值核算。选项 B，统计核算的计量尺度比会计核算宽。选项 C，业务核算可对尚未发生的经济活动进行核算。

核心考点二　施工成本分析的基本方法

施工成本分析的基本方法包括比较法、因素分析法、差额计算法、比率法等。

1. 比较法

比较法又称"指标对比分析法"，是指对比技术经济指标，检查目标的完成情况，分析产生差异的原因，进而挖掘成本降低潜力的方法。

（1）将实际指标与目标指标对比。

（2）本期实际指标与上期实际指标对比。

（3）与本行业平均水平、先进水平对比。

表 6-3　比较法

指标	本年计划数	上年实际数	企业先进水平	本年实际数	差异数		
					与计划比	与上年比	与先进比
"三材"节约额（元）	100000	95000	130000	120000	20000	25000	−10000

2. 因素分析法

因素分析法又称为连环置换法，在分析时，假定众多因素中的一个因素发生了变化，而其他因素不变，然后逐个替换，分别比较其计算结果，以确定各个因素的变化对成本的影响程度。

确定该指标是由哪几个因素组成的，并按其相互关系进行排序（排序规则是：先实物量，后价值量；先绝对值，后相对值）。

3. 差额计算法

差额计算法是因素分析法的一种简化形式，它利用各个因素的目标值与实际值的差额计算其对成本的影响程度。

4. 比率法

（1）相关比率法

例如：产值和工资是两个不同的概念，但它们是投入与产出的关系。用产值工资率指标来考核人工费的支出水平，可以很好地分析人工成本。

（2）构成比率法

通过构成比率，可以考察成本总量的构成情况及各成本项目占总成本的比重，同时也可看出预算成本、实际成本和降低成本的比例关系，从而寻求降低成本的途径。

（3）动态比率法

动态比率法是将同类指标不同时期的数值进行对比，求出比率，以分析该项指标的发展方向和发展速度。

动态比率的计算，通常采用基期指数和环比指数两种方法。

表 6-4　成本指标动态比较表

指标	第一季度	第二季度	第三季度	第四季度
降低成本（万元）	45.60	47.80	52.50	64.30
基期指数（%）（第一季度＝100）		104.82	115.13	141.01
环比指数（%）（上一季度＝100）		104.82	109.83	122.48

◆考法：计算题

【例题 1·2024 年真题·单选题】砖基础工程施工成本的主要影响因素由工程量、砖消耗量和价格构成。上述三个影响因素的计划值分别为 500m³、529 块 /m³ 和 0.26 元 / 块，实际值分别为 510m³、530 块 /m³ 和 0.25 元 / 块。采用因素分析法进行成本分析时，按上述影响因素顺序第二次替代与第一次替代的差额是（　　）元。

A. －2703
B. 132.6
C. －1195
D. 1375.4

【答案】B

【解析】第一次替代工程量因素，以 510 替代 500：$510 \times 529 \times 0.26 = 70145.4$ 元；第二次替代砖消耗量因素，以 530 替代 529，并保留第一次替代后的值：$510 \times 530 \times 0.26 = 70278$ 元；第二次替代与第一次替代的差额为 $70278 - 70145.4 = 132.6$ 元。

【例题 2·2023 年真题·单选题】某项目施工成本数据见下表。应用差额计算法分析，该项目成本降低率提高对成本降低额的影响是（　　）万元。

表 6-5　某项目施工成本数据

项目	单位	计划	实际
成本	万元	220	240
成本降低率	%	3	3.5
成本降低额	万元	6.6	8.4

A. 0.6
B. 1.1
C. 1.2
D. 1.8

【答案】C
【解析】

表 6-6　计算过程

替换流程	循环替换计算	差异	因素分析
计划数	$220 \times 3\% = 6.6$		
第一次替换	$240 \times 3\% = 7.2$	0.6	成本增加 20 万元，多降低成本 0.6 万元
第二次替换	$240 \times 3.5\% = 8.4$	1.2	成本降低率提高 0.5%，多降低成本 1.2 万元
合计	$8.4 - 6.6 = 1.8$	1.8	

核心考点三　综合成本分析方法

分部分项工程成本分析

分析的对象：已完成的分部分项工程。

分析的方法：进行预算成本、目标成本和实际成本的"三算"对比，分别计算实际偏差和目标偏差，分析偏差产生的原因。

分析的资料来源：预算成本来自投标报价成本，目标成本来自施工预算，实际成本来自施工任务单的实际工程量、实耗人工和限额领料单的实耗材料。

分部分项工程成本分析是施工项目成本分析的基础。

由于施工项目包括很多分部分项工程，无法也没有必要对每一个分部分项工程都进行成本分析。

但是，对于主要分部分项工程必须进行成本分析，而且要做到从开工到竣工进行系统的成本分析。

◆ **考法：正误判断题**

【例题·多选题】关于分部分项工程成本分析的说法，正确的有（　　　）。

  A. 以年度成本报表为依据，分析累计成本降低水平

  B. 进行"三算"对比，计算实际偏差和目标偏差，分析偏差产生原因

  C. 分析采用的实际成本来自施工任务单的实际工程量和实耗量

  D. 通过主要分部分项工程成本的系统分析，可基本了解项目成本形成全过程

  E. 分析采用的预算成本来自施工预算，目标成本来自投标报价

【答案】B、C、D

【解析】本题考核的是分部分项工程成本分析。选项 A 错误，年度成本分析的依据是年度成本报表，月（季）度成本分析通过累计实际成本与累计预算成本的对比，分析累计的成本降低水平。选项 E 错误，分部分项工程成本分析的资料来源为：预算成本来自投标报价成本，目标成本来自施工预算，实际成本来自施工任务单的实际工程量、实耗人工和限额领料单的实耗材料。

6.4.2　施工成本管理绩效考核

核心考点一　施工成本管理绩效考核的内容

施工成本管理绩效考核应分层进行，包括企业对项目成本的考核、对项目管理机构可控责任成本的考核和项目经理对所属部门、施工队和班组的考核。

（1）企业对项目成本的考核包括对施工成本目标（降低额）完成情况的考核和成本管理工作业绩的考核。

（2）企业对项目管理机构可控责任成本的考核包括：

①项目成本目标和阶段成本目标完成情况。

②建立以项目经理为核心的成本管理责任制的落实情况。

③成本计划的编制和落实情况。

④对各部门、各施工队和班组责任成本的检查和考核情况。

⑤ 在成本管理中贯彻责权利相结合原则的执行情况。

（3）项目经理对所属各部门、各施工队和班组的考核。

① 对各部门的考核内容：本部门、本岗位责任成本的完成情况；本部门、本岗位成本管理责任的执行情况。

② 对各施工队的考核内容：对专业作业合同规定的承包范围和承包内容的执行情况；专业作业合同以外的补充收费情况；对班组施工任务单的管理情况，以及班组完成施工任务后的考核情况。

③ 对各班组的考核内容：以分部分项工程成本作为班组的责任成本，以施工任务单和限额领料单的结算资料为依据，与施工预算进行对比，考核班组责任成本完成情况。

◆ 考法：归类题

【例题·单选题】下列施工成本管理绩效考核内容中，属于项目部对各班组考核内容的是（　　）。

    A. 岗位成本管理责任的执行情况　　B. 班组任务单的管理情况

    C. 班组完成施工任务后的考核情况　　D. 班组责任成本的完成情况

【答案】D

【解析】选项 A 属于对各部门的考核内容。选项 B、C 属于对各施工队的考核内容。

核心考点二　施工成本管理绩效考核指标

1. 企业的项目成本考核指标

项目施工成本降低额＝项目施工合同成本－项目实际施工成本

项目施工成本降低率＝项目施工成本降低额／项目施工合同成本 ×100%

2. 项目管理机构可控责任成本考核指标

（1）项目经理责任目标总成本降低额和降低率

目标总成本降低额＝项目经理责任目标总成本－项目竣工结算总成本

目标总成本降低率＝目标总成本降低额／项目经理责任目标总成本 ×100%

（2）施工责任目标成本实际降低额和降低率

施工责任目标成本实际降低额＝施工责任目标总成本－工程竣工结算总成本

施工责任目标成本实际降低率＝施工责任目标成本实际降低额／施工责任目标总成本 ×100%

（3）施工计划成本实际降低额和降低率

施工计划成本实际降低额＝施工计划总成本－工程竣工结算总成本

施工计划成本实际降低率＝施工计划成本实际降低额／施工计划总成本 ×100%

◆ 考法：归类题

【例题·2024 年真题·单选题】进行施工成本管理绩效考核时，从企业层面考核项目施工成本降低额的正确计算公式是（　　）。

    A. 项目计划总成本－项目实际施工成本

    B. 项目施工合同成本－项目实际施工成本

    C. 施工计划总成本－工程竣工结算总成本

D. 施工责任目总标成本－工程竣工结算总成本

【答案】B

【解析】选项 C、D 属于项目管理机构可控责任成本考核指标。选项 A 没有这样的计算公式。

核心考点三　施工成本管理绩效考核方法

表 6-7　施工成本管理绩效考核方法

绩效考核方法	优点	缺点	适用范围
关键绩效指标	（1）明确管理焦点。 （2）提高管理成效。 （3）提高考核客观性	（1）指标难界定且缺乏弹性。 （2）适用范围有限。 （3）实施困难	适用于需要定量化考核且考核周期短的企业
360° 反馈法	（1）提高考核准确性。 （2）促进个体发展。 （3）增强部门合作	（1）考核时间和成本较高。 （2）考核标准不明确。 （3）存在负面影响	适用于需要定性化考核的企业
PDCA 管理循环法	（1）提高管理成效。 （2）增强部门协作	（1）投入成本高。 （2）过于强调计划性	适用于需要周期性考核的企业
平衡积分卡	（1）提高考核准确性。 （2）提高管理效率。 （3）促进长期发展。 （4）激发个体积极性	（1）实施难度大且缺乏弹性。 （2）实施周期长	适用于需要定量化考核且考核周期长的企业
目标管理法	（1）提高管理成效。 （2）提高考核客观性。 （3）考核成本较低。 （4）激发个体积极性。 （5）增强部门协作	（1）目标设定难度大且协调成本高。 （2）缺乏过程管理	适用于需要定量化考核的企业

◆ 考法：正误判断题

【例题·2024 年真题·多选题】采用 PDCA 循环法进行施工成本管理绩效考核的不足有（　　）。

A. 不适合需要周期性考核的企业　　B. 投入成本高

C. 会抑制各部门之间的协同合作　　D. 难以持续提高管理成效

E. 过于强调计划性

【答案】B、E

【解析】选项 A、C、D 说法错误。其中，选项 A，PDCA 管理循环法适用于需要周期性考核的企业。选项 C，PDCA 管理循环法鼓励企业的各部门协同合作，集体参与到成本管理的过程中。选项 D，PDCA 管理循环法可以提高管理成效，帮助企业制定明确的成本管理目标，并在成本管理周期中持续帮助企业根据施工成本现状制定优化策略。

本章模拟强化练习

6.1 工程成本影响因素及管理流程

1. 下列质量控制成本费用中，属于预防成本的有（　　）。

    A. 质量信息费　　　　　　　　B. 工序检验费

    C. 工序控制费　　　　　　　　D. 质量培训费

    E. 工程质量验收费

2. 【2024年真题】按工程成本与工程量的关系划分，工程成本分为（　　）。

    A. 目标成本和责任成本　　　　B. 固定成本和变动成本

    C. 预算成本和计划成本　　　　D. 直接成本与间接成本

3. 下列质量损失成本费用中，属于外部损失成本的有（　　）。

    A. 工程保修费　　　　　　　　B. 停工损失费

    C. 质量事故处理费　　　　　　D. 损失赔偿费

    E. 返工损失费

6.2 施工成本计划

1. 【2024年真题】关于施工责任成本的说法，正确的是（　　）。

    A. 施工责任成本是以任务中心为对象进行归集的预算成本

    B. 施工责任成本是以责任中心为对象进行归集的预算成本

    C. 施工责任成本是以任务中心为对象进行归集的可控成本

    D. 施工责任成本是以责任中心为对象进行归集的可控成本

2. 【2020年真题】施工项目竞争性成本计划是（　　）的估算成本计划。

    A. 选派项目经理阶段　　　　　B. 投标阶段

    C. 施工准备阶段　　　　　　　D. 签订合同阶段

    E. 制定企业年度计划阶段

3. 【2019年真题】关于按工程实施阶段编制施工成本计划的说法，正确的有（　　）。

    A. 可在网络图的基础上进一步扩充得到

    B. 可以用成本计划直方图的方式表示

    C. 按最早时间安排工作可节约资金贷款利息

    D. 可以用时间—成本累积曲线表示

    E. 可根据资金筹措情况在"香蕉图"内调整S曲线

6.3 施工成本控制

1. 施工成本的指标控制工作有：① 采集成本数据，监测成本形成过程；② 调整改进成本管理方法；③ 确定成本管理分层次目标；④ 制定对策，纠正偏差；⑤ 找出偏差，分析原因。正确的程序是（　　）。

    A. ①－③－⑤－②－④　　　　B. ③－①－⑤－④－②

    C. ①－③－②－④－⑤　　　　D. ③－①－②－⑤－④

2. 【2023年真题】某工程中期检查时，已完工作预算费用为820万元，计划工作预算费用为 800 万元，已完工作实际费用为 860 万元，则中期检查时，该工程的费用绩效指数为（　　）。

  A. 0.953　　　　　　　　　　B. 1.025

  C. 0.930　　　　　　　　　　D. 1.075

 3. 对某建设工程项目进行成本偏差分析，若当月计划完成工作量是 100m³，计划单价为 300 元 /m³；当月实际完成工作量是 120m³，实际单价为 320 元 /m³，则关于该项目当月成本偏差分析的说法，正确的是（　　）。

  A. 费用偏差为 −2400 元，成本超支　B. 费用偏差为 6000 元，成本节约

  C. 进度偏差为 6000 元，进度延误　D. 进度偏差为 2400 元，进度提前

 4.【2019 年真题】应用曲线法进行施工成本偏差分析时，已完工作实际成本曲线与已完工作预算成本曲线的竖向距离表示（　　）。

  A. 进度累计偏差　　　　　　　B. 成本累计偏差

  C. 进度局部偏差　　　　　　　D. 成本局部偏差

 5.【2023 年真题】下列成本管理的措施中，属于组织措施的有（　　）。

  A. 进行技术经济分析，确定最佳的施工方案

  B. 编制成本管理工作计划

  C. 对成本管理目标进行风险分析，并制定防范性对策

  D. 确定合理详细的成本管理工作流程

  E. 编制资金使用计划，确定成本管理目标

6.4　施工成本分析与管理绩效考核

 1.【2016 年真题】下列施工成本分析依据中，属于既可对已发生的，又可对尚未发生或正在发生的经济活动进行核算的是（　　）。

  A. 会计核算　　　　　　　　　B. 业务核算

  C. 统计核算　　　　　　　　　D. 成本预测

 2. 某商品混凝土目标成本与实际成本对比见下表，关于其成本分析的说法，正确的有（　　）。

表 6-8　某商品混凝土目标成本与实际成本对比

项目	单位	目标	实际
产量	m³	600	640
单价	元	715	755
损耗率	%	4	3

  A. 产量增加使成本增加了 28600 元

  B. 实际成本与目标成本的差额是 51536 元

  C. 单价提高使成本增加了 26624 元

  D. 该商品混凝土目标成本是 497696 元

  E. 损耗率下降使成本减少了 4832 元

3. 施工成本分析时，对比技术经济指标，检查成本目标完成情况，分析产生差异的原因，进而挖掘降低成本的方法是（   ）。

  A. 比率法
  B. 因素分析法
  C. 比较法
  D. 差额计算法

4. 下列施成本分析方法中，可用来分析各种因素对施工成本影响程度的是（   ）。

  A. 比重分析法
  B. 相关比率法
  C. 连环置换法
  D. 动态比率法

5. 施工成本分析的基本方法中，把两个以上对比指标的数值变成相对数，观察其相互之间关系的分析方法是（   ）。

  A. 比较法
  B. 因素分析法
  C. 比率法
  D. 差额计算法

6. 某施工项目的成本指标见下表，利用动态比率法进行成本分析时，第四季度的基期指数是（   ）。

表 6-9 某施工项目的成本指标

指标	第一季度	第二季度	第三季度	第四季度
降低成本（万元）	45.60	47.80	52.50	64.30

  A. 109.83%
  B. 115.13%
  C. 122.48%
  D. 141.01%

7. 【2021 年真题】关于分部分项工程成本分析的说法，正确的有（   ）。

  A. 必须对施工项目的所有分部分项工程进行成本分析

  B. 分部分项工程成本分析的对象为已完分部分项工程

  C. 分部分项工程成本分析是施工项目成本分析的基础

  D. 分部分项工程成本分析是定期的中间成本分析

  E. 主要分部分项工程要做到从开工到竣工进行系统的成本分析

8. 企业对项目管理机构可控责任成本的考核内容应该包括（   ）。

  A. 施工项目成本计划的编制和落实情况

  B. 项目成本目标和阶段成本目标完成情况

  C. 本部门责任成本的完成情况

  D. 成本管理中贯彻责权利相结合原则的执行情况

  E. 成本管理工作业绩情况

9. 若施工企业具有明确的成本管理目标，健全的成本管理流程，完备的成本控制体系，以及较强的数据收集和分析能力，可以实现对成本定量化考核且考核周期较短，则该企业适宜采用的成本管理绩效考核方法是（   ）。

  A. 关键绩效指标法
  B. 全视角反馈法
  C. PDCA 管理循环法
  D. 目标管理法

10. 采用平衡积分卡法考核施工成本管理绩效的优点有（   ）。

A. 能够提高考核准确性　　　　B. 能够实现短期灵活考核

C. 能够提高管理效率　　　　　D. 能够促进长期发展

E. 能够激发个体积极性

本章模拟强化练习答案及解析

6.1　工程成本影响因素及管理流程

1. 【答案】A、C、D

【解析】选项 B、E 属于鉴定成本。

2. 【答案】B

【解析】按工程成本与工程数量的关系分为固定成本和变动成本。选项 A 属于在成本考核的时候进行的成本划分，选项 C 属于按成本形成的时间划分，选项 D 属于按生产费用计入工程成本的方法分类。

3. 【答案】A、D

【解析】选项 B、C、E 都属于内部损失成本。

6.2　施工成本计划

1. 【答案】D

【解析】施工责任成本是以责任中心为对象来进行归集的可控成本，将企业成本管理中的经济责任进行明确划分，体现出"分级控制"与"责权利一体"的现代企业管理理念。

2. 【答案】B、D

【解析】本题考核的是成本计划的类型。竞争性成本计划是施工项目投标及签订合同阶段的估算成本计划。

3. 【答案】A、B、D、E

【解析】一般而言，所有工作都按最迟开始时间开始，对节约资金贷款利息是有利的。故选项 C 表述错误。

6.3　施工成本控制

1. 【答案】B

【解析】本题考核的是施工成本指标控制过程。施工成本指标控制过程：① 确定成本管理分层次目标；② 采集成本数据，监测成本形成过程；③ 找出偏差，分析原因；④ 制定对策，纠正偏差；⑤ 调整改进成本管理方法。

2. 【答案】A

【解析】费用绩效指数（CPI）＝已完工程预算费用（$BCWP$）/已完工程实际费用（$ACWP$）＝820/860＝0.953。

3. 【答案】A

【解析】（1）费用偏差（CV）＝已完工作预算费用（$BCWP$）－已完工作实际费用（$ACWP$）＝120×300－120×320＝－2400 元。

当费用偏差 CV 为负值时，即表示项目运行超出预算费用；当费用偏差 CV 为正值时，表示项目运行节支，实际费用没有超出预算费用。

（2）进度偏差（SV）＝已完工作预算费用（$BCWP$）－计划工作预算费用（$BCWS$）＝ $120 \times 300 - 100 \times 300 = 6000$ 元。

当进度偏差 SV 为负值时，表示进度延误，即实际进度落后于计划进度；当进度偏差 SV 为正值时，表示进度提前，即实际进度快于计划进度。

4.【答案】B

【解析】已完工作实际成本曲线与已完工作预算成本曲线的竖向距离表示成本累计偏差。

5.【答案】B、D

【解析】选项 A 属于技术措施，选项 C、E 属于经济措施。

6.4 施工成本分析与管理绩效考核

1.【答案】B

【解析】业务核算的范围比会计核算、统计核算要广。会计核算和统计核算一般是对已经发生的经济活动进行核算，而业务核算不但可以核算已经完成的项目是否达到原定的目的、取得预期的效果，而且可以对尚未发生或正在发生的经济活动进行核算，以确定该项经济活动是否有经济效果，是否有执行的必要。

2.【答案】B、C、E

【解析】

表 6-10　计算过程

替换流程	循环替换计算	差异	因素分析
目标数	$600 \times 715 \times 1.04 = 446160$ 元		
第一次替换	$640 \times 715 \times 1.04 = 475904$ 元	29744 元	产量增加 40m³，成本增加 29744 元
第二次替换	$640 \times 755 \times 1.04 = 502528$ 元	26624 元	由于单价提高 40，成本增加 26624 元
第三次替换	$640 \times 755 \times 1.03 = 497696$ 元	−4832 元	由于损耗率下降 1%，成本减少 4832 元
合计	$497696 - 446160 = 51536$ 元	51536 元	

3.【答案】C

【解析】比较法又称"指标对比分析法"，是指对比技术经济指标，检查目标的完成情况，分析产生差异的原因，进而挖掘降低成本的方法。

4.【答案】C

【解析】因素分析法又称为连环置换法，可用来分析各种因素对成本的影响程度。

5.【答案】C

【解析】本题考核的是施工成本分析的基本方法。比率法的基本特点是：先把对比分析的数值变成相对数，再观察其相互之间的关系。

6.【答案】D

【解析】本题考查的是施工成本分析基本方法中的动态比率法。本题中第四季度的基期指数（%）＝ 64.30/45.60 ＝ 141.01%，故答案为 D。

7. 【答案】B、C、E

【解析】由于施工项目包括很多分部分项工程，无法也没有必要对每一个分部分项工程都进行成本分析。特别是一些工程量小、成本费用少的零星工程。但是，对于那些主要分部分项工程必须进行成本分析，而且要做到从开工到竣工进行系统的成本分析，故选项A错误。月（季）度成本分析，是施工项目定期的、经常性的中间成本分析，故选项D错误。

8. 【答案】A、B、D

【解析】选项C属于项目经理对所属各部门的考核，选项E属于企业对项目成本的考核。

9. 【答案】A

【解析】关键绩效指标，适用于需要定量化考核且考核周期短的企业，要求企业具有明确的成本管理目标、健全的成本管理流程、完备的成本控制体系，以及较强的数据收集和分析能力。

10. 【答案】A、C、D、E

【解析】平衡积分卡的优点如下：① 提高考核准确性；② 提高管理效率；③ 促进长期发展；④ 激发个体积极性。缺点如下：① 实施难度大且缺乏弹性；② 实施周期长。

第7章　建设工程施工安全管理

本章考情分析

2024 年本章节次及条目分值分布

本章节次	本章条目	2024 年	
		单选	多选
7.1　施工安全管理基本理论	7.1.1　施工生产危险源及其控制	1	
	7.1.2　安全事故致因理论	1	2
7.2　施工安全管理体系及基本制度	7.2.1　施工安全管理体系	1	2
	7.2.2　施工安全管理基本制度	1	
7.3　专项施工方案及施工安全技术管理	7.3.1　专项施工方案编制与报审		2
	7.3.2　施工安全技术措施及安全技术交底	1	
7.4　施工安全事故应急预案和调查处理	7.4.1　施工安全事故隐患处置和应急预案	1	
	7.4.2　施工安全事故等级和应急救援		
	7.4.3　施工安全事故报告和调查处理		
合计		6 分	6 分
		12 分	

本章核心考点分析

7.1　施工安全管理基本理论

核 心 考 点 提 纲

7.1.1　施工生产危险源及其控制
1. 危险源分类
2. 危险源控制手段

7.1.2　安全事故致因理论—安全事故致因理论

核 心 考 点 剖 析

7.1.1 施工生产危险源及其控制

核心考点一 危险源分类

1. 第一类危险源

发生意外释放能量（机械能、电能、势能、化学能、热能等）的根源，包括施工现场及施工生产过程中各种能量或危险物质。

（1）能量源，如：

① 变电站、锅炉。

② 起重／提升机械、高度差较大的场所。

③ 压力容器、受压设备、封闭的金属加工空间、炸药／化学物质储存空间等。

④ 运带电导体、行驶中的车辆、作业中的施工机具。

（2）危险物质，如：

① 一氧化碳、氮气。

② 炸药、氯气、苯、二氧化硫等。

2. 第二类危险源

第二类危险源是指导致能量或危险物质约束或限制措施破坏或失效，以及防范措施缺失或失效的因素。包括：

（1）人的不安全行为。

（2）物的不安全状态（危险状态）。

（3）环境不良（环境不安全条件）。

（4）管理缺陷等因素。

◆ 考法：归类题

【例题1·2024年真题·单选题】施工生产危险源可分为第一类危险源和第二类危险源。下列危险源中，属于第二类危险源的是（   ）。

  A. 施工用的炸药储存室   B. 行驶中的车辆

  C. 违规操作设备   D. 可燃烧危险物质

【答案】C

【解析】第一类危险源是发生意外释放能量（机械能、电能、势能、化学能、热能等）的根源，包括施工现场及施工生产过程中各种能量或危险物质。第二类危险源是指导致能量或危险物质约束或限制措施破坏或失效，以及防范措施缺失或失效的因素。选项A、B、D都属于第一类危险源。

【例题2·多选题】下列危险源中，属于第一类危险源的有（   ）。

  A. 直接供给能量的装置和设备

  B. 作业过程中拥有能量的物体

  C. 可能发生能量蓄积或者突然释放的装置

D. 物的缺陷和物件堆放不当

E. 人的不安全行为

【答案】A、B、C

【解析】选项 D、E 属于第二类危险源。

核心考点二　危险源控制手段

1. 第一类危险源

主要采用技术手段加以控制：

（1）消除能量源。

（2）约束或限制能量。

（3）屏蔽、隔离、防护。

（4）落实应急预案。

2. 第二类危险源

主要通过管理手段加以控制：

（1）消除人的不安全行为。

（2）消除物的不安全状态。

（3）规避环境不良（不安全条件）。

包括：建立健全危险源管理规章制度，做好危险源控制管理基础工作，明确责任，加强安全教育、危险源的日常管理，定期检查，做好危险源控制管理，实施考核评价和奖惩等。

◆ 考法：归类题

【例题·单选题】下列危险源控制方法中，可用于控制第二类危险源的是（　　　）。

　　A. 采取应急救援方法　　　　　　B. 加强员工的安全意识教育

　　C. 隔离危险物质　　　　　　　　D. 限制能量释放

【答案】B

【解析】选项 A、C、D 属于第一类危险源的控制手段。

7.1.2　安全事故致因理论

核心考点　安全事故致因理论

1. 事故频发倾向理论

事故频发倾向理论指出，存在一部分个体，由于内在的、稳定的个人倾向，较其他人更易发生事故。

基于事故频发倾向理论，预防安全事故的措施有：

（1）人员选择，即通过严格的生理、心理检验，选择身体、智力、性格特征及动作特征等方面优秀的人才就业。

（2）人事调整，即把企业中的事故频发倾向者调整岗位或解雇。

2. 事故因果连锁论

事故因果连锁论认为：事故的发生不是一个孤立事件，是一系列互为因果的原因事件相继发生的结果。

海因里希最初提出的事故因果连锁过程包括 5 个因素。5 个因素及其连锁关系是：遗传及社会环境→（诱发）人的缺点→（造成）人的不安全行为或物的不安全状态→（发生）事故→（导致）伤害。他们之间的关系可以用多米诺骨牌形象地描述。

海因里希事故因果连锁论提出人的不安全行为和物的不安全状态是导致事故的直接原因，安全管理工作的中心就是防止人的不安全行为，消除物的不安全状态，中断事故连锁的进程进而避免事故的发生。

3. 能量意外释放理论

吉布森于 1961 年提出事故是不正常或不希望的能量释放，各种形式的能量意外释放构成伤害的直接原因。

根据能量意外释放理论，基本预防措施有：

（1）用安全的能源代替不安全的能源。

（2）限制能量。

（3）防止能量蓄积。

（4）缓慢地释放能量。

（5）设置屏蔽设施。

（6）在时间和空间上把能量与人体隔离。

4. 轨迹交叉理论

轨迹交叉理论关注人的不安全行为和物的不安全状况共同作用引发事故的过程。它将事故的发生与发展过程描述为：基本原因→间接原因→直接原因→事故→伤害，这一过程是人的因素运动轨迹与物的因素运动轨迹交叉的结果。

根据轨迹交叉理论，预防事故需消除人的不安全行为和物的不安全状态。鉴于人的行为易受环境影响和自身生理心理缺陷影响，难以完全控制，首要任务是实现生产过程、生产条件，即机械设备、物质和环境的本质安全。

预防措施着重于：

（1）在设计生产工艺时尽量减少或避免人与物的接触。

（2）避免人的不安全行为与物的不安全状态在时间和空间上同时出现。

（3）严格操作规程。

5. 系统理论

这类理论将人、机械、环境视为一个整体，研究它们之间的交互、反馈与调整机理，以发现事故致因及揭示事故预防途径。

◆ 考法 1：排序题

【例题·2024 年真题·单选题】海因里希提出的事故因果连锁过程包括 5 个因素：① 伤害；② 事故；③ 遗传及社会环境；④ 人的缺点；⑤ 人的不安全行为或物的不安全状态。上述因素之间正确的连锁关系是（   ）。

A. ①→②→③→④→⑤　　　　　B. ③→④→⑤→②→①

C. ③→④→①→②→⑤　　　　　D. ⑤→③→①→④→②

【答案】B

【解析】5个因素及其连锁关系是：遗传及社会环境→（诱发）人的缺点→（造成）人的不安全行为或物的不安全状态→（发生）事故→（导致）伤害。

◆ 考法2：填空题

【例题·2024年真题·多选题】根据轨迹交叉理论，造成安全事故的直接原因有（ ）。

　　A. 社会环境条件差　　　　　　B. 物的不安全状态
　　C. 组织不健全　　　　　　　　D. 管理制度不完善
　　E. 人的不安全行为

【答案】B、E

【解析】轨迹交叉理论则基于人的不安全行为和物不安全状况共同作用进行事故致因分析。事故频发倾向理论将安全事故归因为人的因素。海因里希事故因果连锁论认为事故的主要原因是由于人的不安全行为或者是由于物的不安全状态引起的。能量意外释放理论揭示了事故的物理本质，但认为能量意外释放是人的原因或物的原因造成的，因而，事故发生原因仍然是人的不安全行为或物的不安全状态。

7.2 施工安全管理体系及基本制度

核 心 考 点 提 纲

$$\begin{cases} 7.2.1 \quad 施工安全管理体系 \begin{cases} 1.\ 施工安全管理体系的内容 \\ 2.\ 本质安全化管理 \end{cases} \\ 7.2.2 \quad 施工安全管理基本制度—施工安全管理基本制度 \end{cases}$$

核 心 考 点 剖 析

7.2.1 施工安全管理体系

核心考点一　施工安全管理体系的内容

1. 施工安全生产方针和目标

施工安全生产方针由企业最高管理者发布，企业及施工项目应以其作为安全管理的宗旨。

施工安全生产目标分为伤亡控制目标和安全管理效果目标。

（1）伤亡控制目标：如杜绝伤亡事故，死亡率为零，重伤率为零，月轻伤频率0.3‰以下。

（2）安全管理效果目标，包括：

① 安全管理工作落实效果：如安全教育合格率100%，特殊工种持证上岗率100%，施工现场安全各项设施合格率100%，安全防护设施使用率100%，劳动保护用品及防护

用品使用率 100% 等。

② 安全管理总体效果：如建筑施工安全检查得分率 90% 以上，创建安全文明工地等。

2. 组织保证体系

（1）项目经理应为工程项目安全生产第一责任人，应负责分解落实安全生产责任，实施考核奖惩，实现项目安全管理目标。

（2）工程项目总承包单位、专业承包和劳务分包单位的项目经理、技术负责人和专职安全生产管理人员，应组成安全管理组织，并应协调、管理现场安全生产；项目经理应按规定到岗带班指挥生产。

（3）总承包单位、专业承包和劳务分包单位应按规定配备项目专职安全生产管理人员，负责施工现场各自管理范围内的安全生产日常管理。

（4）工程项目部其他管理人员应承担本岗位管理范围内的安全生产职责。

（5）分包单位应服从总承包单位管理，并应落实总承包项目部的安全生产要求。

（6）施工作业班组应在作业过程中执行安全生产要求。

（7）作业人员应严格遵守安全操作规程，并应做到不伤害自己、不伤害他人和不被他人伤害。

3. 文化保证体系

安全文化建设的基本要素包括：安全承诺，行为规范与程序，安全行为激励，安全信息传播与沟通，自主学习与改进，安全事务参与，安全文化体系审核与评估。

4. 制度保证体系

5. 工作保证体系

6. 信息保证体系

安全施工信息保证体系组成内容：

（1）信息纲目的编制。

（2）信息网的建立。

（3）信息的收集。

（4）安全施工状况与事故的报告统计。

（5）信息的分析、处置和应用。

（6）信息档案管理。

◆ 考法：归类题

【例题·多选题】下列施工安全管理活动中，属于文化保证体系的有（　　　）。

A. 安全承诺　　　　　　　　　B. 安全事务参与

C. 配备专职安全生产管理人员　　D. 安全行为激励

E. 安全信息传播与沟通

【答案】A、B、D、E

【解析】选项 C 属于组织保证体系。

核心考点二　本质安全化管理

1. 本质安全系统构成

狭义的本质安全是指机器、设备和工艺本身所具有的安全性能。

广义的本质安全具有以下特征：

（1）人的安全可靠性。不论在何种作业环境和条件下都能够按照规程操作，杜绝人的不安全行为，实现个体安全。

（2）物的安全可靠性。无论是动态的物还是静态的物，始终能够保持安全运行的状态。

（3）系统的安全可靠性。在日常安全生产中，不会因人的不安全行为和物的不安全状态而发生重大事故，具备"人机互补，人机制约"的安全功能。

（4）制度系统规范、管理科学严格。通过建立健全系统化、规范化管理制度，实施科学严格的管理，杜绝管理上的失误，在生产中实现零缺陷、零事故。

2. 本质安全化控制措施

（1）人的本质安全控制措施

① 建立个人健康档案，定期不定期开展心理测试、健康体检。

② 按照安全管理和企业规章制度要求，坚持持证上岗。

③ 做好安全培训和教育。除根据人的岗位和职责进行相应安全知识、职业技能和职业纪律培训教育外，还应包括必要的逃生、急救和防暑等医护知识培训。

④ 开展安全文化建设，人人树立正确的安全理念，实现由"要我安全"到"我要安全"的观念转变。

⑤ 通过安全培训教育和制度建设，提高员工安全法制观念和自主遵章守纪意识。

⑥ 落实一线岗位人员"两单两卡"清单制度，具体是指企业一线岗位从业人员岗位风险清单、岗位职责清单和岗位操作卡、岗位应急处置卡。

⑦ 动态监控员工心理、生理状况，及时调整工作岗位。

（2）物的本质安全控制措施

① 开展预先危险性分析。

② 落实安全风险分级管控和隐患排查治理双重预防机制。

企业应《中华人民共和国安全生产法》要求，构建安全风险分级管控和隐患排查治理双重预防机制，建立安全风险分级管控制度，按照安全风险分级采取相应的管控措施。

③ 严格工程质量全过程、全方位管理，避免工程质量问题或质量事故引发安全生产事故。

④ 运用"四新"技术提高物的本质安全，淘汰施工现场落后工艺、设备和材料。

⑤ 严把设备设施选用关，采用适应现场作业条件和环境、稳定可靠的设备设施。

⑥ 严把设备、设施使用前的验收关，避免有危险状态的设备、设施未验收前投入运行。

（3）系统的安全可靠性控制措施

① 在分析施工作业条件和环境基础上，运用人机匹配法分析最佳人机组合，并通过

合理的施工组织设计实施。

②通过合理的施工组织和现场平面布局，避免或减少人的因素运动轨迹与物的因素运动轨迹交叉。

③通过装配式建筑、建筑工业化、智能建造、机器人等技术手段减少人机交互的概率，减少子系统之间不协调对系统稳定性和可靠性的影响。

④运用人工智能等信息技术提高人机环境系统的自适应能力以及警示、反馈和调整能力，降低人、机不稳定状况出现的影响，提高系统可靠性。

（4）安全管理体系的落实

①安全生产第一责任人应以身作则。企业主要负责人是生产经营单位安全生产的第一责任人，工程项目负责人是项目施工安全第一责任人。

②充分发挥全体从业人员的作用。

③重视外部监督对施工现场安全管理的积极作用。

本质安全属于安全管理范畴，应当遵循安全管理"3E"原则实施安全管理，促进本质安全化。即：工程技术（Engineering）、教育培训（Education）、强制管理（Enforcement）。

◆考法：归类题

【例题1·多选题】下列本质安全控制措施中，属于系统的安全可靠性控制措施的有（   ）。

    A. 运用人机匹配法分析最佳人机组合

    B. 避免或减少人的因素运动轨迹和物的因素运动轨迹交叉

    C. 淘汰施工现场落后的工艺、设备和材料

    D. 开展人员心理测试和健康体检

    E. 特种作业人员持证上岗

【答案】A、B

【解析】选项C属于物的本质安全控制措施，选项D、E属于人的本质安全控制措施。

【例题2·单选题】通过装配式建筑、建筑工业化、智能建造、机器人等技术手段减少人机交互的概率，减少事故发生。这种本质安全控制措施属于（   ）。

    A. 人的本质安全控制   B. 系统的安全可靠性控制

    C. 物的本质安全控制   D. 安全管理体系的落实

【答案】B

【解析】系统的安全可靠性控制措施包括有：通过装配式建筑、建筑工业化、智能建造、机器人等技术手段减少人机交互的概率，减少子系统之间不协调对系统稳定性和可靠性的影响。

7.2.2　施工安全管理基本制度

核心考点　施工安全管理基本制度

1. 全员安全生产责任制

全员安全生产责任制是企业所有安全生产管理制度的核心，是企业最基本的安全管理

制度。

（1）企业主要负责人安全生产工作法定职责

企业主要负责人是本单位安全生产第一责任人，对本单位的安全生产工作全面负责。

主要负责人对本单位安全生产工作的法定职责有：

① 建立健全并落实本单位全员安全生产责任制，加强安全生产标准化建设。

② 组织制定并实施本单位安全生产规章制度和操作规程。

③ 组织制定并实施本单位安全生产教育和培训计划。

④ 保证本单位安全生产投入的有效实施。

⑤ 组织建立并落实安全风险分级管控和隐患排查治理双重预防工作机制，督促、检查本单位的安全生产工作，及时消除生产安全事故隐患。

⑥ 组织制定并实施本单位的生产安全事故应急救援预案。

⑦ 及时、如实报告生产安全事故。

（2）企业安全生产管理机构及安全生产管理人员法定职责

《中华人民共和国安全生产法》规定，安全生产管理机构及安全生产管理人员的职责如下：

① 组织或者参与拟订本单位安全生产规章制度、操作规程和生产安全事故应急救援预案。

② 组织或者参与本单位安全生产教育和培训，如实记录安全生产教育和培训情况。

③ 组织开展危险源辨识和评估，督促落实本单位重大危险源的安全管理措施。

④ 组织或者参与本单位应急救援演练。

⑤ 检查本单位的安全生产状况，及时排查生产安全事故隐患，提出改进安全生产管理的建议。

⑥ 制止和纠正违章指挥、强令冒险作业、违反操作规程的行为。

⑦ 督促落实本单位安全生产整改措施。

2. 安全生产费用提取、管理和使用制度

建设工程施工企业编制投标报价应包含并单列企业安全生产费用，竞标时不得删减。

建设单位应在合同中单独约定并于工程开工日1个月内向承包单位支付至少50%企业安全生产费用。

总包单位应在合同中单独约定并于分包工程开工日1个月内将至少50%企业安全生产费用直接支付分包单位并监督使用，分包单位不再重复提取。

工程竣工决算后结余的企业安全生产费用，应退回建设单位。

企业安全生产费用出现赤字（即当年计提企业安全生产费用加上年初结余小于年度实际支出）的，应当于年末补提企业安全生产费用。

企业按规定标准连续2年补提安全生产费用的，可以按照最近1年补提数提高提取标准。

企业安全生产费用月初结余达到上1年应计提金额3倍及以上的，自当月开始暂停提取企业安全生产费用，直至企业安全生产费用结余低于上1年应计提金额3倍时恢复提取。

企业职工薪酬、福利不得从企业安全生产费用中支出。

企业从业人员发现报告事故隐患的奖励支出，应从企业安全生产费用中列支。

企业安全生产费用年度结余资金结转下年度使用。

3. 安全生产教育培训制度

1）企业主要负责人和安全生产管理人员安全培训

企业主要负责人和安全生产管理人员初次安全培训时间不得少于32学时。每年再培训时间不得少于12学时。

（1）企业主要负责人安全培训应包括下列内容：

① 国家安全生产方针、政策和有关安全生产的法律、法规、规章及标准。

② 安全生产管理基本知识、安全生产技术、安全生产专业知识。

③ 重大危险源管理、重大事故防范、应急管理和救援组织及事故调查处理的有关规定。

④ 职业危害及其预防措施。

⑤ 国内外先进的安全生产管理经验。

⑥ 典型事故和应急救援案例分析。

⑦ 其他需要培训的内容。

（2）企业安全生产管理人员安全培训应包括下列内容：

① 国家安全生产方针、政策和有关安全生产的法律、法规、规章及标准。

② 安全生产管理、安全生产技术、职业卫生等知识。

③ 伤亡事故统计、报告及职业危害的调查处理方法。

④ 应急管理、应急预案编制以及应急处置的内容和要求。

⑤ 国内外先进的安全生产管理经验。

⑥ 典型事故和应急救援案例分析。

⑦ 其他需要培训的内容。

2）从业人员上岗培训

施工企业其他从业人员，在上岗前必须经过企业、施工项目部、班组三级安全培训教育。

企业新上岗的从业人员，岗前安全培训时间不得少于24学时。

（1）企业级岗前安全培训内容应包括：

① 本单位安全生产情况及安全生产基本知识。

② 本单位安全生产规章制度和劳动纪律。

③ 从业人员安全生产权利和义务。

④ 有关事故案例等。

（2）施工项目部级岗前安全培训内容应包括：

① 工作环境及危险因素。

② 所从事工种可能遭受的职业伤害和伤亡事故。

③ 所从事工种的安全职责、操作技能及强制性标准。

④自救互救、急救方法、疏散和现场紧急情况的处理。

⑤安全设备设施、个人防护用品的使用和维护。

⑥本项目安全生产状况及规章制度。

⑦预防事故和职业危害的措施及应注意的安全事项。

⑧有关事故案例。

⑨其他需要培训的内容。

（3）班组级岗前安全培训内容应包括：

①岗位安全操作规程。

②岗位之间工作衔接配合的安全与职业卫生事项。

③有关事故案例。

④其他需要培训的内容。

从业人员在本单位内调整工作岗位或离岗 1 年以上重新上岗时，应重新接受项目部和班组级的安全培训。

4. 安全生产许可制度

企业未取得安全生产许可证的，不得从事生产活动。

建筑施工企业从事建筑施工活动前，应当向企业注册所在地省、自治区、直辖市人民政府住房和城乡建设主管部门申请领取安全生产许可证。

安全生产许可证的有效期为 3 年。安全生产许可证有效期满需要延期的，企业应当于期满前 3 个月向原安全生产许可证颁发管理机关办理延期手续。

企业在安全生产许可证有效期内，严格遵守有关安全生产的法律法规，未发生死亡事故的，安全生产许可证有效期届满时，经原安全生产许可证颁发管理机关同意，不再审查，安全生产许可证有效期延期 3 年。

建筑施工企业变更名称、地址、法定代表人等，应当在变更后 10 日内，到原安全生产许可证颁发管理机关办理安全生产许可证变更手续。

5. 特种作业人员持证上岗制度

特种作业操作证每 3 年复审 1 次。

特种作业人员在特种作业操作证有效期内，连续从事本工种 10 年以上，严格遵守有关安全生产法律法规的，经原考核发证机关或者从业所在地考核发证机关同意，特种作业操作证的复审时间可以延长至每 6 年 1 次。

特种作业操作证需要复审的，应在期满前 60 日内，由申请人或者申请人的用人单位向原考核发证机关或者从业所在地考核发证机关提出申请。

特种作业操作证申请复审或者延期复审前，特种作业人员应参加必要的安全培训并考试合格。安全培训时间不少于 8 个学时。

6. 劳动保护用品使用管理制度

（1）施工作业人员所在企业必须按国家规定免费发放劳动保护用品，更换已损坏或已到使用期限的劳动保护用品，不得收取或变相收取任何费用。

（2）劳动保护用品必须以实物形式发放，不得以货币或其他物品替代。

（3）企业应建立相应的管理台账，管理台账保存期限不得少于 2 年。

◆ **考法 1：填空题**

【例题 1·单选题】 企业所有安全生产管理制度的核心是（　　）。

A. 安全生产费用管理和使用制度　　B. 全生产许可制度

C. 安全生产教育培训制度　　D. 全员安全生产责任制

【答案】 D

【解析】 全员安全生产责任制是企业所有安全生产管理制度的核心，是企业最基本的安全管理制度，其他安全生产管理制度的建立、执行、修订完善，离不开各岗位相关责任的支持。

【例题 2·2024 年真题·单选题】 根据安全生产费用管理相关规定，建设单位应当在合同中单独约定并于工程开工日 1 个月内向承包单位支付企业安全生产费用的比例最低为（　　）。

A. 20%　　B. 50%

C. 30%　　D. 40%

【答案】 B

【解析】 建设单位应在合同中单独约定并于工程开工日 1 个月内向承包单位支付至少 50% 企业安全生产费用。

【例题 3·2024 年真题·单选题】 特种作业操作证的复审时间可以延长的基本条件是持有该证的特种作业人员在证书有效期内，连续从事本工种工作（　　）年以上。

A. 3　　B. 5

C. 10　　D. 6

【答案】 C

【解析】 特种作业人员在特种作业操作证有效期内，连续从事本工种 10 年以上，严格遵守有关安全生产法律法规的，经原考核发证机关或者从业所在地考核发证机关同意，特种作业操作证的复审时间可以延长至每 6 年 1 次。

◆ **考法 2：正误判断题**

【例题 1·单选题】 关于施工企业安全教育培训的说法，正确的是（　　）。

A. 施工企业安全生产管理人员初次安全培训时间不得少于 12 学时

B. 施工现场操作人员在上岗前必须经过企业、项目部和班组三级安全培训教育

C. 施工企业新上岗从业人员，岗前安全培训时间不得少于 12 学时

D. 从业人员在企业内离岗三个月重新上岗的，应重新接受企业级的安全培训

【答案】 B

【解析】 选项 A 说法错误，企业主要负责人和安全生产管理人员初次安全培训时间不得少于 32 学时，每年再培训时间不得少于 12 学时。选项 C 说法错误，企业新上岗的从业人员，岗前安全培训时间不得少于 24 学时。选项 D 说法错误，从业人员在本单位内调整工作岗位或离岗 1 年以上重新上岗时，应重新接受项目部和班组级的安全培训。

【例题 2·单选题】 关于特种作业人员持证上岗制度的说法，正确的是（　　）。

A. 特种作业人员必须年满 16 岁并且体检健康合格

B. 特种作业操作证每 2 年复审一次

C. 特种作业操作证需要复审的，应在期满前 30 日内提出申请

D. 特种作业操作证有效期满需要延期换证的，应参加不少于 8 个学时的安全培训并考试合格

【答案】D

【解析】选项 A 说法错误，特种作业人员必须年满 18 岁并且体检健康合格。选项 B 说法错误，特种作业操作证每 3 年复审一次。选项 C 说法错误，特种作业操作证需要复审的，应在期满前 60 日内提出申请。

【例题 3·单选题】下列关于劳动保护用品使用管理制度，说法正确的是（　　　）。

A. 用人单位有偿向施工作业人员提供劳动保护用品

B. 劳动保护用品可折算人民币发放

C. 施工总包单位负责督促分包单位施工人员正确使用劳动保护用品

D. 劳动保护用品可视个人需求购买

【答案】C

【解析】选项 A 说法错误，不是"有偿"提供，而是"免费"提供。选项 B 说法错误，劳动保护用品必须以实物形式发放，不得以货币或其他物品替代。选项 D 说法错误，不是"视个人需求购买"，企业采购个人使用的安全帽、安全带及其他劳动防护用品等，必须符合《头部防护 安全帽》GB 2811—2019、《坠落防护 安全带》GB 6095—2021 及其他劳动保护用品相关国家标准的要求。

7.3　专项施工方案及施工安全技术管理

核心考点提纲

$$
\left.\begin{array}{l}
7.3.1\ \text{专项施工方案编制与报审}\ \left\{\begin{array}{l}1.\ \text{专项施工方案编制对象} \\ 2.\ \text{专项施工方案编制和审查}\end{array}\right. \\
7.3.2\ \text{施工安全技术措施及安全技术交底}\ \left\{\begin{array}{l}1.\ \text{施工安全技术措施} \\ 2.\ \text{施工安全技术交底}\end{array}\right.
\end{array}\right.
$$

核心考点剖析

7.3.1　专项施工方案编制与报审

核心考点一　专项施工方案编制对象

《建设工程安全生产管理条例》规定，对达到一定规模的危险性较大的分部分项工程，施工单位应编制专项施工方案，并附具安全验算结果，经施工单位技术负责人、总监理工程师签字后实施，由专职安全生产管理人员进行现场监督。

表 7-1　专项施工方案编制

序号	编制专项施工方案	编制专项施工方案＋组织专家论证、审查
1	基坑支护与降水工程	深基坑
2	土方开挖工程	地下暗挖工程
3	模板工程	高大模板工程
4	起重吊装工程	
5	脚手架工程	—
6	拆除爆破工程	
7	其他危险性较大的工程	

◆考法：填空题

【例题·2022 年真题·多选题】根据《建设工程安全生产管理条例》，下列危险性较大的分部分项工程中，施工单位应组织专家对专项施工方案进行论证的有（　　）。

　　A. 起重吊装工程　　　　　　　　B. 脚手架工程

　　C. 地下暗挖工程　　　　　　　　D. 深基坑工程

　　E. 高大模板工程

【答案】C、D、E

【解析】涉及深基坑、地下暗挖工程、高大模板工程的专项施工方案，施工单位还应当组织专家进行论证、审查。

核心考点二　专项施工方案编制和审查

1. 专项施工方案编制

施工单位应在危险性较大的分部分项工程施工前，组织工程技术人员编制专项施工方案。

实行施工总承包的，专项施工方案应由施工总承包单位组织编制。

危险性较大的分部分项工程实行分包的，专项施工方案可由相关专业分包单位组织编制。

2. 专项施工方案专家论证

对于超过一定规模的危险性较大的分部分项工程，施工单位应组织召开专家论证会对专项施工方案进行论证。

实行施工总承包的，由施工总承包单位组织召开专家论证会。

专家论证的主要内容应包括：

（1）专项施工方案内容是否完整、可行。

（2）专项施工方案计算书和验算依据、施工图是否符合有关标准规范。

（3）专项施工方案是否满足现场实际情况，并能够确保施工安全。

超过一定规模的危险性较大的分部分项工程专项施工方案经专家论证后：

（1）结论为"通过"的，施工单位可参考专家意见自行修改完善。

（2）结论为"修改后通过"的，专家意见要明确具体修改内容，施工单位应按照专家意见进行修改，修改情况应及时告知专家。

（3）专项施工方案经论证不通过的，施工单位修改后应按照规定的要求重新组织专家论证。

3. 专项施工方案的审批

专项施工方案应由施工单位技术负责人审核签字、加盖单位公章，并由总监理工程师审查签字、加盖执业印章后方可实施。

危险性较大的分部分项工程实行分包并由分包单位编制专项施工方案的，专项施工方案应由总承包单位技术负责人及分包单位技术负责人共同审核签字并加盖单位公章。

◆ 考法 1：填空题

【例题·2024 年真题·多选题】在建设工程专项施工方案审批环节，需要签字盖章的有（ ）。

A. 施工单位技术负责人签字 　B. 施工单位公章

C. 总监理工程师签字 　D. 总监理工程师执业印章

E. 施工单位法定代表人签字

【答案】A、B、C、D

【解析】专项施工方案应由施工单位技术负责人审核签字、加盖单位公章，并由总监理工程师审查签字、加盖执业印章后方可实施。

◆ 考法 2：正误判断题

【例题·单选题】超过一定规模的危险性较大的分部分项工程专项施工方案经专家论证后结论为"修改后通过"的，施工单位正确的做法是（ ）。

A. 参考专家意见自行修改完善

B. 修改后应按照规定的要求重新组织专家论证

C. 应按照专家意见进行修改，修改情况应及时告知专家

D. 重新编制专项施工方案并组织专家论证

【答案】C

【解析】本题考核的是专项施工方案专家论证。超过一定规模的危险性较大的分部分项工程专项施工方案经专家论证后结论为"通过"的，施工单位可参考专家意见自行修改完善；结论为"修改后通过"的，专家意见要明确具体修改内容，施工单位应按照专家意见进行修改，修改情况应及时告知专家；专项施工方案经论证不通过的，施工单位修改后应按照规定的要求重新组织专家论证。

7.3.2　施工安全技术措施及安全技术交底

核心考点一　施工安全技术措施

1. 防高处坠落的安全技术措施

（1）临边作业防坠落措施

距坠落高度基准面 2m 及以上进行临边作业时，应在临空一侧设置防护栏杆，并应采用密目式安全立网或工具式栏板封闭。

（2）洞口作业防坠落措施

① 当竖向洞口短边边长小于500mm时，应采取封堵措施；当垂直洞口短边边长大于或等于500mm时，应在临空一侧设置高度不小于1.2m的防护栏杆，并应采用密目式安全立网或工具式栏板封闭，设置挡脚板。

② 当非竖向洞口短边边长为25～500mm时，应采用承载力满足使用要求的盖板覆盖，盖板四周搁置应均衡，且应防止盖板移位。

③ 当非竖向洞口短边边长为500～1500mm时，应采用盖板覆盖或防护栏杆等措施，并应固定牢固。

④ 当非竖向洞口短边边长大于或等于1500mm时，应在洞口作业侧设置高度不小于1.2m的防护栏杆，洞口应采用安全平网封闭。

（3）攀登作业防坠落措施

登高作业应借助施工通道、梯子及其他攀登设施和用具，技术要求有：

① 攀登作业设施和用具应牢固可靠；当采用梯子攀爬作用时，踏面荷载不应大于1.1kN；当梯面上有特殊作业时，应按实际情况进行专项设计。

② 同一梯子上不得两人同时作业。在通道处使用梯子作业时，应有专人监护或设置围栏。脚手架操作层上严禁架设梯子作业。

③ 使用单梯时梯面应与水平面呈75°夹角，踏步不得缺失，梯格间距宜为300mm，不得垫高使用。

④ 使用固定式直梯攀登作业时，当攀登高度超过3m时，宜加设护笼；当攀登高度超过8m时，应设置梯间平台。

⑤ 深基坑施工应设置扶梯、入坑踏步及专用载人设备或斜道等设施。采用斜道时，应加设间距不大于400mm的防滑条等防滑措施。作业人员严禁沿坑壁、支撑或乘运土工具上下。

（4）悬空作业防坠落措施

悬空作业安全设备、设施本身应满足安全技术要求，同时必须设置安全防护网和防护栏等安全设施。不同类型悬空作业相应技术措施要求不同：

① 悬空作业所使用的吊篮、平台、脚手板及索具等应经技术鉴定或验证后才可使用。

② 搭设脚手架进行操作时，脚手架应牢固，外侧应设安全网。

③ 悬空作业（安装拆除模板、吊装等），施工人员必须站在操作平台上作业。

④ 悬空作业的立足处的设置应牢固，并应配置登高和防坠落装置和设施，严禁在未固定、无防护设施的构件及管道上进行作业或通行。

⑤ 悬空作业的人员必须系好安全带。

（5）交叉作业

针对不同情形下的交叉作业，应采取防护措施并保证措施有效：

① 交叉作业时，下层作业位置应处于上层作业的坠落半径之外，高空作业坠落半径应按规范要求确定。安全防护棚和警戒隔离区范围的设置应视上层作业高度确定，并应大于坠落半径。

② 交叉作业时，坠落半径内应设置安全防护棚或安全防护网等安全隔离措施。当尚未设置安全隔离措施时，应设置警戒隔离区，人员严禁进入隔离区。

③ 处于起重机臂架回转范围内的通道，应搭设安全防护棚。

④ 施工现场人员进出的通道口，应搭设安全防护棚。

⑤ 不得在安全防护棚棚顶堆放物料。

⑥ 当采用脚手架搭设安全防护棚架构时，应符合国家现行脚手架相关标准规定。

2. 防触电和火灾的安全技术措施

（1）防触电技术措施

① 按规范设置配供电系统。施工现场临时用电必须执行相关标准，线路采用 TN-S 系统，现场用电必须使用便桥标准闸箱，执行"三级控制、两极保护"，现场照明要和动力照明分开，现场移动式灯具采用便桥防水灯具，设备外皮做好保护接地，灯具距地面高度不小于 3m，生活区民工住宿达不到标准的必须使用 36V 安全电压。

② 保护接地。保护接地是为了防止电气设备绝缘损坏时人体遭受触电危险，而在电气设备的金属外壳或构架等与接地体之间所作的良好的连接。采用保护接地，仅能减轻触电的危险程度，但不能完全保证人身安全。

③ 保护接零。为防止人身因电气设备绝缘损坏而遭受触电，将电气设备的金属外壳与电网的零线相连接，称为保护接零。

④ 工作接地。将电力系统中某一点直接或经特殊设备与地作金属连接，称为工作接地。工作接地主要指的是变压器中性点或中性线接地。N 线必须用铜芯绝缘线。

（2）防火技术措施

① 将消防相关条件纳入施工总平面布局。

② 合理设置消防扑救通道。施工现场出入口的设置应满足消防车通行的要求，并宜布置在不同方向，其数量不宜少于 2 个。当确有困难只能设置 1 个出入口时，应在施工现场内设置满足消防车通行的环形道路。

施工现场内应设置临时消防车道，临时消防车道与在建工程、临时用房、可燃材料堆场及其加工场的距离，不宜小于 5m，且不宜大于 40m；施工现场周边道路满足消防车通行及灭火救援要求时，施工现场内可不设置临时消防车道。

③ 保证防火间距。施工现场临时办公、生活、生产、物料存贮等功能区宜相对独立布置，防火间距应符合：易燃易爆危险品库房与在建工程的防火间距不应小于 15m，可燃材料堆场及其加工场、固定动火作业场与在建工程的防火间距不应小于 10m，其他临时用房、临时设施与在建工程的防火间距不应小于 6m。

◆ **考法：**正误判断题

【例题 1·2024 年真题·单选题】关于施工现场防触电技术措施的说法，正确的是（　　）。

    A. 保护接地是指将电气设备的金属外壳或构架等与电网的零线连接

    B. 保护接地是指将电气设备的金属外壳或构架等与接地体连接

    C. 现场移动式灯具距地面高度应不小于 2m

D. 工作接地是指将电力系统中的某一点直接或经特殊设备与地作金属连接

【答案】D

【解析】保护接地是为了防止电气设备绝缘损坏时人体遭受触电危险，而在电气设备的金属外壳或构架等与接地体之间所作的良好的连接。采用保护接地，仅能减轻触电的危险程度，但不能完全保证人身安全，故选项A、B错误。现场移动式灯具采用便桥防水灯具，设备外皮做好保护接地，灯具距地面高度不小于3m，故选项C错误。工作接地是将电力系统中某一点直接或经特殊设备与地作金属连接。工作接地主要指的是变压器中性点或中性线接地。N线必须用铜芯绝缘线，故选项D正确。

【例题2·单选题】关于防高处坠落安全技术措施的说法，正确的是（　　　　）。

A. 悬空作业（安装拆除模板、吊装等），施工人员必须站在操作平台上作业并系好安全带

B. 在坠落高度基准面2m进行临边作业时，应在临空一侧设置防护栏杆，但不必用密目式安全立网或工具式栏板封闭

C. 当垂直洞口短边边长大于或等于800mm时，应在临空一侧设置高度不小于900mm的防护栏杆，并采用密目式安全立网或工具式栏板封闭

D. 非竖向洞口短边边长大于等于1000mm时，应在洞口作业侧设置高度不小于900mm的防护栏杆，并采用安全平网封闭

【答案】A

【解析】本题考核的是防高处坠落的安全技术措施。选项B错误，坠落高度基准面2m及以上进行临边作业时，应在临空一侧设置防护栏杆，并应采用密目式安全立网或工具式栏板封闭。选项C错误，当垂直洞口短边边长大于或等于500mm时，应在临空一侧设置高度不小于1.2m的防护栏杆，并应采用密目式安全立网或工具式栏板封闭，设置挡脚板。选项D错误，当非竖向洞口短边边长大于或等于1500mm时，应在洞口作业侧设置高度不小于1.2m的防护栏杆，洞口应采用安全平网封闭。

核心考点二　施工安全技术交底

1. 施工安全技术交底的流程

（1）先由项目技术负责人向施工员、班组长、分包单位技术负责人交底。

（2）再由班组长向操作工人交底。

对于超过一定规模的危险性较大的分部分项工程，必须先由施工单位技术负责人向项目技术负责人交底。

2. 施工安全技术交底管理要求

（1）施工项目部必须实行逐级安全技术交底制度，纵向延伸到班组全体作业人员。

（2）应将工程概况、施工方法、施工程序、安全技术措施等向施工员、班组长进行详细交底；应将安全技术措施、安全操作规程、防护用品用具使用等向操作人员进行详细交底。

（3）技术交底的内容应针对分部分项工程施工中给作业人员带来的潜在危险因素和存在问题。

（4）应优先采用新的安全技术措施。

（5）应定期向由两个以上作业班组和（或）多工种进行交叉施工的作业班组进行书面交底。

（6）应保存书面安全技术交底签字记录并归档。

3. 施工安全技术交底的主要内容

（1）工程项目和分部分项工程的概况。

（2）施工项目的施工作业特点和危险点。

（3）针对危险点的具体预防措施。

（4）作业中应遵守的安全操作规程及应注意的安全事项。

（5）作业人员发现事故隐患应采取的措施。

（6）发生事故后应及时采取的避难和急救措施。

◆ 考法：填空题

【例题·单选题】对于超过一定规模的危险性较大的分部分项工程，其施工安全技术交底必须先由（   ）交底。

A. 项目技术负责人向施工员、班组长

B. 项目负责人向项目技术负责人

C. 施工单位技术负责人向项目技术负责人

D. 项目技术负责人向项目管理人员

【答案】C

【解析】对于超过一定规模的危险性较大的分部分项工程，必须先由施工单位技术负责人向项目技术负责人交底。

7.4　施工安全事故应急预案和调查处理

核 心 考 点 提 纲

$$\left\{\begin{array}{l} 7.4.1 \quad 施工安全事故隐患处置和应急预案 \left\{\begin{array}{l} 1.安全风险等级管控 \\ 2.安全事故应急预案 \end{array}\right. \\ 7.4.2 \quad 施工安全事故等级和应急救援—安全事故等级 \\ 7.4.3 \quad 施工安全事故报告和调查处理 \left\{\begin{array}{l} 1.施工安全事故报告 \\ 2.施工安全事故调查 \end{array}\right. \end{array}\right.$$

核 心 考 点 剖 析

7.4.1　施工安全事故隐患处置和应急预案

核心考点一　安全风险等级管控

施工企业应建立安全风险分级管控制度，按照安全风险等级采取相应的管控措施。

安全风险等级从高到低划分为重大风险、较大风险、一般风险和低风险，分别用红、橙、黄、蓝四种颜色标示。

要依据安全风险类别和等级建立企业安全风险数据库，绘制企业"红橙黄蓝"四色安全风险空间分布图。

企业应根据风险等级实施差异化管理，进行分级管控。

风险管控分为四级：企业、项目部、施工班组、作业人员，并遵循风险等级越高、管控层级越高的原则。

◆ 考法：填空题

【例题·2024年真题·单选题】施工安全风险等级从高到低可划分为重大风险、较大风险、一般风险和低风险，分别用（　　）四种颜色标示。

A. 橙、紫、黄、蓝　　　　　　　　B. 红、橙、黄、蓝

C. 紫、橙、蓝、黄　　　　　　　　D. 红、橙、蓝、黄

【答案】B

【解析】安全风险等级从高到低划分为重大风险、较大风险、一般风险和低风险，分别用红、橙、黄、蓝四种颜色标示。

核心考点二　安全事故应急预案

1. 综合应急预案

指企业为应对各种生产安全事故而制定的综合性工作方案，是本单位应对生产安全事故的总体工作程序、措施和应急预案体系的总纲。

2. 专项应急预案

指企业为应对某一种或者多种类型生产安全事故，或者针对重要生产设施、重大危险源、重大活动防止生产安全事故而制定的专项性工作方案。

专项应急预案与综合应急预案中的应急组织机构、应急响应程序相近时，可不编写专项应急预案，相应的应急处置措施并入综合应急预案。

专项应急预案应当规定应急指挥机构与职责、处置程序和措施等内容。

3. 现场处置方案

现场处置方案是指企业根据不同生产安全事故类型，针对具体场所、装置或者设施所制定的应急处置措施。

事故风险单一、危险性小的企业，可只编制现场处置方案。

应急预案演练：至少每半年组织1次。

应急预案评估：应当每3年进行1次。

◆ 考法：归类题

【例题·2020年真题·单选题】在应急预案体系的构成中，针对具体设施所制定的应急处置措施属于（　　）。

A. 综合应急预案　　　　　　　　B. 专项应急预案

C. 应急行动指南　　　　　　　　D. 现场处置方案

【答案】D

【解析】现场处置方案是指企业根据不同生产安全事故类型，针对具体场所、装置或者设施所制定的应急处置措施。

7.4.2 施工安全事故等级和应急救援

核心考点 安全事故等级

表7-2 安全事故等级

事故等级	死亡人数	重伤人数	直接经济损失
特别重大事故	［30，∞）	［100，∞）	［1亿元，∞）
重大事故	［10，30）	［50，100）	［5000万元，1亿元）
较大事故	［3，10）	［10，50）	［1000万元，5000万元）
一般事故	［0，3）	［0，10）	［0，1000万元）
助记	3-1-3	1-5-1	1-5-1

◆ 考法：归类题

【例题·2018年真题·单选题】根据《生产安全事故报告和调查处理条例》，下列安全事故中，属于较大事故的是（ ）。

A. 2人死亡，980万元直接经济损失

B. 4人死亡，6000万元直接经济损失

C. 3人死亡，4800万元直接经济损失

D. 10人死亡，3000万元直接经济损失

【答案】C

【解析】本题考核的是职业伤害事故的分类。较大事故，是指造成3人以上10人以下死亡，或者10人以上50人以下重伤，或者1000万元以上5000万元以下直接经济损失的事故。

7.4.3 施工安全事故报告和调查处理

核心考点一 施工安全事故报告

1. 事故单位上报

（1）事故发生后，事故现场有关人员应当立即向本单位负责人报告。

（2）单位负责人接到报告后，应当于1h内向事故发生地县级以上人民政府应急管理部门和负有安全生产监督管理职责的有关部门报告。

（3）实行施工总承包的建设工程，由总承包单位负责上报事故。

2. 主管部门报告

应急管理部门和负有安全生产监督管理职责的有关部门接到事故报告后，应依照下列规定上报事故情况，并通知公安机关、劳动保障行政部门、工会和人民检察院：

（1）国务院级：特别重大事故、重大事故逐级上报至国务院应急管理部门和负有安全

生产监督管理职责的有关部门。

（2）省级：较大事故逐级上报至省、自治区、直辖市人民政府应急管理部门和负有安全生产监督管理职责的有关部门。

（3）市级：一般事故上报至设区的市级人民政府应急管理部门和负有安全生产监督管理职责的有关部门。

应急管理部门和负有安全生产监督管理职责的有关部门依照上述规定上报事故情况，应当同时报告本级人民政府。

应急管理部门和负有安全生产监督管理职责的有关部门逐级上报事故情况，每级上报的时间不得超过 2h。

报告事故应包括下列内容（6 个，同质量事故）：

（1）事故发生单位概况。

（2）事故发生的时间、地点以及事故现场情况。

（3）事故的简要经过。

（4）事故已经造成或者可能造成的伤亡人数（包括下落不明的人数）和初步估计的直接经济损失。

（5）已经采取的措施。

（6）其他应当报告的情况。

自事故发生之日起 30 日内，事故造成的伤亡人数发生变化的，应当及时补报。

道路交通事故、火灾事故自发生之日起 7 日内，事故造成的伤亡人数发生变化的，应当及时补报。

◆考法：正误判断题

【例题·2016 年真题·多选题】关于施工生产安全事故报告的说法，正确的有（   ）。

A. 施工单位负责人在接到事故报告后，2h 内向上级报告事故情况

B. 特别重大事故应逐级上报至国务院应急管理部门和负有安全生产监督管理职责的有关部门

C. 重大事故应逐级上报至省、自治区、直辖市人民政府应急管理部门和负有安全生产监督管理职责的有关部门

D. 一般事故应上报至设区的市级人民政府应急管理部门和负有安全生产监督管理职责的有关部门

E. 对于需逐级上报的事故，每级应急管理部门上报的时间不得超过 2h

【答案】B、D、E

【解析】选项 A、C 错误。其中，选项 A：施工单位负责人在接到事故报告后，1h 内向上级报告事故情况，所以选项 A 错误。选项 C：特别重大事故、重大事故逐级上报至国务院应急管理部门和负有安全生产监督管理职责的有关部门；较大事故逐级上报至省、自治区、直辖市人民政府应急管理部门和负有安全生产监督管理职责的有关部门，所以选项 C 错误。

核心考点二　施工安全事故调查

1. 分级调查与组织（同质量事故）

（1）特别重大事故由国务院或者国务院授权有关部门组织事故调查组进行调查。

（2）重大事故、较大事故、一般事故分别由事故发生地省级人民政府、设区的市级人民政府、县级人民政府负责调查。

（3）省级人民政府、设区的市级人民政府、县级人民政府可以直接组织事故调查组进行调查，也可以授权或者委托有关部门组织事故调查组进行调查。

（4）未造成人员伤亡的一般事故，县级人民政府也可以委托事故发生单位组织事故调查组进行调查。

（5）特别重大事故以下等级事故，事故发生地与事故发生单位不在同一个县级以上行政区域的，由事故发生地人民政府负责调查，事故发生单位所在地人民政府应当派人参加。

2. 事故调查组应履行的职责（5个，同质量事故）

（1）查明事故发生的经过、原因、人员伤亡情况及直接经济损失。

（2）认定事故的性质和事故责任。

（3）提出对事故责任者的处理建议。

（4）总结事故教训，提出防范和整改措施。

（5）提交事故调查报告。

3. 调查时限和调查报告

事故调查组应当自事故发生之日起60日内提交事故调查报告。

事故调查报告应当包括下列内容（6个，同质量事故）：

（1）事故发生单位概况。

（2）事故发生经过和事故救援情况。

（3）事故造成的人员伤亡和直接经济损失。

（4）事故发生的原因和事故性质。

（5）事故责任的认定以及对事故责任者的处理建议。

（6）事故防范和整改措施。

4. 事故批复

重大事故、较大事故、一般事故，负责事故调查的人民政府应当自收到事故调查报告之日起15日内做出批复。

特别重大事故，30日内做出批复。

◆ **考法 1：归类题**

【例题·2022年真题·多选题】根据《生产安全事故报告和调查处理条例》，下列事故中，县级人民政府应当自收到事故调查报告之日起15日内做出批复的有（　　　）。

A. 造成人员伤亡的一般事故　　　　　B. 无人员死亡的较大事故

C. 直接经济损失较小的重大事故　　　D. 未造成人员伤亡的一般事故

E. 特别重大事故

【答案】A、D

【解析】特别重大事故由国务院或者国务院授权有关部门组织事故调查组进行调查。重大事故、较大事故、一般事故分别由事故发生地省级人民政府、设区的市级人民政府、县级人民政府负责调查。重大事故、较大事故、一般事故，负责事故调查的人民政府应当自收到事故调查报告之日起15日内作出批复；特别重大事故，30日内作出批复。

◆ 考法2：填空题

【例题·单选题】若施工重大事故发生地与事故发生单位所在地不在同一个县级以上行政区域的，则事故调查应采取的做法是（   ）。

    A. 由事故发生单位所在地人民政府负责调查，事故发生地人民政府派人参加

    B. 由事故发生地人民政府负责调查，事故发生单位所在地人民政府派人参加

    C. 由上级主管部门负责调查，事故发生地和事故发生单位所在地人民政府派人参加

    D. 委托第三方专业机构负责调查，事故发生地和事故发生单位所在地人民政府派人参加

【答案】B

【解析】特别重大事故以下等级事故，事故发生地与事故发生单位不在同一个县级以上行政区域的，由事故发生地人民政府负责调查，事故发生单位所在地人民政府应当派人参加。

本章模拟强化练习

7.1　施工安全管理基本理论

1. 进行施工生产危险源分类时，应归为第一危险源的是（   ）。

    A. 作业人员未按要求使用防护措施

    B. 施工作业空间受限

    C. 不利的自然气候条件

    D. 施工现场快速行驶的车辆

2. 某项目在开工前通过严格的生理、心理检验选择身体、智力、性格特征等方面都符合要求的建筑工人。该项目做法符合事故致因理论中的（   ）。

    A. 能量意外释放理论   B. 事故频发倾向理论

    C. 系统安全理论   D. 轨迹交叉理论

3. 根据能量意外释放理论，基本事故预防措施有（   ）。

    A. 用安全的能源代替不安全的能源   B. 人事调整

    C. 防止能量蓄积   D. 设置屏蔽设施

    E. 人员筛选

4. 某项目引入建筑机器人，代替原有建筑工人现场作业，减少事故发生，这种做法符合事故致因理论中的（   ）。

A. 系统安全理论　　　　　　　　B. 能量意外释放理论

C. 轨迹交叉理论　　　　　　　　D. 事故频发倾向理论

7.2　施工安全管理体系及基本制度

1. 下列施工安全生产目标，属于安全管理效果目标的是（　　　）。

A. 杜绝伤亡事故　　　　　　　　B. 死亡率为零

C. 重伤率为零　　　　　　　　　D. 安全教育合格率100%

2.【2024年真题】根据《中华人民共和国安全生产法》，建筑企业应构建（　　　）双重预防机制。

A. 安全风险辨识排查和分级管控　　B. 安全风险分级管控和隐患排查治理

C. 安全意识教育和隐患排查治理　　D. 安全意识教育和安全风险辨识排查

3.【2024年真题】安全生产管理"3E"原则是（　　　）。

A. 强制管理　　　　　　　　　　B. 工程技术

C. 教育培训　　　　　　　　　　D. 安全交底

E. 环境治理

4. 根据安全生产法和相关法律法规，施工单位安全生产第一负责人是（　　　）。

A. 施工项目经理　　　　　　　　B. 企业技术负责人

C. 企业安全生产总监　　　　　　D. 企业主要负责人

5. 下列安全教育培训内容，属于班组级岗前安全培训内容的有（　　　）。

A. 本单位安全生产情况及安全生产基本知识

B. 本单位安全生产规章制度和劳动纪律

C. 本项目安全生产状况及规章制度

D. 岗位安全操作规程

E. 岗位之间工作衔接配合的安全与职业卫生事项

6. 特种作业人员在特种作业操作证有效期内，连续从事本工种10年以上，严格遵守有关安全生产法律法规的，经原考核发证机关或者从业所在地考核发证机关同意，特种作业操作证的复审时间可以延长至（　　　）。

A. 每6年1次　　　　　　　　　B. 每3年1次

C. 每4年1次　　　　　　　　　D. 每5年1次

7.3　专项施工方案及施工安全技术管理

1. 对于专业分包单位实施的危险性较大的分部分项工程，由该专业分包单位编制的专项施工方案应由（　　　）共同审核签字并加盖单位公章后，方可报送项目监理机构。

A. 建设单位项目负责人　　　　　B. 总承包单位技术负责人

C. 专业分包项目技术负责人　　　D. 专业分包单位技术负责人

E. 总承包单位项目负责人

2. 施工现场使用固定直梯进行攀登作业时，攀登高度超过（　　　）m的应设置梯间平台。

A. 3　　　　　　　　　　　　　B. 5

C. 8   D. 6

3.【2021 年真题】关于安全技术交底要求的说法，正确的有（　　　）。

    A. 必须采用新的安全技术措施

    B. 必须采用两阶段技术交底

    C. 必须实行逐级安全技术交底制度

    D. 定期向多工种交叉施工作业队伍书面交底

    E. 保持书面安全技术交底签字记录

7.4　施工安全事故应急预案和调查处理

1. 施工企业应对辨识出的安全风险按不同等级分别用不同颜色标示。对于较大风险等级的应以（　　　）标示。

    A. 红色   B. 橙色

    C. 蓝色   D. 黄色

2. 根据生产安全事故应急预案的体系构成，深基坑开挖施工的应急预案属于（　　　）。

    A. 专项应急预案   B. 专项施工方案

    C. 现场处置方案   D. 危大工程预案

3. 某工程项目施工过程中发生安全事故，导致 1 人死亡，11 人重伤，直接经济损失约为 500 万元。该生产安全事故等级属于（　　　）。

    A. 特别重大事故   B. 较大事故

    C. 重大事故   D. 一般事故

4. 负责安全事故调查的人民政府应当自收到一般事故调查报告之日起（　　　）日内做出批复。

    A. 5   B. 10

    C. 15   D. 30

本章模拟强化练习答案及解析

7.1　施工安全管理基本理论

1.【答案】D

【解析】选项 A、B、C 属于第二类危险源。

2.【答案】B

【解析】事故频发倾向理论指出，存在一部分个体，由于内在的、稳定的个人倾向，较其他人更易发生事故。本题中人员选择的做法是符合事故频发倾向理论的。

3.【答案】A、C、D

【解析】选项 B、E 属于事故频发倾向理论的事故预防措施。

4.【答案】C

【解析】轨迹交叉理论认为事故致因过程是人的因素运动轨迹和物的因素运动轨迹交叉的结果。本题中，项目引入建筑机器人，代替原有建筑工人，就没有了人和物这两种因素运动轨迹的交叉，从而可以减少事故的发生，这是符合轨迹交叉理论的。

7.2　施工安全管理体系及基本制度

1.【答案】D

【解析】选项A、B、C属于伤亡控制目标。

2.【答案】B

【解析】企业应根据《中华人民共和国安全生产法》要求，构建安全风险分级管控和隐患排查治理双重预防机制，建立安全风险分级管控制度，按照安全风险分级采取相应的管控措施。

3.【答案】A、B、C

【解析】本质安全属于安全管理范畴，应当遵循安全管理"3E"原则实施安全管理，促进本质安全化。"3E"是：工程技术、教育培训、强制管理。

4.【答案】D

【解析】企业主要负责人是本单位安全生产第一责任人，对本单位的安全生产工作全面负责。

5.【答案】D、E

【解析】选项A、B属于企业级岗前安全培训内容，选项C属于施工项目部级岗前安全培训内容。

6.【答案】A

【解析】本题考核的是特种作业人员持证上岗制度。特种作业人员在特种作业操作证有效期内，连续从事本工种10年以上，严格遵守有关安全生产法律法规的，经原考核发证机关或者从业所在地考核发证机关同意，特种作业操作证的复审时间可以延长至每6年1次。

7.3　专项施工方案及施工安全技术管理

1.【答案】B、D

【解析】危险性较大的分部分项工程实行分包并由分包单位编制专项施工方案的，专项施工方案应由总承包单位技术负责人及专业分包单位技术负责人共同审核签字并加盖单位公章。

2.【答案】C

【解析】使用固定式直梯攀登作业时，当攀登高度超过3m时，宜加设护笼；当攀登高度超过8m时，应设置梯间平台。

3.【答案】C、D、E

【解析】选项A的正确表述为：应优先采用新的安全技术措施。并非"必须采用"。选项B的正确表述为：对于涉及"四新"项目或技术含量高、技术难度大的单项技术设计，必须经过两阶段技术交底，即初步设计技术交底和实施性施工图技术设计交底。

7.4　施工安全事故应急预案和调查处理

1.【答案】B

【解析】安全风险等级从高到低划分为重大风险、较大风险、一般风险和低风险，分别用红、橙、黄、蓝四种颜色标示。

2.【答案】A

【解析】专项应急预案为应对某一种或者多种类型生产安全事故，或者针对重要生产设施、重大危险源、重大活动防止生产安全事故而制定的专项性工作方案。

3.【答案】B

【解析】导致 1 人死亡属于一般事故，11 人重伤属于较大事故，直接经济损失约为 500 万元属于一般事故，由此可判定为较大事故。

4.【答案】C

【解析】重大事故、较大事故、一般事故，负责事故调查的人民政府应当自收到事故调查报告之日起 15 日内做出批复。

第8章 绿色建造及施工现场环境管理

本章考情分析

2024 年本章节次及条目分值分布

本章节次	本章条目	2024 年	
		单选	多选
8.1 绿色建造管理	8.1.1 绿色建造基本要求	1	2
	8.1.2 各方主体绿色施工职责	1	
	8.1.3 绿色施工措施	1	
8.2 施工现场环境管理	8.2.1 施工现场文明施工要求	1	2
	8.2.2 施工现场环境保护措施	1	
合计		5 分	4 分
		9 分	

本章核心考点分析

8.1 绿色建造管理

核 心 考 点 提 纲

8.1.1 绿色建造基本要求—绿色建造基本要求

8.1.2 各方主体绿色施工职责
1. 绿色施工理念
2. 各方主体的绿色施工职责

8.1.3 绿色施工措施—绿色施工技术措施

8.1.1 绿色建造基本要求

核心考点 绿色建造基本要求

绿色建造需要将绿色发展理念融入工程策划、设计、施工、交付的建造全过程，充分体现绿色化、工业化、信息化、集约化和产业化的总体特征。

1. 绿色策划

建设单位应在工程立项阶段组织编制项目绿色策划方案，工程建设各参与方应遵照执行。

绿色策划方案应明确绿色建造总体目标和资源节约、环境保护、减少碳排放、品质提升、职业健康安全等分项目标，应包括绿色设计策划、绿色施工策划、绿色交付策划等内容。

（1）绿色设计策划

① 应根据绿色建造目标，结合项目定位，在综合技术经济可行性分析基础上，确定绿色设计目标与实施路径，明确主要绿色设计指标和技术措施。

② 应推进建筑、结构、机电设备、装饰装修等专业的系统化集成设计。

③ 应以保障性能综合最优为目标，对场地、建筑空间、室内环境、建筑设备进行全面统筹。

④ 应明确绿色建材选用依据、总体技术性能指标，确定绿色建材的使用率。

⑤ 应综合考虑生产、施工的便易性，提出全过程、全专业、各参与方之间的一体化协同设计要求。

（2）绿色施工策划

应按照国家标准《建筑与市政工程绿色施工评价标准》GB/T 50640—2023 中的优良级别，明确项目绿色施工关键指标。

（3）绿色交付策划

① 应根据建筑类型和运营维护需求，确定绿色建造项目的实体交付内容及交付标准。

② 宜按照城市信息化建设要求和运营维护需求，制定数字化交付标准和方案，明确各阶段责任主体和交付成果。

③ 应明确综合效能调适及绿色建造效果评估的内容及方式。

2. 绿色设计

绿色设计应优先就地取材，并统筹确定各类建材及设备的设计使用年限。

绿色设计应强化设计方案技术论证，严格控制设计变更。设计变更不应降低工程绿色性能，重大变更应组织专家对其是否影响工程绿色性能进行论证。

3. 绿色施工

（1）应根据绿色施工策划进行绿色施工组织设计、绿色施工方案编制。

（2）应建立与设计、生产、运营维护联动的协同管理机制。

（3）应积极采用工业化、智能化建造方式，实现工程建设低消耗、低排放、高质量和高效益。

（4）宜积极运用 BIM、大数据、云计算、物联网以及移动通信等信息化技术组织绿色施工，提高施工管理的信息化和精细化水平。

（5）应编制施工现场建筑垃圾减量化专项方案，实现建筑垃圾源头减量、过程控制、循环利用。

4. 绿色交付

（1）项目交付前应进行绿色建造的效果评估。

（2）完成绿色建筑相关检测，提交建筑使用说明书。

（3）核定绿色建材实际使用率，提交核定计算书。

（4）按照绿色交付标准及成果要求提供实体交付及数字化交付成果。

（5）数字化交付成果应保证与实体交付成果信息的一致性和准确性，建设单位可在交付前组织成果验收。

◆考法：归类题

【例题 1·2024 年真题·单选题】作为绿色策划的主要内容，绿色交付策划应明确的内容是（　　）。

    A. 绿色建造效果评估内容及方式

    B. 绿色建造目标及实施路径

    C. 绿色建造全过程数字化技术应用方式

    D. 绿色建造各参与方协同工作机制

【答案】A

【解析】本题考核的是绿色策划相关内容的区分，难度比较大。选项 A 属于绿色交付策划内容，选项 B 属于绿色设计策划内容，选项 C 属于绿色策划的要求，选项 D 属于绿色建造的基本要求。

【例题 2·多选题】下列各项绿色建造要求中，属于绿色施工要求的有（　　）。

    A. 应建立完善的绿色建材供应链

    B. 应积极采用工业化、智能化建造方式

    C. 应编制施工现场建筑垃圾减量化专项方案

    D. 完成绿色建筑相关检测，提交建筑使用说明书

    E. 应建立与设计、生产、运营维护联动的协同管理机制

【答案】A、B、C、E

【解析】选项 D 属于绿色交付的内容。

8.1.2　各方主体绿色施工职责

核心考点一　绿色施工理念

1. 可持续发展理念

可持续发展是指既满足当代人需求，又不损害后代人满足其需求能力的发展。

可持续性主要考量：一是资源的永续利用；二是环境容量的承载能力。

2. 清洁生产理念

清洁生产的主要内容可归纳为"三清一控"：

（1）清洁的原料与能源。

（2）清洁的生产过程。

（3）清洁的产品。

（4）贯穿于清洁生产的全过程控制。

3. 环境伦理要求

（1）整体性要求

指人的行为正确与否，取决于是否遵从环境利益与人类利益相协调，而非仅仅依据人的意愿和需要这一立场。

（2）不损害性要求

指那种以严重损害自然环境的健康为代价的行为一定是错误的。

（3）补偿性要求

指若有对自然环境造成损害的行为，责任人必须做出必要的补偿，以恢复自然环境的健康状态。

◆ 考法：归类题

【例题1·多选题】清洁生产的主要内容包括（　　）。

A. 清洁的原料与能源 　　　　B. 清洁的生产过程

C. 清洁的产品 　　　　　　　D. 贯穿于清洁生产的全过程控制

E. 清洁的生产环境

【答案】A、B、C、D

【解析】清洁生产的主要内容可归纳为"三清一控"：① 清洁的原料与能源；② 清洁的生产过程；③ 清洁的产品；④ 贯穿于清洁生产的全过程控制。

【例题2·多选题】工程建设需满足的环境伦理要求有（　　）

A. 人的行为正确与否，取决于是否遵从环境利益与人类利益相协调

B. 既满足当代人需求，又不损害后代人满足其需求

C. 以严重损害自然环境的健康为代价的行为一定是错误的

D. 从源头削减污染，提高资源利用效率

E. 若有对自然环境造成损害的行为，责任人必须做出必要的补偿

【答案】A、C、E

【解析】既满足当代人需求，又不损害后代人满足其需求，属于可持续发展的要求。从源头削减污染，提高资源利用效率，属于清洁生产理念。

核心考点二　各方主体的绿色施工职责

1. 建设单位绿色施工职责

（1）在编制工程概算和招标文件时，应明确绿色施工的要求，并提供包括场地、环境、工期、资金等方面的条件保障。

（2）应向施工单位提供建设工程绿色施工的设计文件、产品要求等相关资料，保证资

料的真实性和完整性。

（3）应建立建设工程绿色施工的协调机制。

2. 设计单位绿色施工职责

（1）应按国家现行有关标准和建设单位的要求进行工程的绿色设计。

（2）应协助、支持、配合施工单位做好建设工程绿色施工的有关设计工作。

3. 工程监理单位绿色施工职责

（1）应对建设工程绿色施工承担监理责任。

（2）应审查绿色施工组织设计、绿色施工方案或绿色施工专项方案，并在实施过程中做好监督检查工作。

4. 施工单位绿色施工职责

（1）施工单位是建设工程绿色施工的实施主体，应组织绿色施工的全面实施。

（2）实行总承包管理的建设工程，总承包单位应对绿色施工负总责。

（3）总承包单位应对专业承包单位的绿色施工实施管理，专业承包单位应对工程承包范围的绿色施工负责。

（4）施工单位应建立以项目经理为第一责任人的绿色施工管理体系，制定绿色施工管理制度，负责绿色施工的组织实施，进行绿色施工教育培训，定期开展自检、联检和评价工作。

（5）绿色施工组织设计、绿色施工方案或绿色施工专项方案编制前，应进行绿色施工影响因素分析，并据此制定实施对策和绿色施工评价方案。

◆ 考法 1：填空题

【例题·2024 年真题·单选题】为实现绿色施工，施工单位应建立以（　　　）为第一责任人的绿色施工管理体系。

　　A. 企业法定代表人　　　　　　B. 企业技术负责人

　　C. 项目经理　　　　　　　　　D. 项目技术负责人

【答案】C

【解析】本题考核的是施工单位绿色施工职责。施工单位应建立以项目经理为第一责任人的绿色施工管理体系，制定绿色施工管理制度，负责绿色施工的组织实施，进行绿色施工教育培训，定期开展自检、联检和评价工作。

◆ 考法 2：归类题

【例题·多选题】根据《建筑工程绿色施工规范》GB/T 50905—2014，建设单位的绿色施工职责有（　　　）。

　　A. 审查绿色施工组织设计　　　B. 组织绿色施工的实施

　　C. 提供绿色施工所需资金保障　　D. 编制绿色施工专项方案

　　E. 建立绿色施工协调机制

【答案】C、E

【解析】选项 A 属于工程监理单位绿色施工职责，选项 B、D 属于施工单位绿色施工职责。

8.1.3 绿色施工措施

核心考点 绿色施工技术措施

1. 节材与材料资源利用

（1）结构材料

①推广使用高强度钢筋和高性能混凝土。

②推广使用预拌混凝土和商品砂浆。

③利用粉煤灰、矿渣、外加剂及新材料，减少水泥用量。

④推广钢筋专业化加工和配送。

⑤钢筋及钢结构制作前应对下料单及样品进行复核，无误后方可批量下料。

⑥钢筋连接采用对接、机械等低损耗连接方式。

⑦大型钢结构宜采用工厂制作，现场拼装；宜采用分段吊装、整体提升、滑移、顶升等安装方法，减少方案的措施用材量。

（2）围护材料

①门窗采用密封性、保温隔热性能、隔声性能良好的型材和玻璃等材料。

②屋面、外墙采用具有良好的防水性能和保温隔热性能的材料。

③屋面或墙体等部位采用基层加设保温隔热系统的方式施工时，应选择高效节能、耐久性好的保温隔热材料，以减小保温隔热层的厚度及材料用量。

（3）装饰装修材料

①贴面类材料在施工前，应进行总体排版策划，减少非整块材的数量。

②采用非木质的新材料或人造板材代替木质板材。

③木制品及木装饰用料、玻璃等各类板材等宜在工厂采购或定制。

（4）周转材料

①推广使用定型钢模、钢框竹模、竹胶板。

②多层、高层建筑使用可重复利用的模板体系，模板支撑宜采用工具式支撑。

③推广采用外墙保温板替代混凝土施工模板的技术。

④现场办公和生活用房采用周转式活动房。力争工地临房、临时围挡材料的可重复使用率达到70%。

（5）节材措施

①鼓励就地取材，施工现场500km以内生产的建筑材料用量占建筑材料总重量的70%以上。

②采取措施提高模板、脚手架等的周转次数，如采用管件合一的脚手架和支撑体系，采用工具式模板和新型模板材料。

2. 节水与水资源利用

（1）雨量充沛地区的大型施工现场应建立雨水收集利用系统。

（2）现场机具、设备、车辆冲洗用水必须设立循环用水装置。

（3）现场搅拌用水、养护用水应采取有效的节水措施，优先采用中水搅拌、中水养护，有条件的地区和工程应收集雨水养护。

（4）处于基坑降水阶段的工地，宜优先采用地下水作为混凝土搅拌用水、养护用水、冲洗用水和部分生活用水。

（5）现场机具、设备、车辆冲洗、喷洒路面、绿化浇灌等用水，优先采用非传统水源，尽量不使用市政自来水。

（6）力争施工中非传统水源和循环水的再利用量大于30%。

3. 节能与能源利用

（1）节能措施

根据当地气候和自然资源条件，充分利用太阳能、地热、风能等可再生能源。

（2）生产、生活及办公临时设施

利用场地自然条件，合理设计生产、生活及办公临时设施的体形、朝向、间距和窗墙面积比，使其获得良好的日照、通风和采光。

（3）施工用电及照明

照明设计以满足最低照度为原则，照度不应超过最低照度的20%。

4. 节地与施工用地保护

（1）临时用地指标

① 临时设施的占地面积应按用地指标所需的最低面积设计。

② 要求平面布置合理、紧凑，尽可能减少废弃地和死角，临时设施占地面积有效利用率大于90%。

（2）临时用地保护

红线外临时占地应尽量使用荒地、废地，少占用农田和耕地。

（3）施工总平面布置

① 施工现场入口应设置绿色施工制度图牌。施工现场围墙、大门和施工道路周边宜设绿化隔离带。

② 临时设施布置应注意远近结合（本期工程与下期工程），努力减少和避免大量临时建筑拆迁和场地搬迁。

5. 环境保护

（1）扬尘控制

① 施工现场宜搭设封闭式垃圾站。

② 土方作业阶段，采取洒水、覆盖等措施，达到作业区目测扬尘高度小于1.5m，不扩散到场区外。

③ 结构施工、安装装饰装修阶段，作业区目测扬尘高度小于0.5m。高层或多层建筑清理垃圾应搭设封闭性临时专用道或采用容器吊运。

④ 在场界四周隔挡高度位置测得的大气总悬浮颗粒物（TSP）月平均浓度与城市背景值的差值不大于$0.08mg/m^3$。

（2）噪声与振动控制

① 昼间场界环境噪声不得超过70dB（A），夜间场界环境噪声不得超过55dB（A）。

同时，夜间噪声最大声级超过限值的幅度不得高于 15dB（A）。

② 噪声测点通常应设在建筑施工场界外 1m，高度 1.2m 以上的位置。施工期间，测量连续 20min 的等效声级，夜间同时测量最大声级。

（3）光污染控制

① 夜间室外照明灯加设灯罩，透光方向集中在施工范围。

② 在光线作用敏感区域施工时，电焊作业和大型照明灯具应采取防光外泄措施。

（4）水污染控制

① 施工现场应针对不同的污水设置相应处理设施，如食堂、盥洗室、淋浴间的下水管线应设置过滤网，食堂应另设隔油池；施工现场宜采用移动式厕所；清洗机具的废水和废油不得直接排放。

② 废弃、渗漏的油料和化学溶剂应集中处理，不得随意倾倒。

（5）土壤保护

因施工造成的裸土，及时覆盖砂石或种植速生草种，以减少土壤侵蚀。

（6）垃圾回收利用和处置

① 加强建筑垃圾的回收再利用，力争使建筑垃圾的再利用和回收率达到 30%，建筑物拆除产生的废弃物再利用和回收率大于 40%。对于碎石类、土石方类建筑垃圾，可采用地基填埋、铺路等方式提高再利用率，力争再利用率大于 50%。

② 严禁将生活垃圾和危险废物混入建筑垃圾排放。

③ 有毒有害废弃物的分类率应达到 100%；对有可能造成二次污染的废弃物应单独储存，并设置醒目标识。

（7）地下设施、文物和资源保护

① 施工过程中一旦发现文物，立即停止施工，保护现场并通报文物管理部门，同时协助做好相关工作。

② 避让、保护施工场区及周边的古树名木。

6. 发展绿色施工的"四新"技术

加强信息技术应用，如绿色施工的虚拟现实技术、三维建筑模型的工程量自动统计、绿色施工组织设计数据库建立与应用系统、数字化工地、基于电子商务的建筑工程材料、设备与物流管理系统等。

◆ 考法 1：填空题

【例题 1·2024 年真题·单选题】为保护环境，在土方作业阶段，施工现场作业区目测扬尘高度应小于（　　）m。

A. 1.5 　　　　　　　　　　　　B. 2

C. 2.5 　　　　　　　　　　　　D. 3

【答案】A

【解析】本题考核的是扬尘控制。土方作业阶段，采取洒水、覆盖等措施，达到作业区目测扬尘高度小于 1.5m，不扩散到场区外。结构施工、安装装饰装修阶段，作业区目测扬尘高度小于 0.5m。

【例题2·单选题】根据现行绿色施工评价标准，施工现场500km以内生产的建筑材料用量占建筑材料总重量的比例应不低于（　　　）。

　　A. 50%　　　　　　　　　　　　　B. 60%

　　C. 70%　　　　　　　　　　　　　D. 80%

【答案】C

【解析】鼓励就地取材，施工现场500km以内生产的建筑材料用量占建筑材料总重量的70%以上，宜优先选用获得绿色建材评价认证标识的建筑材料和产品。

◆ **考法2：归类题**

【例题·多选题】在施工现场为有效管理用水，应采取的措施有（　　　）。

　　A. 制定建筑垃圾减量化计划

　　B. 分别计量生活用水与工程用水

　　C. 分别计量管理不同单项工程的用水量

　　D. 将节水定额指标纳入合同条款

　　E. 制定合理的施工能耗指标

【答案】B、C、D

【解析】选项A属于环境保护中的建筑垃圾控制措施。选项E属于节能措施，不属于节水措施。

8.2　施工现场环境管理

核 心 考 点 提 纲

　　　　8.2.1　施工现场文明施工要求—文明施工的要求
　　　　8.2.2　施工现场环境保护措施—控制项、一般项、优选项的内容

核 心 考 点 剖 析

8.2.1　施工现场文明施工要求

核心考点　文明施工的要求

1. 文明施工的主要作用

（1）文明施工是保证施工质量、施工安全的支持条件。

（2）文明施工是以人为本、关心公众的现实需要。

（3）文明施工是反映企业能力和企业形象的重要窗口。

2. 文明施工管理理念

（1）企业社会责任理念

企业社会责任是除经济责任、法律责任之外的"第三种"责任。

（2）精益管理理念

精益管理要求企业对各项活动都必须运用精益思想，主张以较少资源投入（包括人力、设备、资金、材料、时间和空间），创造尽可能多的价值。

精益管理中的"精"体现在质量上，追求"精益求精"；"益"体现在成本上，减少资源消耗和浪费，多产出效益。

（3）"8S"管理理念

"8S"指：整理（Seri）、整顿（Seiton）、清扫（Seiso）、清洁（Seiketsu）、素养（Shitsuke）、安全（Safety）、节约（Save）和学习（Study）八大要素。

3. 文明施工具体要求

（1）现场围挡

① 采用封闭围挡，高度不小于1.8m。

② 围挡材料可采用彩色、定型钢板，砖、混凝土砌块等墙体。

（2）"五牌一图"

在进门处悬挂工程概况、管理人员名单及监督电话、安全生产、文明施工、消防保卫五牌；施工现场总平面图。

◆考法：正误判断题

【例题·多选题】关于施工现场文明施工具体要求正确的有（　　　）。

    A. 在进门处悬挂"五牌一图"

    B. 现场围挡采用封闭围挡，高度不小于1m

    C. 施工现场应设置密闭式垃圾站

    D. 工地地面硬化处理

    E. 施工垃圾必须采用相应容器或管道运输

【答案】A、C、D、E

【解析】选项B，采用封闭围挡，高度不小于1.8m。

8.2.2　施工现场环境保护措施

核心考点　控制项、一般项、优选项的内容

1. 控制项

（1）绿色施工策划文件中应包含环境保护内容，并建立环境保护管理制度。

（2）施工现场应在醒目位置设置环境保护标识。

（3）施工现场的古迹、文物、树木及生态环境等应采取有效保护措施，制定地下文物保护应急预案。

2. 一般项

（1）扬尘控制应包括下列内容：

① 现场建立洒水清扫制度，配备洒水设备，并有专人负责。

② 对裸露地面、集中堆放的土方采取抑尘措施。

③ 现场进出口设车胎冲洗设施和吸湿垫，保持进出现场车辆清洁。

④ 易飞扬和细颗粒建筑材料封闭存放，余料回收。

⑤拆除、爆破、开挖、回填及易产生扬尘的施工作业有抑尘措施。

⑥高空垃圾清运采用封闭式管道或垂直运输机械。

⑦遇有六级及以上大风天气时，停止土方开挖、回填、转运及其他可能产生扬尘污染的施工活动。

⑧现场运送土石方、弃渣及易引起扬尘的材料时，车辆采取遮盖措施。

⑨弃土场封闭，并进行临时性绿化。

⑩现场搅拌设有密闭和防尘措施。

⑪现场采用清洁燃料。

（2）废气排放控制应包括下列内容：

①车辆及机械设备废气排放符合国家年检要求。

②现场厨房烟气净化后排放。

③在敏感区域内的施工现场进行喷漆作业时，设有防挥发物扩散措施。

（3）建筑垃圾处置应包括下列内容：

①制定建筑垃圾减量化专项方案，明确减量化、资源化具体指标及各项措施。

②装配式建筑施工的垃圾排放量不大于 200t/ 万 m^2，非装配式建筑施工的垃圾排放量不大于 300/ 万 m^2。

③建筑垃圾回收利用率达到 30%，建筑材料包装物回收利用率达到 100%。

④现场垃圾分类、封闭、集中堆放。

⑤办理施工渣土、建筑废弃物等排放手续，按指定地点排放。

⑥碎石和土石方类等建筑垃圾用作地基和路基回填材料。

⑦土方回填不采用有毒有害废弃物。

⑧施工现场办公用纸两面使用，废纸回收，废电池、废硒鼓、废墨盒、剩油漆、剩涂料等有毒有害的废弃物封闭分类存放，设置醒目标志，并由符合要求的专业机构消纳处置。

⑨施工选用绿色、环保材料。

（4）污水排放应包括下列内容：

①现场道路和材料堆放场地周边设置排水沟。

②工程污水和试验室养护用水处理合格后，排入市政污水管道，检测频率不应少于 1 次 / 月。

③现场厕所设置化粪池，化粪池定期清理。

④工地厨房设置隔油池，定期清理。

⑤工地生活污水、预制场和搅拌站等施工污水达标排放和利用。

⑥钻孔桩、顶管或盾构法作业采用泥浆循环利用系统，不得外溢漫流。

（5）光污染控制应包括下列内容：

①施工现场采取限时施工、遮光或封闭等防治光污染措施。

②焊接作业时，采取挡光措施。

③施工场区照明采取防止光线外泄措施。

（6）噪声控制应包括下列内容：

①针对现场噪声源，采取隔声、吸声、消声等降噪措施。

②采用低噪声施工设备。

③噪声较大的机械设备远离现场办公区、生活区和周边敏感区。

④混凝土输送泵、电锯等机械设备设置吸声降噪屏或其他降噪措施。

⑤施工作业面设置降噪设施。

⑥材料装卸设置降噪垫层，轻拿轻放，控制材料撞击噪声。

⑦施工场界声强限值昼间不大于 70dB（A），夜间不大于 55dB（A）。

3. 优选项

（1）施工现场宜设置可移动环保厕所，并定期清运、消毒。

（2）现场宜采用自动喷雾（淋）降尘系统。

（3）施工场界宜设置扬尘自动监测仪，动态连续定量监测扬尘（总悬浮颗粒物 TSP，PM_{10}）。

（4）施工场界宜设置动态连续噪声监测设施，保存昼夜噪声曲线。

（5）装配式建筑施工的垃圾排放量不宜大于 140t/ 万 m^2，非装配式建筑施工的垃圾排放量不宜大于 210t/ 万 m^2。

（6）建筑垃圾回收利用率宜达到 50%。

（7）施工现场宜采用地磅或自动监测平台，动态计量建筑废弃物重量。

（8）施工现场宜采用雨水就地渗透措施。

（9）施工现场宜采用生态环保泥浆、泥浆净化器反循环快速清孔等环境保护技术。

（10）施工现场宜采用水封爆破、静态爆破等高效降尘的先进工艺。

（11）土方施工宜采用水浸法湿润土壤等降尘方法。

（12）施工现场淤泥质渣土宜经脱水后外运。

◆ 考法：归类题

【例题 1 · 2024 年真题 · 单选题】根据绿色施工评价相关标准，在施工现场环境保护方面作为"控制项"进行评价的内容是（　　）。

    A. 采取限时施工和遮光措施　　　　B. 设置并清理现场厕所化粪池

    C. 制定地下文物保护应急措施　　　　D. 制定建筑垃圾减量化计划

【答案】C

【解析】选项 A、B、D 均属于施工现场环境保护评价"一般项"的内容。

【例题 2 · 多选题】根据现行绿色施工评价标准，环境保护评价指标"优选项"的内容包括（　　）。

    A. 现场采用低噪声设备施工

    B. 制定建筑垃圾减量化计划

    C. 现场采用自动喷雾（淋）降尘系统

    D. 现场采用雨水就地渗透措施

    E. 采用自动监测平台动态计量固体废弃物重量

【答案】C、D、E

【解析】选项 A、B 都属于"一般项"。

【例题 3·多选题】根据现行绿色施工评价标准，施工现场污水排放应符合的规定包括（　　）。

    A. 现场道路周边应设置排水沟

    B. 现场厕所应设置化粪池并定期清理

    C. 钻孔桩作业应采用泥浆循环利用系统

    D. 试验室养护用水可直接排入市政污水管道

    E. 工地厨房污水可直接排入市政污水管道

【答案】A、B、C

【解析】选项 D、E 说法错误，均不可"直接排入"，而应"处理合格后排入"。

本章模拟强化练习

8.1 绿色建造管理

1. 核定绿色建材实际使用率，提交核定计算书，属于（　　）阶段的工作内容。

    A. 绿色策划　　　　　　　　　　B. 绿色设计

    C. 绿色交付　　　　　　　　　　D. 绿色施工

2. 【2024 年真题】绿色建造需要将绿色发展理念融入工程策划、设计、施工、交付的建造全过程，除体现绿色化外，还应体现的特征有（　　）。

    A. 信息化　　　　　　　　　　　B. 工业化

    C. 系统化　　　　　　　　　　　D. 产业化

    E. 集约化

3. 建设单位组织编制项目绿色策划方案，应在工程（　　）阶段进行。

    A. 可行性研究　　　　　　　　　B. 项目评估

    C. 项目立项　　　　　　　　　　D. 初步设计

4. 关于各方主体绿色施工具体职责的说法，正确的是（　　）。

    A. 施工单位应建立建设工程绿色施工的协调机制

    B. 建设单位应审查绿色施工组织设计、绿色施工方案

    C. 专业承包单位应对全部工程范围的绿色施工负责

    D. 施工单位应建立以项目经理为第一责任人的绿色施工管理体系

5. 根据《建筑施工场界环境噪声排放标准》GB 12523—2011，施工现场昼间场界环境噪声限值是（　　）dB（A）。

    A. 15　　　　　　　　　　　　　B. 55

    C. 70　　　　　　　　　　　　　D. 85

6. 按照绿色施工要求，在结构施工阶段，应将作业区目测扬尘高度控制在（　　）m。

    A. 1.0　　　　　　　　　　　　　B. 1.5

C. 2.0   D. 0.5

8.2 施工现场环境管理

1.【2024年真题】文明施工应贯彻的"8S"管理理念，是在整理、整顿、清扫、清洁、素养、安全 6S 管理要素的基础上，又增加了（ ）两大要素。

  A. 监督和学习   B. 节约和学习

  C. 监督和供应   D. 节约和供应

2. 根据现行绿色施工评价标准，下列施工现场环境保护评价指标中，属于"控制项"的是（ ）。

  A. 对集中堆放在施工现场的土方应采取抑尘措施

  B. 施工现场厨房烟气应净化后排放

  C. 施工现场应在醒目位置设环境保护标识

  D. 施工现场垃圾应分类、封闭、集中堆放

3. 下列各项施工现场环境保护措施中，属于"优选项"的是（ ）。

  A. 应采用低噪声设备施工

  B. 焊接作业时，应采取挡光措施

  C. 施工现场不应焚烧废弃物

  D. 建筑垃圾产生量不宜大于 210t/ 万 m^2

本章模拟强化练习答案及解析

8.1 绿色建造管理

1.【答案】C

【解析】核定绿色建材实际使用率，提交核定计算书，属于绿色交付阶段的工作内容。

2.【答案】A、B、D、E

【解析】本题考核的是绿色建造基本要求。绿色建造需要将绿色发展理念融入工程策划、设计、施工、交付的建造全过程，充分体现绿色化、工业化、信息化、集约化和产业化的总体特征。

3.【答案】C

【解析】建设单位应在工程项目立项阶段组织编制项目绿色策划方案，工程建设各参与方应遵照执行。

4.【答案】D

【解析】选项 A、B、C 说法错误。选项 A，"建立建设工程绿色施工的协调机制"应是建设单位的职责而非施工单位职责。选项 B，"审查绿色施工组织设计、绿色施工方案"应是监理单位的职责，而非建设单位的职责。选项 C，"对全部工程范围的绿色施工负责"的应是总承包单位，而非专业承包单位。

5.【答案】C

【解析】本题考核的是施工场界环境噪声限制。昼间场界环境噪声不得超过70dB（A），

夜间场界环境噪声不得超过 55dB（A）。同时，夜间噪声最大声级超过限值的幅度不得高于 15dB（A）。

6. 【答案】D

【解析】结构施工、安装装饰装修阶段，作业区目测扬尘高度小于 0.5m。

8.2　施工现场环境管理

1. 【答案】B

【解析】"8S"指：整理（Seri）、整顿（Seiton）、清扫（Seiso）、清洁（Seiketsu）、素养（Shitsuke）、安全（Safety）、节约（Save）和学习（Study）八大要素。

2. 【答案】C

【解析】选项 A、B、D 属于"一般项"内容。

3. 【答案】D

【解析】选项 A、B 属于"一般项"，选项 C 属"控制项"。

第9章　国际工程承包管理

本章考情分析

2024年本章节次及条目分值分布

本章节次	本章条目	2024年	
		单选	多选
9.1　国际工程承包市场开拓	9.1.1　国际工程承包相关政策		4
	9.1.2　国际工程承包市场进入		
9.2　国际工程承包风险及应对策略	9.2.1　国际工程承包风险	1	
	9.2.2　国际工程承包风险应对策略		
9.3　国际工程投标与合同管理	9.3.1　国际工程投标策略	1	
	9.3.2　FIDIC施工合同和设计—采购—施工（EPC）合同管理	2	
	9.3.3　NEC施工合同和AIA合同	1	
合计		5分	4分
		9分	

本章核心考点分析

9.1　国际工程承包市场开拓

核心考点提纲

9.1.1　国际工程承包相关政策 { 1. 企业境外投资管理　2. 企业境外经营合规管理指引

9.1.2　国际工程承包市场进入 { 1. 工程招标投标　2. 技术标准

核心考点剖析

9.1.1 国际工程承包相关政策

核心考点一 企业境外投资管理

表 9-1 企业境外投资管理

操作	适用范围	主管机关
核准管理	投资主体直接或通过其控制的境外企业开展的敏感类项目	国家发展和改革委员会
备案管理	投资主体直接开展的非敏感类项目	（1）投资主体是中央管理企业的，备案机关是国家发展和改革委员会。 （2）投资主体是地方企业，且中方投资额3亿美元及以上的，备案机关是国家发展和改革委员会。 （3）投资主体是地方企业，且中方投资额3亿美元以下的，备案机关是投资主体注册地的省级政府发展和改革部门

◆ **考法：正误判断题**

【例题·多选题】下列关于企业境外投资管理的说法，正确的有（　　）。

A. 国家对境外重大投资项目实行先核准后备案的管理模式

B. 企业境外投资涉及敏感国家和地区、敏感行业的，实行核准管理

C. 中方投资额 20 亿美元的项目需由国家发展和改革委员会核准

D. 企业境外投资涉及投资主体提供担保的非敏感类项目，实行备案管理

E. 中方投资额 3 亿元以下的敏感类项目由投资主体注册地的省级政府发展和改革部门进行核准

【答案】B、C、D

【解析】选项 A、E 说法错误。选项 A，投资主体开展境外投资，应当履行境外投资项目或核准或备案的手续。选项 E，实行核准管理的范围是投资主体直接或通过其控制的境外企业开展的敏感类项目，核准机关是国家发展和改革委员会。

核心考点二 企业境外经营合规管理指引

1. 合规管理原则

（1）独立性原则。

（2）适用性原则。

（3）全面性原则。

2. 合规要求

（1）境外投资中的合规要求。

（2）对外承包工程中的合规要求。

（3）境外日常经营中的合规要求。

3. 合规治理结构

企业建立合规治理结构时，应在决策、管理、执行三个层级划分相应的合规管理责任：

（1）企业的决策层应以保证企业合规经营为目的，通过原则性顶层设计，解决合规管理工作中的权力配置问题。

（2）企业的高级管理层应分配充足的资源建立、制定、实施、评价、维护和改进合规管理体系。

（3）企业的各执行部门及境外分支机构应及时识别归口管理领域的合规要求，改进合规管理措施，执行合规管理制度和程序，收集合规风险信息，落实相关工作要求。

4. 合规管理制度

（1）合规行为准则：合规行为准则是最重要、最基本的合规制度，是其他合规制度的基础和依据，适用于所有境外经营相关部门和员工，以及代表企业从事境外经营活动的第三方。

（2）合规管理办法：企业应在合规行为准则的基础上，针对特定主题或特定风险领域制定具体的合规管理办法。

5. 合规审计

企业合规管理职能应与内部审计职能分离。

◆ 考法：填空题

【例题1·单选题】《企业境外经营合规管理指引》提出是最重要、最基本的合规制度，同时也是其他合规制度的基础和依据的是（　　　）。

A. 合规治理结构　　　　　　B. 合规行为准则

C. 合规管理办法　　　　　　D. 合规管理原则

【答案】B

【解析】合规行为准则是最重要、最基本的合规制度，是其他合规制度的基础和依据。

【例题2·单选题】在企业合规治理工作中，负责建立、制定、实施、评价、维护和改进合规管理体系的层级为（　　　）。

A. 管理层　　　　　　　　　B. 决策层

C. 执行层　　　　　　　　　D. 操作层

【答案】A

【解析】企业的高级管理层应分配充足的资源建立、制定、实施、评价、维护和改进合规管理体系。

9.1.2　国际工程承包市场进入

核心考点一　工程招标投标

按照资金来源不同，可将招标项目分为以下三类：

1. 政府出资项目招标

大多数国家和地区的政府出资项目采用公开招标的方式，承包商需通过相应的资格审核后参与投标。

2. 私人筹资项目招标

私人投资项目的招标投标规定相对宽松，招标投标限制较少或允许多种招标方式并存。

3. 国际金融机构贷款和援助资金项目招标

国际金融机构贷款和援助资金的项目要求必须按照国际金融机构的相关规定进行公开招标。

使用某一特定国家政府贷款项目，一般采用在援助国国籍公司中公开招标的方式，但也可通过两国政府协商确定项目实施单位。

◆ **考法：正误判断题**

【例题·单选题】下列关于不同类型招标项目的说法，正确的是（   ）。

    A. 国际金融机构贷款和援助资金项目多在最不发达国家

    B. 国际金融机构贷款和援助资金项目招标按照项目所在国政府规定进行招标

    C. 大多数国家和地区的政府出资项目采用公开招标的方式，承包商需通过相应的资格审核后参与投标

    D. 私人投资项目的招标投标规定与政府出资项目相同，需要公开招标

【答案】C

【解析】选项 A、B、D 说法错误。选项 A，国际金融机构（如世界银行、亚洲开发银行、非洲开发银行、国际金融组织等）贷款和援助资金项目多在发展中国家。选项 B，国际金融机构贷款和援助资金项目要求必须按照国际金融机构的相关规定进行公开招标，如使用某一特定国家政府贷款项目，一般采用在援助国国籍公司中公开招标的方式，但也可通过两国政府协商确定项目实施单位。选项 D，私人投资项目的招标投标规定相对宽松，招标投标限制较少或允许多种招标方式并存，并不完全采用公开招标。

核心考点二   技术标准

1. 采用中国标准

（1）中国经济援助类项目或中国企业投资项目基本上可全部采用中国标准及规范。

（2）中国标准在电力、铁路、公路、港口、通信工程领域的国际接受程度较高，"一带一路"沿线的南亚、中亚等国家对中国标准的接受程度也较高。

（3）还有一些"一带一路"沿线国家经过中国企业的积极沟通协调后也可采用中国标准。

2. 有条件地采用中国标准

中国进出口银行、国家开发银行等政策性银行及商业银行为国外提供的优惠贷款项目，部分可以采用中国标准。

3. 采用属地标准或国际标准

由于中国标准在有些国家和行业尚未被接受，不少商业投资项目，尤其是属地企业投资项目，要求采用的标准为属地国标准或国际标准。

◆ 考法：正误判断题

【例题·多选题】下列关于中国对外承包工程技术标准的说法，正确的有（   ）。

    A. 中国标准在房建、电力、铁路、港口领域的国际接受程度较高

    B. 中国企业投资项目基本上可全部采用中国标准及规范

    C. 中国进出口银行、国家开发银行等政策性银行为国外提供的优惠贷款项目，部分可以采用中国标准

    D. 一些国家和地区的国际工程项目采用中国标准时需增设附加条件

    E. 由于中国标准在有些国家和行业尚未被接受，属地企业投资项目一律采用属地国标准

【答案】B、C、D

【解析】选项 A、E 说法错误。选项 A，中国标准在电力、铁路、公路、港口、通信工程领域的国际接受程度较高，不包括房建领域。选项 E，中国标准在有些国家和行业尚未被接受，一些商业投资项目，尤其是属地企业投资项目，要求采用的标准为属地国标准或国际标准，而非一律采用属地国标准。

9.2 国际工程承包风险及应对策略

核 心 考 点 提 纲

    9.2.1　国际工程承包风险—国际工程承包风险

核 心 考 点 剖 析

9.2.1　国际工程承包风险

核心考点　国际工程承包风险

1. 政治风险

包括政局稳定性、政党轮替、政府干预、国际关系、外交政策等因素。在亚洲、非洲和拉丁美洲等中国企业的主要市场，政治不透明和政策不连贯可能导致战争风险，地区冲突和对抗也增加了地缘政治风险。

2. 经济风险

受项目所在国的经济体制、结构、国民收入和发展水平等因素的影响。全球经济增速放缓、货币政策收紧、汇率波动和利率变化等都可能导致经济风险。

3. 市场风险

全球和项目所在国的市场环境直接影响承包企业的经营。基础设施投资的财政资源不足、项目数量减少、成本上升和低价竞争都可能导致市场风险。

4. 自然风险

源自工程所在地的地理、自然环境和气候条件。地震、台风、洪水等自然灾害可能导致工期延误、成本超支，甚至财产损失和人员伤亡。

5. 社会风险

涉及民族特征、文化传统、社会结构等。国家内乱、社会治安问题、族群对立和宗教纷争等社会问题可能威胁企业人员的安全和正常经营。

6. 合同风险

涉及合同文本的完整性、条款清晰度、合同履行等问题。在买方市场中，业主可能强加义务于承包商，导致风险分配不均。

7. 资金风险

包括资金紧缺、支付困难、资金使用不平衡等问题。项目缺乏可靠融资渠道、业主筹资困难和支付能力弱等问题都可能导致资金风险。

8. 技术风险

涉及技术标准规范、技术选择、施工方案等。不同国家的技术水平要求和鼓励应用新技术的条件不同，可能影响项目的顺利实施和预期收益。

9. 法律风险

涉及市场准入、行政许可、工程法律等。对项目所在国法规政策的不了解或误解可能导致违反法律，造成严重后果。

10. 合规风险

未遵循法律法规和准则可能导致法律制裁、监管处罚等。企业需要树立合规意识，遵守规制、规则和规范，避免商业贿赂和违规经营。

◆考法：归类题

【例题·多选题】下列国际工程承包风险中，属于经济风险的有（　　　　）。

A. 原材料物流成本上涨　　　　　　B. 业主方筹资困难

C. 所在国汇率波动　　　　　　　　D. 所在国经济不稳定性

E. 所在国属地企业低价竞争

【答案】C、D

【解析】选项 A、E 属于市场风险，选项 B 属于资金风险。

9.3　国际工程投标与合同管理

核心考点提纲

9.3.1　国际工程投标策略
- 1. SWOT分析
- 2. 不平衡报价策略

9.3.2　FIDIC施工合同和设计—采购—施工（EPC）合同管理
- 1. FIDIC施工合同管理
- 2. FIDIC设计—采购—施工（EPC）合同管理

9.3.3　NEC施工合同和AIA合同—NEC施工合同

核心考点剖析

9.3.1 国际工程投标策略

核心考点一 SWOT 分析

投标人在投标之前应就投标项目开展考虑自身内部的优势（Strengths）、劣势（Weaknesses）和外部市场环境的机会（Opportunities）与威胁（Threats）的 SWOT 分析，以帮助制定投标的策略定位。

◆ 考法：归类题

【例题·2024 年真题·单选题】国际工程承包商在甄选项目、初步确定投标策略时，宜采用的方法是（　　）。

A. PERT 分析法
B. LCC 评估法
C. LCA 评估法
D. SWOT 分析法

【答案】D

【解析】投标人在投标之前应就投标项目开展考虑自身内部的优势（Strengths）、劣势（Weaknesses）和外部市场环境的机会（Opportunities）与威胁（Threats）的 SWOT 分析，以帮助制定投标的策略定位。

选项 A，PERT 分析法，即计划评审技术（Program Evaluation and Review Technique），是一种项目管理工具，主要用于项目进度的规划、安排和控制，尤其适用于复杂项目。

选项 B，LCC 评估法，即生命周期成本法（Life Cycle Costing，LCC），是一种全面评估产品或服务在其整个生命周期内所有成本的方法。

选项 C，LCA 评估法，即生命周期评估法（Life Cycle Assessment，LCA），是一种标准化方法，通过计算和评估从原材料提取到废物处理等产品／服务生命周期各阶段的自然资源消耗和对环境的产出，提供了一种评估与生产过程或服务相关的潜在环境影响方法。

选项 D，SWOT 分析法，全称 Strengths，Weaknesses，Opportunities，Threats，即优势、劣势、机会和威胁分析，是一种常用的战略规划工具。它通过系统地分析组织或项目的内部优势、劣势，以及外部环境中的机会和威胁，帮助决策者制定更有效的策略。

核心考点二 不平衡报价策略

表 9-2 不平衡报价策略

因素	可适当低报	可适当高报
采用工程量清单模式	预计实际工程量会比清单中减少的，单价可适当低报	预计实际工程量会比报价清单中工程量增加的项目，单价可适当高报
货币的时间价值和支付风险	项目后期实施的工程内容（如装饰装修、试运行）可以偏低报价	项目前期款项支付时间早的工程内容（如土方开挖、基础工程）可以偏高报价
暂定项	对大概率不实施的暂定项单价可适当低报	大概率要实施的暂定项单价可考虑适当高报

因素	可适当低报	可适当高报
未标注工程量内容项	—	对于不计入标价的或仅有内容项而没有工程数量的，可以适当偏高报价，如计日工、推荐的备品备件等

◆考法：归类题

【例题·多选题】 国际工程报价中，投标人为了既不提高总报价，又能在结算中获得更理想的经济效益，通常采取不平衡报价策略，以下项目中，可以采取偏高报价策略的有（　　）。

A. 在开工后大概率不实施的暂定项

B. 预计会比报价清单中工程量增加的工程

C. 项目后期实施的装饰装修工程

D. 能早日结账收款的土石方工程

E. 没有规定数量的计日工项目

【答案】 B、D、E

【解析】 选项 A、C 应采取偏低报价策略。

9.3.2　FIDIC 施工合同和设计—采购—施工（EPC）合同管理

核心考点一　FIDIC 施工合同管理

1. 签约与担保

双方应在承包商收到中标函后 35d 内签订合同协议书。

承包商还应在收到中标函后 28d 内向业主提交履约担保。

2. 施工进度管理

（1）开工通知

工程师应在开工日期前至少 14d 向承包商发出开工日期的通知。开工日期应在承包商收到中标函后 42d 内。

在货物运输方面，承包商还应在不少于 21d 前将所提供的永久设备或其他主要货物运抵现场的日期通知工程师。

承包商应在收到工程师发出的开工日期的通知后 28d 内向工程师提交一份初步进度计划。

（2）暂停工程和复工

如果暂时停工已持续超过 84d，承包商可以向工程师发出通知，要求允许继续施工。

如在工程师收到通知后 28d 内未能同意复工，承包商则可以：

① 同意继续暂停，双方应就竣工时间的延长、给承包商造成的费用和利润损失、受影响的设备材料的支付问题达成一致。

② 如未能达成一致，承包商可向工程师再次发出通知，将工程受暂停影响的部分视为根据变更的规定可以甩项，如暂停影响到整个工程，承包商可根据由承包商终止的规定

发出终止通知。

3. 工程量估价和支付

（1）工程计量

施工合同条件采用工程量清单计价，当工程师要求在现场对工程量进行测量时，应提前 7d 通知承包商，承包商应按时派员协助工程师进行测量并提供工程师所要求的明细。

① 如果承包商未能派人到场，则工程师的测量应视为准确并予认可。

② 如承包商参加现场测量工作或检查测量记录后 14d 内未向工程师发出不同意通知，则视为已认可测量记录的准确性。

除非合同另有约定，对永久工程每项工程应按实际净数量计量，而不计入膨胀、收缩或废弃的数量。

（2）工程估价

工程师应根据计量出的每项工作的工程量乘以相应费率或价格进行估价。如合同中无某项内容，应取类似工作的费率或价格。

当同时满足以下情形一中的 2 个条件，或同时满足情形二中的 4 个条件时，可对该项工作规定的费率或价格进行调整：

情形一：

① 工程量清单或其他资料表中没有该项工作、也未规定该项工作的费率或价格。

② 由于该项工作特性或实施条件的不同，合同中未有相应的可供参考费率或价格的工作。

情形二：

① 该工作测量工程量比工程量清单或其他资料中所列工程量的变动超过了 10%。

② 工程量的变动与合同规定费率的乘积超过了中标合同额的 0.01%。

③ 工程量的变动直接导致该项工作每单位成本的变动超过 1%。

④ 合同中没有规定此项工作为固定费率或固定费用。

（3）误期赔偿费

如果承包商未能按合同中竣工时间的规定如期完工，根据业主索赔条款，承包商应当为其违约行为向业主支付误期赔偿费。

误期赔偿费应按照合同中规定的每天应付金额，乘以工程竣工日期超过规定的竣工时间的天数计算，且计算的赔偿总额不得超过合同中规定的误期赔偿费的最高限额。

4. 不可预见和例外事件

（1）不可预见

不可预见的"物质条件"是指承包商在现场施工期间遇到的自然物质条件、自然或人为的物质障碍、污染物，包括地下和水文条件，但不包括气候条件及其影响。

如果承包商因此招致了工期延误或费用增加，则有权提出工期和费用（但不包括利润）索赔。

（2）例外事件

例外事件是指同时满足以下条件的某种事件或情况：

① 一方无法控制的。

② 该方在签订合同前，不能对之进行合理预防的。

③ 发生后，该方不能合理避免或克服的。

④ 不能主要归因于另一方的。

如战争，政变，恐怖活动，罢工，地震、海啸、飓风、台风等自然灾害。

如果受影响的一方因例外事件的阻碍无法履行合同义务，则应向另一方发出该例外事件的通知并说明情况，该通知应在受影响方意识或应当意识到例外事件后的 14d 内发出。而后，受影响方应自该例外事件阻碍履行义务之日起，免除其履行受到阻碍的义务。

如果另一方在 14d 的期限后收到该通知，受影响方应仅从另一方收到通知之日起，免除其履行受到阻碍的义务。

如果承包商是受影响方，当其因按照规定发出通知的例外事件而招致工期延误和费用增加时，承包商有权向业主提出工期和费用索赔。

5. 工程接收

（1）工程和分项工程接收

承包商可在其认为工程即将竣工并做好接收准备的日期前不少于 14d，向工程师发出申请签发接收证书的通知。如工程分成若干分项工程，承包商也可为每个分项工程申请签发接收证书。

当工程达到下列条件时，业主应接收工程：

① 工程已根据合同完成，并通过了竣工试验。

② 工程师对承包商按合同要求提交的竣工记录没有给出反对通知。

③ 工程师对承包商根据合同提交的运行与维护手册没有给出反对通知。

④ 承包商已完成了合同规定的对业主方人员的培训。

⑤ 根据合同已签发或视为已签发了接收证书。

如果工程师在收到承包商申请通知后的 28d 内既未签发接收证书也未拒绝承包商的申请，若工程已满足上述前 4 个条件，则应视为该工程已在工程师收到承包商的申请通知后的第 14 天竣工，且视为接收证书已经签发。

（2）部分工程接收

工程师可根据业主的酌情决定，为永久工程的任何部分签发接收证书。

（3）工程照管责任

承包商应从开工日期起，承担对工程、货物、承包商文件的照管责任，直到签发工程接收证书之日止。

如果对分项工程或部分工程已签发了接收证书，则应将对该分项工程或部分工程的照管责任移交业主。

6. 争端避免 / 裁决委员会（DAAB）

合同双方应在承包商收到中标函后 28d 内或规定的日期内联合任命 DAAB 的成员，并各付一半酬金，DAAB 由具备资格的 1 人或 3 人组成。

如果合同双方发生争端，任一方可将争端事项提交 DAAB 决定。DAAB 应在收到后

84d 内或商定的期限内做出决定。

如果任一方对 DAAB 的决定不满，可以在收到该决定通知后 28d 内将其不满向另一方发出通知。如双方均未发出表示不满的通知，则该决定应成为最终的对双方有约束力的决定。

即使任一方已按照上述规定发出了表示不满的通知，双方还应在仲裁前努力以友好协商的方式解决争端，如未能友好协商解决，需待发出不满意通知的 28d 后启动仲裁。

◆ 考法 1：填空题

【例题·2024 年真题·单选题】FIDIC《施工合同条件》规定，业主应收到工程师签发的最终付款证书（　　）d 内向承包商付款。

A. 14
B. 21
C. 56
D. 28

【答案】C

【解析】业主应在收到工程师签发的最终付款证书 56d 内向承包商付款。

◆ 考法 2：计算题

【例题·单选题】某采用 FIDIC《施工合同条件》的国际工程主体工程与附属工程的合同额分别为 500 万元和 300 万元。合同中对误期赔偿费的约定是：每延误一个日历天应赔偿 2 万元，且总赔偿费不超过合同总价款的 5%。该工程主体工程按期通过竣工验收，附属工程延误 25 日历天后通过竣工验收，则该工程的误期赔偿费为（　　）万元。

A. 50
B. 40
C. 25
D. 15

【答案】D

【解析】工程延误 25 日历天应赔偿 $25 \times 2 = 50$ 万元，总赔费最高为 $800 \times 5\% = 40$ 万元，误期赔偿费总额不得超过合同中规定的误期赔偿费的最高限额，50 万元＞40 万元。但是主体工程按期竣工，需要赔偿的为附属工程：则该工程的误期赔偿费为 $300/800 \times 40 = 15$ 万元。

◆ 考法 3：正误判断题

【例题·单选题】根据 FIDIC《施工合同条件》，下列关于争端避免／裁决委员会（DAAB）的说法正确的是（　　）。

A. DAAB 由业主和承包商方代表以及独立第三方共 3 位成员组成

B. DAAB 成员由业主和承包商联合任命，并各付一半酬金

C. 合同双方发生争端，需共同将争端事项提交 DAAB 决定

D. DAAB 应在收到事项提交后 28d 内做出决定

【答案】B

【解析】选项 A 错误，DAAB 由具备资格的 1 人或 3 人组成。选项 C 错误，如果合同双方发生争端，任一方可将争端事项提交 DAAB 决定。选项 D 错误，DAAB 应在收到提交后 84d 内或商定的期限内做出决定。

核心考点二　FIDIC 设计—采购—施工（EPC）合同管理

1. EPC/交钥匙工程概念

根据 FIDIC《设计采购施工（EPC）/交钥匙工程合同条件》（银皮书），业主选定一个承包商（总承包商），由该承包商根据合同要求，承担建设项目的设计、采购、施工及试运行，向业主交付一个建成完好的工程设施并保证正常投入运营。

2. 业主选择 EPC 合同的考虑

（1）期望工程总造价固定、不超过投资限额。

（2）期望工期确定，使项目能在预定的时间投产运行。

（3）业主缺乏经验或人员有限，需要一揽子将项目发包给一个承包商，由其负责组织完成整个项目。

（4）项目风险大部分由承包商承担。

（5）为实现设计、采购、施工的深度交叉及协调配合提供条件。

（6）业主采用比较宽松的管理方式，按里程碑方式支付。

（7）严格竣工检验以保证工程完工的质量，使项目发挥预期效益。

3. 合同条件典型条款分析

（1）不可预见的困难

银皮书在"不可预见的困难"条款中规定，除专用合同条件另有规定外：

① 承包商应被认为已取得了对工程可能产生影响或作用的有关风险、意外事件和其他情况的全部必要资料。

② 通过签署合同协议书，承包商接受对预见到的为顺利完成工程的所有困难和费用的全部职责。

③ 合同价格不应考虑对任何不可预见或未预见到的困难或费用给予调整。

这不同于 FIDIC《施工合同条件》（新红皮书）中所规定的承包商遇到不可预见的物质条件时，可以向业主提出的索赔。上述规定基本排除了承包商以外界物质条件不可预见为理由向业主提出费用索赔的机会，因此，承包商要清醒认识所承担的不可预见的困难，并采取防范措施。

（2）工期索赔

根据银皮书，承包商有权提出延长竣工时间索赔的情形只有下列 3 种：

（1）根据合同变更的规定。

（2）根据合同条件承包商有权获得竣工时间的延长。

（3）由业主或在现场的业主的其他承包商造成的延误或阻碍（或因流行病或政府行为导致的由业主提供的材料的不可预见的短缺）。

比较而言，FIDIC《施工合同条件》中承包商可进行工期索赔的情形还有：

（1）异常不利的气候条件。

（2）因流行病或政府行为导致的承包商人员或货物的不可预见的短缺。

在银皮书中，这两种情形的后果均由承包商承担，承包商风险明显加大。

（3）运维培训

作为交钥匙工程，为帮助业主交接后顺利实现项目运行，承包商应根据业主要求中的规定，对业主人员进行运行与维护培训。

如果业主要求中有在工程接收前要进行的培训，则在完成该培训前，不应认为工程已经按照合同规定的接收要求完工。

◆考法：归类题

【例题·多选题】根据 FIDIC《设计采购施工（EPC）/交钥匙工程合同条件》，承包商有权提出工期索赔的情形包括（　　　）。

    A. 根据合同变更规定调整竣工时间

    B. 异常不利的气候条件

    C. 根据合同条件承包商有权获得工期顺延

    D. 由于流行病导致的不可预见的人员短缺

    E. 由业主造成的延误或阻碍

【答案】A、C、E

【解析】根据银皮书，承包商有权提出延长竣工时间索赔的情形只有下列 3 种：① 根据合同变更的规定；② 根据合同条件承包商有权获得竣工时间的延长；③ 由业主或在现场的业主的其他承包商造成的延误或阻碍（或因流行病或政府行为导致的由业主提供的材料的不可预见的短缺）。

9.3.3　NEC 施工合同和 AIA 合同

核心考点　NEC 施工合同

NEC 系列合同条件主要包括工程施工合同（ECC）、工程施工分包合同、专业服务合同和裁决人合同。

1. ECC 内容组成

ECC 的结构组成呈模块化，包括核心条款、主要选项条款、争议解决与避免程序、次要选项条款、成本组成表和合同数据六个模块，使用者可根据需求自由选择使用。

核心条款为必选项，次要选项条款为可选项，使用者可以根据其项目特点和自身需要，在核心条款的基础上，加上选定的主要选项条款和次要选项条款，就可以组合形成一个内容约定完备的合同文件。

争议解决与避免程序（Resolving and Avoiding Disputes）提供了下列三种争端解决程序，使用者可根据需要，选择其中一种来完成主要选项的配置：

（1）高级代表—裁决员—诉讼/仲裁。

（2）高级代表（可跳过）—裁决员—诉讼/仲裁。

（3）争端避免委员会（Dispute Avoidance Board，DAB）—诉讼/仲裁。

对（1）（2），发生争议时，高级代表应立即与合同双方沟通，尽力促其达成一致，如未能在约定时间内达成合意，高级代表不能作出决定，需交由裁决员进行裁决。

对（3），DAB 的主要职责是通过定期视察现场，及时发现潜在冲突，规避争端，提供解决争端的建议，但不能进行终局裁决。

裁决员和 DAB 由合同双方选定、双方共同支付报酬，以保证其独立、公正。上述方式通过引进裁决员或 DAB，提高了解决争端的及时性、灵活性和高效性。

2. ECC 中的合作管理理念

ECC 通过建立以合作伙伴、早期警告、补偿事件为特征的合作机制，让项目各方致力于提高整个工程项目的管理水平。

可以说，传统施工合同中由索赔条款实现的功能在 ECC 中由早期警告、补偿事件加以优化并解决。

◆ 考法：填空题

【例题·2024 年真题·单选题】根据英国土木工程师学会（ICE）颁布的工程施工合同（ECC），在提交诉讼或仲裁之前，能够裁决合同争议的人员或机构是（　　）。

A. 高级代表、裁决员　　　　　B. 工程师、争端避免委员会

C. 建筑师、高级代表　　　　　D. 裁决员、争端避免

【答案】A

【解析】工程施工合同（ECC）在争议解决与避免程序提供了下列三种争端解决程序，使用者可根据需要，选择其中一种来完成主要选项的配置：① 高级代表—裁决员—诉讼／仲裁；② 高级代表（可跳过）—裁决员—诉讼／仲裁；③ 争端避免委员会—诉讼／仲裁。

本章模拟强化练习

9.1　国际工程承包市场开拓

1. 实行备案管理的项目中，投资主体是某地方国有企业且中方投资额 2 亿美元，备案机关是（　　）。

　　A. 国家商务主管部门

　　B. 企业所在地省级商务主管部门

　　C. 国家发展和改革委员会

　　D. 企业所在地省级政府发展和改革部门

2. 投资主体直接或通过其控制的境外企业开展的敏感类项目实行核准管理，核准机关是（　　）。

　　A. 国务院　　　　　　　　　B. 国家发展和改革委员会

　　C. 省级政府　　　　　　　　D. 省级政府发展和改革部门

3. 企业从决策层、管理层到执行层划分相应合规管理责任、开展相关合规管理工作的操作为建立（　　）。

　　A. 合规治理结构　　　　　　B. 合规管理系统

　　C. 合规管理职责安排　　　　D. 合规管理组织体系

4. 企业合规管理职能应与（　　）分离，合规管理职能的履行情况应受到独立评价。

　　A. 风险监管职能　　　　　　B. 内部审计职能

C. 内部控制职能   D. 系统稽核职能

5. 按照资金来源不同，可将招标项目分为（   ）。

    A. 政府出资项目招标   B. 企业筹资项目招标

    C. 私人筹资项目招标   D. 国际金融机构贷款招标

    E. 援助资金项目招标

9.2   国际工程承包风险及应对策略

1. 下列属于国际工程资金风险的是（   ）。

    A. 所在国通货膨胀   B. 原材料成本上涨

    C. 在建项目还款困难   D. 中国企业海外市场盈利下降

9.3   国际工程投标与合同管理

1. 根据FIDIC《施工合同条件》，在进行工程估价时，针对某项合同中无具体内容的工作进行费率或价格的确定调整时，应同时满足的条件是（   ）。

① 由于该项工作特性或实施条件的不同，合同中未有相应的可供参考费率或价格的工作

② 该工作测量工程量比工程量清单或其他资料中所列工程量的变动超过了10%

③ 工程量清单或其他资料表中未有该项工作、也未规定该项工作的费率或价格

④ 合同中没有规定此项工作为固定费率或固定费用

    A. ①②   B. ①③

    C. ②④   D. ③④

2. 下列情形中，适用于业主采用FIDIC《设计采购施工（EPC）／交钥匙工程合同条件》的包括（   ）。

    A. 业主期望工期确定，使项目能在预定的时间投产运行

    B. 业主缺乏经验或人员有限，需要将整个项目委托他人负责

    C. 业主想要密切监督或管控承包商的工作

    D. 业主希望自身承担最少的项目风险

    E. 业主想要审查大部分施工图纸

3. 工程施工合同（ECC）合作机制的特征包括（   ）。

    A. 合作伙伴   B. 共同愿景

    C. 共担风险   D. 早期警告

    E. 补偿事件

本章模拟强化练习答案及解析

9.1   国际工程承包市场开拓

1.【答案】D

【解析】投资主体是地方企业，且中方投资额3亿美元以下的，备案机关是投资主体注册地的省级政府发展和改革部门。

2. 【答案】B

【解析】实行核准管理的范围是投资主体直接或通过其控制的境外企业开展的敏感类项目，核准机关是国家发展和改革委员会。

3. 【答案】A

【解析】企业建立合规治理结构时，应在决策、管理、执行三个层级划分相应的合规管理责任。

4. 【答案】B

【解析】企业合规管理职能应与内部审计职能分离。

5. 【答案】A、C、D、E

【解析】按照资金来源不同，可将招标项目分为以下三类：① 政府出资项目招标；② 私人筹资项目招标；③ 国际金融机构贷款和援助资金项目招标。

9.2 国际工程承包风险及应对策略

1. 【答案】C

【解析】选项 A 属于经济风险，选项 B、D 属于市场风险。

9.3 国际工程投标与合同管理

1. 【答案】B

【解析】①③和②④分别属于两种不同情形需同时满足的条件。

2. 【答案】A、B、D

【解析】业主采用FIDIC《设计采购施工（EPC）/交钥匙工程合同条件》多有如下考虑：① 期望工程总造价固定、不超过投资限额，期望工期确定，使项目能在预定的时间投产运行；② 业主缺乏经验或人员有限，需要一揽子将项目发包给一个承包商，由其负责组织完成整个项目；③ 项目风险大部分由承包商承担；④ 为实现设计、采购、施工的深度交叉及协调配合提供条件；⑤ 业主采用比较宽松的管理方式，按里程碑方式支付；⑥ 严格竣工检验以保证工程完工的质量，使项目发挥预期效益。

3. 【答案】A、D、E

【解析】ECC 通过建立以合作伙伴、早期警告、补偿事件为特征的合作机制，让项目各方致力于提高整个工程项目的管理水平。

第10章 建设工程项目管理智能化

本章考情分析

2024 年本章节次及条目分值分布

本章节次	本章条目	2024 年	
		单选	多选
10.1 建筑信息模型（BIM）及其在工程项目管理中的应用	10.1.1 BIM 技术的基本特征		
	10.1.2 BIM 技术在工程项目管理中的应用	1	
10.2 智能建造与智慧工地	10.2.1 智能建造		
	10.2.2 智慧工地	1	
合计		2 分	0 分
		2 分	

本章核心考点分析

10.1 建筑信息模型（BIM）及其在工程项目管理中的应用

核心考点提纲

10.1.1 BIM技术的基本特征—建筑信息模型的基本特征

10.1.2 BIM技术在工程项目管理中的应用
- 1. BIM技术应用相关方职责
- 2. BIM技术在工程项目管理中的应用

核心考点剖析

10.1.1 BIM 技术的基本特征

核心考点 建筑信息模型的基本特征

1. 模型操作的可视化

BIM 提供全面的建筑表达和真实数字模型，可提高沟通效率，降低成本并提高工程质量。

同时，模型的可视化操作和三维表达的形式可以展示工程建设过程及各种互动关系。

2. 模型信息的完备性

BIM技术不仅描述了工程对象的3D几何信息和拓扑关系，还描述了完整的工程信息，如对象名称、结构类型、建筑材料等设计信息；施工工序、进度、成本、质量以及人、机、材资源等施工信息；工程安全性能、材料耐久性能等维护信息；对象之间的工程逻辑关系等。

3. 模型信息的关联性

信息模型中的对象是可识别且相互关联的，系统能够对模型的信息进行统计和分析，并生成相应的图形和文档。

如果模型中的某个对象发生变化，与之关联的所有对象都会随之更新，以保持模型的完整性。

4. 模型信息的一致性

在建筑生命期不同阶段模型信息是一致的，同一信息无须重复输入，而且信息模型能自动演化，模型对象在不同阶段可以简单地进行修改和扩展，而无须重新创建。

5. 模型信息的动态性

建筑信息模型中的信息可以随着工程建设不同阶段和变化而更新和调整。

6. 模型信息的可拓展性

建筑信息模型需要在不同阶段具有一定深度并具有可扩展和调整的能力。

◆ 考法：归类题

【例题·单选题】在BIM中，信息模型能自动演化，模型对象在不同阶段可以简单地进行修改和扩展，而无须重新创建。这体现了BIM技术基本特征中的（　　）。

　　A. 模型信息的关联性　　　　　　　B. 模型信息的动态性

　　C. 模型信息的一致性　　　　　　　D. 模型信息的拓展性

【答案】C

【解析】在建筑生命期不同阶段模型信息是一致的，同一信息无须重复输入，而且信息模型能自动演化，模型对象在不同阶段可以简单地进行修改和扩展，而无须重新创建。

10.1.2　BIM 技术在工程项目管理中的应用

核心考点一　BIM 技术应用相关方职责

1. 建设单位职责

（1）组织策划项目BIM实施策略，确定项目的BIM应用目标、应用要求，并落实相关费用。

（2）委托工程项目BIM总协调方。BIM总协调方可以为满足要求的建设单位相关部门、设计单位、施工单位或第三方咨询机构。

（3）与各参与方签订合同。

（4）接收通过审查的BIM交付模型和成果档案。

2. BIM 总协调方职责

（1）制定项目 BIM 应用方案，并组织管理和贯彻实施。

（2）BIM 成果的收集、整合与发布，并对项目各参与方提供 BIM 技术支持；审查各阶段项目参与方提交的 BIM 成果并提出审查意见，协助建设单位进行 BIM 成果归档。

（3）根据建设单位 BIM 应用的实际情况，可协助其开通和辅助管理维护 BIM 项目协同平台。

（4）组织开展对各参与方的 BIM 工作流程的培训。

（5）监督、协调及管理各分包单位的 BIM 实施质量及进度，并对项目范围内最终的BIM 成果负责。

3. 施工总承包单位职责

（1）配置 BIM 团队，并根据项目 BIM 应用方案的要求提供 BIM 成果，利用 BIM 技术进行节点组织控制管理，提高项目施工质量和效率。

（2）接收设计 BIM 模型，并基于该模型，完善施工 BIM 模型，且在施工过程中及时更新，保持适用性。

（3）根据项目 BIM 应用方案编写项目施工 BIM 实施方案，并完成项目施工 BIM 实施方案制定的各应用点。

（4）施工单位项目 BIM 负责人负责内外部的总体沟通与协调，组织施工 BIM 的实施工作，根据合同要求提交 BIM 工作成果，并保证其正确性和完整性。

（5）接受 BIM 总协调方的监督，对总协调方提出的交付成果审查意见及时整改落实。

（6）根据合同确定的工作内容，统筹协调各分包单位施工 BIM 模型，将各分包单位的交付模型整合到施工总承包的施工 BIM 交付模型中。

（7）利用 BIM 技术辅助现场管理施工，安排施工顺序节点，保障施工流水合理，按进度计划完成各项工程目标。

4. 专业分包单位职责

（1）配置 BIM 团队，并根据项目 BIM 应用方案和项目施工 BIM 实施方案的要求，提供 BIM 成果，并保证其正确性和完整性。

（2）接收施工总承包的施工 BIM 模型，并基于该模型，完善分包施工 BIM 模型，且在施工过程中及时更新，保持适用性。

（3）根据项目 BIM 应用方案和项目施工 BIM 实施方案编写分包项目施工 BIM 实施方案，并完成分包项目施工 BIM 实施方案制定的各应用点。

（4）分包单位项目 BIM 负责人负责内外部的总体沟通与协调，组织分包施工 BIM 的实施工作。

（5）接受 BIM 总协调方和施工总承包方的监督，并对其提出的审查意见及时整改落实。

（6）利用 BIM 技术辅助现场管理施工，安排施工顺序节点，保障施工流水合理，按进度计划完成各项工程目标。

◆ 考法：归类题

【例题·多选题】在 BIM 技术应用中，下列属于 BIM 总协调方职责的是（　　　　）。

  A. 接收设计 BIM 模型

  B. 对项目各参与方提供 BIM 技术支持

  C. 监督、协调及管理各分包单位的 BIM 实施质量及进度

  D. 编写分包项目施工 BIM 实施方案

  E. 开通和管理维护 BIM 项目协同平台

【答案】B、C

【解析】选项 A 属于施工总承包单位职责，选项 D 属于专业分包单位职责，选项 E 属于建设单位职责。

核心考点二　BIM 技术在工程项目管理中的应用

1. 在进度管理中的应用

主要体现在以下四个方面：

（1）施工进度模拟。

（2）资金和资源动态分析。

（3）实施进度跟踪监控。

（4）进度分析和优化。

2. 在成本管理中的应用

通过 BIM 技术将项目成本管理与 3D 和 4D 模型集成，形成 5D 模型。

主要体现在工程算量、成本控制等方面。

3. 在质量管理中的应用

主要包括碰撞检测和质量问题管理等。

4. 在安全管理中的应用

主要体现在以下三个方面：

（1）施工安全教育。

（2）施工现场的安全措施布置。

（3）施工安全模拟。

5. 在合同管理中的应用

主要体现在以下两方面：

（1）依据合同中的 BIM 要求进行 BIM 管理。

（2）合同执行和界面管理。

6. 在信息管理中的应用

主要体现在以下两方面：

（1）BIM 内置信息分类编码、工程量清单或定额。

（2）工程项目信息集成管理。

◆ 考法 1：填空题

【例题·2024 年真题·单选题】为了应用建筑信息模型（BIM）技术，实现对工程项

目成本的估算、控制和优化，需要进行的工作是（　　　）。

  A. 将项目成本管理与 2D 和 3D 模型集成，形成 4D 模型

  B. 将项目成本管理与 3D 和 4D 模型集成，形成 5D 模型

  C. 将项目成本管理与 4D 和 5D 模型集成，形成 6D 模型

  D. 将项目成本管理与 5D 和 6D 模型集成，形成 7D 模型

【答案】B

【解析】本题考核的是 BIM 技术在工程项目成本管理中的应用。通过 BIM 技术将项目成本管理与 3D 和 4D 模型集成，形成 5D 模型。

◆ **考法 2：归类题**

【例题·多选题】关于 BIM 技术应用，下列属于在工程项目成本管理中应用的是（　　　）。

  A. 工程算量   B. 合同界面管理

  C. 成本控制   D. BIM 内置工程量清单

  E. 资金动态分析

【答案】A、C

【解析】选项 B 属于在合同管理中的应用，选项 D 属于在信息管理中的应用，选项 E 属于在进度管理中的应用。

10.2　智能建造与智慧工地

核 心 考 点 提 纲

$$\begin{cases} 10.2.1 \quad \text{智能建造—智能建造的基本特征} \\ 10.2.2 \quad \text{智慧工地} \begin{cases} 1.\ \text{智慧工地基本特点} \\ 2.\ \text{智慧工地总体架构} \\ 3.\ \text{智慧工地建设原则} \end{cases} \end{cases}$$

核 心 考 点 剖 析

10.2.1　智能建造

核心考点　智能建造的基本特征

（1）智能建造应以新一代信息技术融合应用为基础。

（2）智能建造应以实现数字化集成设计、精益化生产施工、工业化组织管理为核心。

（3）智能建造应以数智化管控平台和建筑机器人开发应用为着力点。

（4）智能建造应以减少对人的依赖，实现安全建造，提高品质、效率和效益，助力数字交付为目标。

◆考法：归类题

【例题·单选题】智能建造的核心是实现（　　　）。

A. 新一代信息技术融合应用

B. 数智化管控平台和建筑机器人开发应用

C. 数字化集成设计、精益化生产施工、工业化组织管理

D. 安全建造，提高品质、效率和效益，助力数字交付

【答案】C

【解析】选项 A 说的是智能建造的基础，选项 B 说的是智能建造的着力点，选项 D 说的是智能建造的目标。

10.2.2　智慧工地

核心考点一　智慧工地基本特点

1. 技术驱动

智慧工地依赖于物联网、云计算、人工智能、大数据、移动互联网等先进的信息技术。

2. 全面感知与数据收集

智慧工地对工地上的人、机、料、法、环等生产要素进行全面的感知和数据收集，这些数据是智慧工地运行和决策的基础。

3. 信息的共享和协作

智慧工地通过系统间的信息共享和协作，实现更高效的资源利用和更科学的决策制定。

◆考法：归类题

【例题·多选题】智慧工地的基本特点有（　　　）。

A. 全方位监测　　　　　　　　B. 协同工作和信息共享

C. 全面感知与数据收集　　　　D. 信息的共享和协作

E. 满足施工单位管理诉求

【答案】C、D

【解析】智慧工地的特点包括技术驱动、全面感知与数据收集以及信息的共享和协作。

核心考点二　智慧工地总体架构

1. 感知层

感知层作为智慧工地的基础，部署了各类传感器、监控设备、无人机等终端设备，实时收集人员、机械设备、物资、环境等各个方面的信息。

2. 网络层

网络层是智慧工地的数据通道和处理中枢，连接感知层和应用层，起到桥梁和枢纽的作用，通过 4G/5G 网络、光纤通信、卫星通信、物联网管理中心等网络设备和技术，保证数据的高效流动和准确处理，并结合云计算、大数据等技术，对大量数据进行存储、处理与分析。

3. 应用层

应用层是智慧工地的核心，主要包括各种基于数据的智能应用。

◆ **考法：归类题**

【例题·2024年真题·单选题】 智慧工地总体架构中，发挥桥梁和枢纽作用，并负责处理大量数据的层次是（ 　　 ）。

A. 感知层　　　　　　　　　　B. 应用层

C. 网络层　　　　　　　　　　D. 保护层

【答案】 C

【解析】 本题考核的是智慧工地总体架构。智慧工地总体架构主要可分为感知层、网络层、应用层三个层次，感知层是智慧工地运行和决策的基础。网络层是智慧工地的数据通道和处理中枢，它起到桥梁和枢纽的作用，连接感知层和应用层。应用层是智慧工地的核心，主要包括各种基于数据的智能应用。

核心考点三　智慧工地建设原则

（1）满足社会监管需求：提供全面的预警、控制和分析支持。

（2）优化管理效率：理清现场脉络、提高管理效率、降低管理成本。

（3）资源整合与节约：实现设备终端、信息系统的共建共享共用，避免重复投入。

（4）实现全方位覆盖：应覆盖人、机、料、法、环五个方面，利用5G、AI等先进技术，建立"五位一体"的智能管理体系。

（5）全过程覆盖：应贯穿工程项目实施全过程，直至竣工验收。

（6）人文关怀：提供安全健康的生产生活环境和完备健全的生产生活服务。

◆ **考法：归类题**

【例题·多选题】 下列属于智慧工地建设原则的是（ 　　 ）。

A. 满足社会监管需求　　　　　B. 推进数字化体系建设

C. 资源整合与节约　　　　　　D. 优化管理效率

E. 人文关怀

【答案】 A、C、D、E

【解析】 智慧工地建设的原则包括满足社会监管需求、优化管理效率、资源整合与节约、实施全方位覆盖、全过程覆盖和人文关怀。选项B属于智能建造相关重点任务。

本章模拟强化练习

10.1　建筑信息模型（BIM）及其在工程项目管理中的应用

1. 下列属于建筑信息模型的基本特征的是（ 　　 ）。

A. 模型信息的准确性　　　　　B. 模型信息的完备性

C. 模型信息的关联性　　　　　D. 模型信息的一致性

E. 模型信息的可靠性

2. 在BIM技术的基本特征中，模型信息的一致性是指（ 　　 ）。

A. 不同平台模型信息的一致性　　B. 不同系统模型信息的一致性

C. 不同阶段模型信息的一致性　　D. 不同类型模型信息的一致性

3. 在 BIM 技术应用中，下列属于 BIM 总协调方职责的是（　　　）。

A. 与各参与方签订合同　　　　B. 制定项目 BIM 应用方案

C. 内外部的总体沟通与协调　　D. 配置 BIM 团队

4. 工程合同管理中，BIM 技术主要应用方面是（　　　）。

A. 链接合同相关文档信息　　　B. 自动生成合同模板

C. 识别合同中规定的冲突或干涉　D. 合同执行和界面管理

E. 依据合同中的 BIM 要求进行 BIM 管理

5. BIM 技术在工程项目信息管理中的应用是（　　　）。

A. 工程项目信息网络构建　　　B. BIM 内置信息分类编码

C. 工程项目信息集成管理　　　D. 工程项目信息全面共享

E. BIM 内置工程量清单

10.2　智能建造与智慧工地

1. 智能建造的着力点是开发应用（　　　）。

A. 人工智能技术和物联网技术　B. 云计算和大数据

C. 数智化管控平台和建筑机器人　D. 传感器和高速移动通讯

2. 智能建造的最终目标是（　　　）。

A. 推动建筑工业化　　　　　　B. 减少对人的依赖

C. 加快新技术发展　　　　　　D. 构建数字化体系

E. 助力数字交付

3. 智慧工地总体架构中，负责实时感知和收集工地上的各种数据，包括人员、机械设备、物资、环境等各个方面的信息的层次是（　　　）。

A. 感知层　　　　　　　　　　B. 网络层

C. 应用层　　　　　　　　　　D. 传输层

4. 智慧工地总体架构中，起到数据通道和处理中枢的作用的层次是（　　　）。

A. 感知层　　　　　　　　　　B. 网络层

C. 应用层　　　　　　　　　　D. 传输层

本章模拟强化练习答案及解析

10.1　建筑信息模型（BIM）及其在工程项目管理中的应用

1.【答案】B、C、D

【解析】建筑信息模型的基本特征有：模型操作的可视化、模型信息的完备性、模型信息的关联性、模型信息的一致性、模型信息的动态性、模型信息的可拓展性。

2.【答案】C

【解析】在建筑生命期不同阶段模型信息是一致的，同一信息无须重复输入。

3.【答案】B

【解析】选项 A 为建设单位职责，选项 C、D 为施工总承包和专业分包单位职责。

4.【答案】D、E

【解析】BIM 技术在工程合同管理中的应用主要有两方面：① 依据合同中的 BIM 要求进行 BIM 管理；② 合同执行和界面管理。

5.【答案】B、C、E

【解析】BIM 在工程项目信息管理中的应用主要有以下两方面：① BIM 内置信息分类编码、工程量清单或定额；② 工程项目信息集成管理。

10.2　智能建造与智慧工地

1.【答案】C

【解析】智能建造应以数智化管控平台和建筑机器人开发应用为着力点。

2.【答案】B、E

【解析】智能建造应以减少对人的依赖，实现安全建造，提高品质、效率和效益，助力数字交付为目标。这是发展智能建造的最终目标。

3.【答案】A

【解析】感知层作为智慧工地的基础，部署了各类传感器、监控设备、无人机等终端设备，实时收集人员、机械设备、物资、环境等各个方面的信息。

4.【答案】B

【解析】网络层是智慧工地的数据通道和处理中枢，连接感知层和应用层，起到桥梁和枢纽的作用。